中華古籍保護計劃

ZHONG HUA GU JI BAO HU JI HUA CHENG GUO

·成果·

湖南省四家收藏單位古籍普查登記目錄

（湘西土家族苗族自治州）

全國古籍普查登記目錄

國家圖書館出版社
National Library of China Publishing House

圖書在版編目（CIP）數據

湖南省四家收藏單位古籍普查登記目録.湘西土家族苗族自治州/《湖南省四家收藏單位古籍普查登記目録（湘西土家族苗族自治州）》編委會編.—北京：國家圖書館出版社，2021.1

（全國古籍普查登記目録）

ISBN 978 – 7 – 5013 – 7132 – 7

Ⅰ.①湖…　Ⅱ.①湖…　Ⅲ.①古籍—圖書目録—彙編—湘西土家族苗族自治州　Ⅳ.①Z838

中國版本圖書館 CIP 數據核字（2020）第 238253 號

書　　　名　湖南省四家收藏單位古籍普查登記目録（湘西土家族苗族自治州）
著　　　者　《湖南省四家收藏單位古籍普查登記目録（湘西土家族苗族自治州）》編委會　編
責任編輯　王　雷

出版發行　國家圖書館出版社（北京市西城區文津街 7 號　100034）
　　　　　　（原書目文獻出版社 北京圖書館出版社）
　　　　　　010 – 66114536　63802249　nlcpress@ nlc. cn（郵購）
網　　　址　http://www. nlcpress. com
排　　　版　京荷（北京）科技有限公司
印　　　裝　河北三河弘翰印務有限公司
版次印次　2021 年 1 月第 1 版　2021 年 1 月第 1 次印刷

開　　　本　787 × 1092　1/16
印　　　張　16.75
字　　　數　350 千字
書　　　號　ISBN 978 – 7 – 5013 – 7132 – 7
定　　　價　170.00 圓

《全國古籍普查登記目錄》

工作委員會

主　任：周和平

副主任：張永新　詹福瑞　劉小琴　李致忠　張志清

委　員（按姓氏筆畫排序）：

于立仁　王水喬　王　沛　王紅蕾　王筱雯

方自今　尹壽松　包菊香　任　競　全　勤

李西寧　李　彤　李忠昊　李春來　李　培

李曉秋　吳建中　宋志英　努　木　林世田

易向軍　周建文　洪　琰　倪曉建　徐欣祿

徐　蜀　高文華　郭向東　陳荔京　陳紅彥

張　勇　湯旭岩　楊　揚　賈貴榮　趙　嬿

鄭智明　劉洪輝　歷　力　鮑盛華　韓　彬

魏存慶　鍾海珍　謝冬榮　謝　林　應長興

《全國古籍普查登記目録》

序　言

　　全國古籍普查登記工作是"中華古籍保護計劃"的首要任務,是全面開展古籍搶救、保護和利用工作的基礎,也是有史以來第一次由政府組織、參加收藏單位最多的全國性古籍普查登記工作。

　　2007年國務院辦公廳發布《關於進一步加强古籍保護工作的意見》(國辦發[2007]6號),明確了古籍保護工作的首要任務是對全國公共圖書館、博物館和教育、宗教、民族、文物等系統的古籍收藏和保護狀況進行全面普查,建立中華古籍聯合目録和古籍數字資源庫。2011年12月,文化部下發《文化部辦公廳關於加快推進全國古籍普查登記工作的通知》(文辦發[2011]518號),進一步落實了全國古籍普查登記工作。根據文化部2011年518號文件精神,國家古籍保護中心擬訂了《全國古籍普查登記工作方案》,進一步規範了古籍普查登記工作的範圍、内容、原則、步驟、辦法、成果和經費。目前進行的全國古籍普查登記工作的中心任務是通過每部古籍的身份證——"古籍普查登記編號"和相關信息,建立古籍總臺賬,全面瞭解全國古籍存藏情況,開展全國古籍保護的基礎性工作,加强各級政府對古籍的管理、保護和利用。

　　《全國古籍普查登記工作方案》規定了全國古籍普查登記工作的三個主要步驟:一、開展古籍普查登記工作;二、在古籍普查登記基礎上,編纂出版館藏古籍普查登記目録,形成《全國古籍普查登記目録》;三、在古籍普查登記工作基本完成的前提下,由省級古籍保護中心負責編纂出版本省古籍分類聯合目録《中華古籍總目》分省卷,由國家古籍保護中心負責編纂出版《中華古籍總目》統編卷。

　　在黨和政府領導下,在各地區、各有關部門和全社會共同努力下,古籍普查登記工作得以扎實推進。古籍普查已在除臺、港、澳之外的全國各省級行政區域開展,普查内容除漢文古籍外,還包括各少數民族文字古籍,特别是於2010年分别啓動了新疆古籍保護和西藏古籍保護專項,因地制宜,開展古籍普查登記工作;國家古籍保護中心研製的"全國古籍普查登記平臺"已覆蓋到全國各省級古籍保護中心,并進一步研發了"中華古籍索引庫",爲及時展現古籍普查成果提供有力支持;截至目前,已有11375部古籍進入《國家珍貴古籍名録》,浙江、江蘇、山東、河北等省公布了省級《珍貴古籍名録》，古籍分級保護機制初步形成。

《全國古籍普查登記目録》是古籍普查工作的階段性成果，旨在摸清家底，揭示館藏，反映古籍的基本信息。原則上每申報單位獨立成册，館藏量少不能獨立成册者，則在本省範圍内幾個館目合并成册。無論獨立成册還是合并成册，均編製獨立的書名筆畫索引附於書後。著録的必填基本項目有：古籍普查登記編號、索書號、題名卷數、著者（含著作方式）、版本、册數及存缺卷數。其他擴展項目有：分類、批校題跋、版式、裝幀形式、叢書子目、書影、破損狀況等。有條件的收藏單位多著録的一些擴展項目，也反映在《全國古籍普查登記目録》上。目録編排按古籍普查登記編號排序，内在順序給予各古籍收藏單位較大自由度，可按分類排列古籍普查登記編號，也可按排架號、按同書名等排列古籍普查登記編號，以反映各館特色。

此次全國古籍普查登記工作，克服了古籍數量多、普查人員少、普查難度大等各種困難，也得到了全國古籍保護工作者的極大支持。在古籍普查登記過程中，國家古籍保護中心、各省古籍保護中心爲此舉辦了多期古籍普查、古籍鑒定、古籍普查目録審校等培訓班，全國共 1600 餘家單位參加了培訓，爲古籍普查登記工作培養了大量人才。同時在古籍普查登記工作中，也鍛煉了普查員的實踐能力，爲將來古籍保護事業發展奠定了良好的基礎。

《全國古籍普查登記目録》的出版，將摸清我國古籍家底，爲古籍保護和利用工作提供依據，也將是古籍保護長期工作的一個里程碑。

國家古籍保護中心
2013 年 10 月

《全國古籍普查登記目録》

編纂凡例

一、收録範圍爲我國境内各收藏機構或個人所藏,産生於 1912 年以前,具有文物價值、學術價值和藝術價值的文獻典籍,包括漢文古籍和少數民族文字古籍以及甲骨、簡帛、敦煌遺書、碑帖拓本、古地圖等文獻。其中,部分文獻的收録年限適當延伸。

二、以各收藏機構爲分册依據,篇幅較小者,適當合并出版。

三、一部古籍一條款目,複本亦單獨著録。

四、著録基本要求爲客觀登記、規範描述。

五、著録款目包括古籍普查登記編號、索書號、題名卷數、著者、版本、册數、存缺卷等。古籍普查登記編號的組成方式是:省級行政區劃代碼—單位代碼—古籍普查登記順序號。

六、以古籍普查登記編號順序排序。

《湖南省古籍普查登記目録》

工作委員會

主　任：賀美華

委　員：伍　藝　雷樹德　鄒序明　伍　濤　王旭明

　　　　任　重　陳姣鳳　王蘭偉　劉雪平

《湖南省四家收藏單位古籍普查登記目錄（湘西土家族苗族自治州）》

編纂委員會

主　　編：賀美華

副主編：雷樹德　李　嬌　龔雨璐

編　　委（按姓氏筆畫排序）：

　　　　向治昭　李　慧　李鴻雁　周　榮

　　　　麻春菊　寧建偉

審　　校：尋　霖

《湖南省古籍普查登記目録》

前　言

　　文獻是文化的載體，文化因文獻而得以保存與傳播。湖湘文化之所以綿延千載而不絶，實得益于湖南文獻的傳承。湖南省藏有古舊文獻約 150 萬册（件），主要集中在湖南圖書館、湖南師範大學圖書館、湖南省社會科學院圖書館，而湖南省博物館、湖南大學嶽麓書院、邵陽市松坡圖書館、邵陽市武岡市圖書館、湘西土家族苗族自治州鳳凰縣圖書館、永州市祁陽縣圖書館、懷化市漵浦縣圖書館、婁底市新化縣圖書館等單位的古籍數量亦以萬計。全省古籍善本達 6000 部，其中宋元刻本約 40 部，明刻本 2000 餘部，湖湘名人稿本、信札、家譜等富有地方特色的文獻蔚爲大觀。

　　自 2007 年"中華古籍保護計劃"啓動以來，湖南省古籍普查工作大致經歷了三個階段，其中既有曲折，也有經驗。自 2007 年 10 月湖南省文化廳發布《關于做好古籍普查和保護工作的意見》，至 2009 年 6 月湖南省人民政府編制辦同意湖南圖書館加挂"湖南省古籍保護中心"的牌子，湖南省古籍保護中心正式成立，此爲湖南省古籍普查工作的宣傳及調查時期。通過宣傳、摸底及各單位自行申報，統計全省約有 60 餘家單位藏有古籍。2009 年 7 月第九期全國古籍普查培訓班在湖南圖書館舉辦，湖南省古籍普查工作也隨之全面展開。爲了保證普查工作的順利進行，湖南省古籍保護中心除派員參加國家古籍保護中心舉辦的各種培訓班外，也在湖南圖書館及衡陽市、邵陽市、湘西土家族苗族自治州等地區舉辦了多期古籍著録培訓班。之後數年，全省有 30 餘家單位向省中心提交了館藏古籍目録，然除湖南圖書館、湖南省社會科學院圖書館、湖南中醫藥大學圖書館、湘潭市圖書館、衡陽市圖書館、邵陽市松坡圖書館、祁陽縣圖書館、漵浦縣圖書館等單位原有目録較爲完善外，其餘許多單位的目録，或因著録差錯較多，或因著録項目不完備，都有重核及補充的必要。而此時期國家古籍保護中心的著録規則及項目也在不斷調整變更完善之中。這一時期爲湖南省古籍普查工作的探索發展時期。2013 年以後，湖南省古籍保護中心針對古籍著録須具備較豐富的古文獻知識，而各基層圖書館缺乏古籍專業人員，短期培訓無法達到預期目標的現狀，不再要求各單位自行著録、上交數據，而是直接派員下至各單位親自進行著録。這種方式既可保證著録質量，加快工作進展，又可瞭解基層單位古籍保護狀況,發現隱患并及時指出糾正,同時也便于省中心掌握各單位古籍質量,發現其珍貴館藏。至 2016 年 12 月,湖南省古籍保護中心共完成了全省 30 餘家單位的古籍著錄,基本上完成了全省的古籍普查登記工作。這一時期,是湖南省古籍普查工作的快速發展時期。

各單位古籍普查登記後,其數據上交省中心,由省中心審校後再遞交國家中心。以往湖南省古籍保護中心每接收一家單位數據後即進行審校,每條數據皆須一一校對。由于數量巨大,不同單位的同條數據往往須重複審核若干次,進展極其緩慢。2016 年 7 月第十五期《全國古籍普查登記目錄》審校人員培訓班結業後,我們將所有單位數據按著者統一排列,可將不同單位同一著者的所有著作及其版本集中于一處,既便于發現異同及問題,又可一次性更改。凡有疑問處,則核對"全國古籍普查登記基本數據庫"及"學苑汲古——高校古文獻資源庫"等大型數據庫;無法確定者,則需返回各單位核對原書。此舉大大提高了工作效率,2017 年 3 月完成全省數據的審校工作。

古籍普查是古籍保護及開發的基礎,是全面瞭解各單位古籍收藏數量、版本等情況的重要工作。通過普查,各單位加強了古籍保護意識,瞭解了古籍保護知識,摸清了家底。一些原不爲人所知或原以爲失傳的珍貴文獻也在普查中得以發現,如 2014 年 10 月,湖南省古籍保護中心在對湖南大學嶽麓書院古籍普查中發現元泰定三年(1326)廬陵武溪書院刻《新編古今事文類聚新集》三十六卷《外集》十五卷一部十四冊,使湖南省宋元刻本收藏單位增至三家。又如清攸縣胡作傳《獨秀軒文集》一卷(清康熙刻本)、酃縣周士儀《史貫》十一卷(清康熙刻本)、湘潭劉授易《損齋詩集》十二卷(清康熙刻本)、長沙廖元度《覆巢餘筆》一卷(清乾隆長沙際恒堂刻本)、安鄉劉之珩《劉鈍軒先生格物集》四卷(清乾隆刻本),皆爲乾隆禁毀書,此次普查中分別在湖南圖書館、湘潭市圖書館、澧縣圖書館得以發現。清乾隆間寧鄉王文清爲清初湖南經學大師,所著《儀禮分節句讀》爲湘人治《儀禮》最早者,原以爲此書已失傳,今在湖南師範大學圖書館發現清乾隆十二年(1747)刻本一部。邵陽賀金聲爲清末扶清滅洋軍首領,今于邵東縣圖書館發現其文集抄本一冊。而中共湖南省委黨校圖書館所藏王夫之《夕堂永日緒論》二卷《船山鼓棹》一卷,乃清康熙四十九年(1710)湘西草堂刻本,爲該書最早的版本。鳳凰縣圖書館藏有清同光間知名人物致貴州提督鳳凰田興恕書信數百頁,多有關貴州平苗及教案史料。普查工作也使省中心對各館藏書質量、特色及保護狀況有了大致的瞭解,如鳳凰縣圖書館多民族文獻,武岡市圖書館多科舉試卷等。

古籍普查之外,湖南省古籍保護中心的其他工作也順利進行。全省共有 319 部古籍入選一至六批《國家珍貴古籍名録》，湖南圖書館、湖南師範大學圖書館、湖南省社會科學院圖書館等三家單位入選"全國古籍重點保護單位"，文獻修復、古籍數字化、整理出版、人才培養、宣傳推廣等方面亦扎實推進，古籍保護意識深入人心，古籍保護成果有目共睹。

《湖南省古籍普查登記目録》是湖南省古籍保護工作的階段性成果，具有里程碑意義。收録古籍普查數據近 2.2 萬條，按地區分爲五卷，分别爲長沙市·株洲市·湘潭市卷、衡陽市·永州市·郴州市卷、邵陽市·婁底市卷、岳陽市·常德市·益陽市·懷化市卷、湘西土家族苗族自治州卷。古籍目録的重要性和實用性不言而喻，我們希望《湖南省古籍普查登記目録》的出版爲傳承國粹經典、弘揚傳統文化發揮更大的作用。黨和政府對古籍保護工作空前重視，投入大量人力、物力、財力，古籍保護的黄金時期已經到來，湖南省古籍從業人員也將抓住機遇，秉持"人不負書，書以人傳"的信念，在具體而煩瑣的工作中擔當好"守護者"的角色。

《湖南省四家收藏單位古籍普查登記目録（湘西土家族苗族自治州）》收入古籍 3360 部 25335 册。

湖南省古籍保護中心
2020 年 1 月

目　　録

湘西土家族苗族自治州圖書館古籍普查登記目錄

全國古籍普查登記目錄

國家圖書館出版社

National Library of China Publishing House

430000－2404－0000001　A1

說文繫傳四十卷　（五代）徐鍇撰　清新安汪氏刻本　三冊　存二十五卷(一至二十五)

430000－2404－0000002　A3

欽定儀禮義疏四十八卷首二卷　（清）高宗弘曆撰　清同治七年(1868)刻本　二十五冊　存四十七卷(一至二十二、二十四至四十六，首二卷)

430000－2404－0000003　A4

欽定禮記義疏八十二卷首一卷　（清）高宗弘曆撰　清同治六年(1867)刻本　十八冊　存四十六卷(三十七至八十二)

430000－2404－0000004　A5

音學五書二十卷古音表二卷　（清）顧炎武撰　清光緒十六年(1890)刻本　十一冊　缺五卷(十至十四)

430000－2404－0000005　A6

古經解彙函附小學彙函　（清）鍾謙鈞輯　清光緒十四年(1888)上海蜚英館石印本　十一冊

430000－2404－0000006　A7

說文解字義證五十卷　（清）桂馥撰　清同治九年(1870)崇文書局刻本　三十冊　存四十六卷(三至二十六、二十九至五十)

430000－2404－0000007　A8

廣雅疏證十卷附博雅音十卷　（三國魏）張揖撰　（清）王念孫疏證　清嘉慶元年(1796)刻本　八冊

430000－2404－0000008　A9

皇清易經解一百四十卷　（清）阮元輯　清光緒十六年(1890)船山書局刻本　二十五冊　存一百三卷(一至一百二、一百三十八)

430000－2404－0000009　A10

皇清書經解一百五十九卷　（清）阮元輯　清光緒十六年(1890)船山書局刻本　四十冊

430000－2404－0000010　A11

皇清詩解一百二十卷　（清）阮元輯　清光緒十六年(1890)船山書局刻本　五十七冊　存一百十九卷(一至四十三、四十五至一百二十)

430000－2404－0000011　A12

皇清周禮解五十三卷　（清）阮元輯　清光緒十六年(1890)船山書局刻本　二十四冊

430000－2404－0000012　A13

皇清儀禮解四十七卷　（清）阮元輯　清光緒十六年(1890)船山書局刻本　十五冊　存四十四卷(一至二十八、三十二至四十七)

430000－2404－0000013　A14

皇清春秋解一百卷　（清）阮元輯　清光緒十六年(1890)船山書局刻本　十八冊

430000－2404－0000014　A15

皇清春秋左傳解九十七卷　（清）阮元輯　清光緒十六年(1890)刻本　三十一冊　存八十九卷(九至九十七)

430000－2404－0000015　A16

皇清公羊傳二十八卷　（清）阮元輯　清光緒刻本　十冊

430000－2404－0000016　A17

皇清論語解四十四卷　（清）阮元輯　清光緒十六年(1890)船山書局刻本　十六冊

430000－2404－0000017　A18

皇清穀梁解五卷　（清）阮元輯　清光緒十六年(1890)船山書局刻本　二冊

430000－2404－0000018　A19

皇清孝經解三卷　（清）阮元輯　清光緒十六年(1890)船山書局刻本　一冊

430000－2404－0000019　A20

皇清爾雅解五十四卷　（清）阮元輯　清光緒十六年(1890)刻本　二十六冊

430000－2404－0000020　A21

皇清孟子解四十九卷　（清）阮元輯　清光緒十六年(1890)船山書局刻本　十八冊

430000－2404－0000021　A22

皇清孟子解四十九卷　（清）阮元輯　清光緒

十六年(1890)船山書局刻本　十八冊

430000－2404－0000022　A23

群籍各種一百二十卷　(清)阮元輯　清光緒
十六年(1890)船山書局刻本　七十二冊

430000－2404－0000023　A24

經史百家雜鈔二十六卷　(清)曾國藩纂　清
光緒二年(1876)刻本　二十六冊

430000－2404－0000024　A25

尚書古文疏證八卷附朱子古文書類　(清)閻
若璩撰　清乾隆十年(1745)眷西堂刻本　十
二冊

430000－2404－0000025　A26

隸韻十卷碑目一卷考證一卷　(宋)劉球纂
(清)翁方綱考證　清嘉慶十五年(1810)刻本
六冊

430000－2404－0000026　A27

隸辨八卷　(清)顧藹吉撰　清同治十二年
(1873)刻本　八冊

430000－2404－0000027　A28

南軒論語解十卷　(宋)張栻撰　清綿邑南軒
祠刻本　二冊

430000－2404－0000028　A29

南軒孟子說七卷　(宋)張栻撰　清綿邑南軒
祠刻本　四冊

430000－2404－0000029　A30

古今韻會舉要三十卷　(元)熊忠撰　清光緒
九年(1883)淮南書局刻本　十冊

430000－2404－0000030　A31

說文逸字辨證六卷　(清)李楨撰　清光緒十
一年(1885)刻本　二冊

430000－2404－0000031　A32

說文解字十五卷　(漢)許慎撰　(清)朱筠校
清同治十年(1871)刻本　四冊

430000－2404－0000032　A33

爾雅王氏集解十九卷　王闓運撰　清光緒二
十九年(1903)東洲刻本　四冊

430000－2404－0000033　A34

左氏傳說二十卷　(宋)呂祖謙撰　清同治八
年(1869)刻本　四冊

430000－2404－0000034　A35

增廣詩韻合璧五卷　(清)汪慕杜編　清光緒
二十一年(1895)上海鴻寶齋石印本　六冊

430000－2404－0000035　A36

校補四書異同商十二卷　(清)黃鶴撰　清光
緒二十年(1894)澹雅書局刻本　十二冊

430000－2404－0000036　A37

誠齋易傳二十卷　(宋)楊萬里撰　清光緒二
十一年(1895)湖北官書處刻本　八冊

430000－2404－0000037　A38

四書釋地六卷　(清)閻若璩撰　清康熙三十
七年(1698)刻本　六冊

430000－2404－0000038　A39

周官箋六卷　王闓運撰　清光緒二十二年
(1896)衡陽東洲講舍刻本　六冊

430000－2404－0000039　A40

春秋三傳十六卷　(晉)杜預注　清光緒五年
(1879)雲南書局刻本　二十冊

430000－2404－0000040　A41

經籍纂詁並補遺一百六卷首一卷　(清)阮元
撰　清同治十二年(1873)揚州阮氏琅嬛仙館
刻本　六十四冊

430000－2404－0000041　A42

來瞿唐先生易註十二卷　(明)來知德註　清
嘉慶十四年(1809)刻本　二十四冊

430000－2404－0000042　A43

左傳事緯十二卷　(清)馬驌撰　清朝宗書室
木活字本　十二冊

430000－2404－0000043　A44

周易程傳八卷　(宋)程頤傳　清光緒九年
(1883)江南書局刻本　八冊

430000－2404－0000044　A45

禮記十卷　(元)陳澔集說　清同治十三年
(1874)湖南書局刻本　十冊

430000－2404－0000045　A46

慎獨齋周易省心錄不分卷　（清）楊長年撰
（清）吳竹如鑒定　清光緒八年(1882)滬上敬
業書院刻本　十二冊

430000－2404－0000046　A47

禮記質疑四十九卷　（清）郭嵩燾著　清光緒
十六年(1890)思賢講舍刻本　十冊

430000－2404－0000047　A48

周易集解纂疏三十六卷　（清）李道平著　清
光緒十七年(1891)刻本　四冊

430000－2404－0000048　A49

孟子集註本義彙參十四卷　（清）王步青輯
清諸城孫克弘敦復堂刻本　六冊　存十卷
（三至七、十至十四）

430000－2404－0000049　A50

欽定詩經傳說彙纂二十一卷序二卷　（清）王
鴻緒等撰　清雍正五年(1727)刻本　八冊

430000－2404－0000050　A51

周南關雎故訓傳　（漢）鄭玄箋　清同治十一
年(1872)刻本　十一冊

430000－2404－0000051　A52

禮記訓纂四十九卷　（清）朱彬輯　清咸豐元
年(1851)宜祿堂刻本　十冊

430000－2404－0000052　A53

漢碑引經考六卷附引緯考一卷　（清）皮錫瑞
撰　清光緒三十年(1904)刻本　四冊

430000－2404－0000053　A54

書經六卷　（宋）蔡沈撰　清咸豐元年(1851)
新化鄧氏邵州濂溪講院刻本　四冊

430000－2404－0000054　A55

禮記四十九卷　（元）陳澔集說　清光緒十三
年(1887)江南書局刻本　十冊

430000－2404－0000055　A56

大學章句質疑一卷　（清）郭嵩燾著　清光緒
十六年(1890)思賢講舍刻本　一冊

430000－2404－0000056　A57

中庸章句質疑二卷　（清）郭嵩燾著　清光緒

十六年(1890)刻本　二冊

430000－2404－0000057　A58

說文通訓定聲十八卷　（清）朱駿聲撰　清末
刻本　六冊

430000－2404－0000058　A59

四書考異三十六卷　（清）翟灝撰　清乾隆三
十四年(1769)刻本　十冊

430000－2404－0000059　A60

御纂周易折中二十二卷　（清）李光地等撰
清同治六年(1867)刻本　九冊

430000－2404－0000060　A61

周易廓二十四卷　（清）陳世鎔撰　清咸豐元
年(1851)獨秀山莊刻本　六冊

430000－2404－0000061　A62

槎溪學易三卷　（清）陳鏞撰　清同治十三年
(1874)刻本　二冊

430000－2404－0000062　A63

御纂周易述義十卷　（清）傅恒等撰　清刻本
四冊

430000－2404－0000063　A64

御纂周易折中二十二卷首一卷　（清）李光地
等撰　清尊經閣刻本　十一冊

430000－2404－0000064　A153

詩韻合璧五卷　（清）湯文潞輯　清光緒四年
(1878)上海松隱閣石印本　一冊

430000－2404－0000065　A154

名賢書札　（清）佚名輯　清末潛園摹刻本
一冊　存三卷（七至九）

430000－2404－0000066　A156

新鋟應試唐詩淺說靈通解四卷　（清）任福祐
輯　清乾隆三十三年(1768)啟元堂刻本　一
冊　存二卷（一至二）

430000－2404－0000067　A157

詩經八卷　（宋）朱熹集註　清石印本　一冊

430000－2404－0000068　A158

新纂氏族箋釋八卷　（清）熊峻運撰　清刻本

二冊

430000－2404－0000069　A159

春秋三子傳六卷　（清）毛士撰　清同治十二年（1873）深澤王氏校刻本　六冊

430000－2404－0000070　A160

禮記二十卷　（漢）鄭玄註　清刻本　二冊
存二卷（二至三）

430000－2404－0000071　A162

尚書大傳五卷　（漢）鄭玄註　清道光十年（1830）刻本　二冊

430000－2404－0000072　A163

春秋鑽燧四卷　（清）曹金籥纂　清同治曹氏小石倉刻本　一冊

430000－2404－0000073　A164

說文通訓定聲補遺一卷　（清）朱駿聲撰　清光緒十一年（1885）刻本　一冊

430000－2404－0000074　A165

古籍拾遺二卷　（清）孫詒讓撰　清光緒十六年（1890）刻本　一冊

430000－2404－0000075　A166

小學鉤沈續編八卷　（清）顧震福撰集　（清）陳寶森參校　清光緒十八年（1892）刻本　三冊

430000－2404－0000076　A167

孟子要略五卷　（宋）朱熹編　（清）劉傳瑩輯　（清）曾國藩按　清同治十三年（1874）傳忠書局刻本　一冊

430000－2404－0000077　A168

仿唐寫本說解字木部　（清）莫友芝篆　清同治二年（1863）刻本　一冊

430000－2404－0000078　A169

讀論孟筆記三卷補記二卷　（清）方宗誠述　清光緒三年（1877）刻本　二冊

430000－2404－0000079　A170

春秋經傳集解　（晉）杜預撰　（唐）陸德明音義　清刻本　四冊　存八卷（十一至十四、二十一至二十二、二十九至三十）

430000－2404－0000080　A171

爾雅二卷　（晉）郭璞註　（唐）陸德明音義　清刻本　一冊

430000－2404－0000081　A172

韻府鉤沈五卷　（清）雷浚著　清光緒三年（1877）刻本　二冊

430000－2404－0000082　A173

說文解字通釋四十卷　（五代）徐鍇撰　清乾隆四十七年（1782）刻本　一冊　存十五卷（二十六至四十）

430000－2404－0000083　A174

春秋經傳集解三十卷　（晉）杜預集解　（唐）陸德明音釋　（宋）林堯叟附註　（清）馮李驊增訂　清華川書屋刻本　二冊　存七卷（二十四至三十）

430000－2404－0000084　A175

春秋經傳集解三十卷　（晉）杜預原本　（唐）陸德明音釋　（宋）林堯叟附註　（清）馮李驊增訂　清刻本　三冊　存八卷（十六至十七、十九至二十二、二十五至二十六）

430000－2404－0000085　A176

九經古義十六卷　（清）惠棟撰　清刻本（省吾堂藏板）　一冊　存五卷（十二至十六）

430000－2404－0000086　A177

讀學庸筆記二卷　（清）方宗誠述　清光緒五年（1879）刻本　一冊

430000－2404－0000087　A178

禮說十四卷　（清）惠士奇撰　清嘉慶三年（1798）蘭陔書屋刻本　一冊　存二卷（一至二）

430000－2404－0000088　A179

說文五翼八卷　（清）王煦著　清嘉慶十三年（1808）刻本　一冊

430000－2404－0000089　B1

漢書一百卷　（漢）班固撰　清同治十三年（1874）刻本　三十一冊

430000－2404－0000090　B2

前漢書一百卷　（漢）班固撰　清光緒刻本
十六冊

430000－2404－0000091　B3
後漢書一百二十卷　（南朝宋）范曄撰　（唐）
李賢註　續志　（晉）司馬彪撰　（南朝梁）劉
昭註　清乾隆四年(1739)刻本　二十七冊

430000－2404－0000092　B4
左傳紀事本末五十三卷　（清）高士奇撰　清
光緒二十四年(1898)湖南思賢書局刻本　十
二冊

430000－2404－0000093　B5
後漢書一百二十卷　（南朝宋）范曄撰　（唐）
李賢註　續志　（晉）司馬彪撰　（南朝梁）劉
昭註　清同治八年(1869)金陵書局刻本　十
六冊

430000－2404－0000094　B6
漢書一百卷　（漢）班固撰　清乾隆四年
(1739)刻本　三十二冊

430000－2404－0000095　B7
明史三百三十二卷　（清）張廷玉等撰　清乾
隆四年(1739)刻本　九十六冊　存三百九卷
（一至八十三、八十六至一百七十八、一百八
十二至一百八十五、一百八十九至二百四、二
百八至三百二十）

430000－2404－0000096　B8
明史三百三十二卷　（清）張廷玉等撰　清光
緒三年(1877)刻本　七十七冊

430000－2404－0000097　B9
後漢書一百二十卷　（南朝宋）范曄撰　（唐）
李賢註　續志　（晉）司馬彪撰　（南朝梁）劉
昭註　清光緒十二年(1886)刻本　十三冊

430000－2404－0000098　B10
明史紀事本末八十卷　（清）谷應泰編　清光
緒二十四年(1898)刻本　二十冊

430000－2404－0000099　B11
史記一百三十卷　（漢）司馬遷撰　清乾隆四
年(1739)刻本　二十三冊

430000－2404－0000100　A65
說文發疑六卷　（清）段玉裁撰　清光緒九年
(1883)刻本　二冊

430000－2404－0000101　A66
音韻闡微十八卷　（清）李光地等撰　清雍正
四年(1726)刻本　五冊

430000－2404－0000102　A67
經學通論五卷　（清）皮錫瑞撰　清光緒三十
三年(1907)思賢書局刻本　五冊

430000－2404－0000103　A68
周禮六卷　（漢）鄭玄註　（唐）陸德明音義
清光緒二十年(1894)金陵書局刻本　六冊

430000－2404－0000104　A69
春秋紀傳五十一卷　（清）李紫翔撰　清光緒
二十一年(1895)刻本　十二冊

430000－2404－0000105　A70
大易通變六卷　（漢）焦贛撰　（明）喬中和補
清順治六年(1649)躋新堂刻本　三冊

430000－2404－0000106　A71
孟子七卷　（宋）朱熹集註　清末裏如堂刻本
三冊

430000－2404－0000107　A72
北溪字義二卷補造三則附嚴陵講義　（宋）陳
淳著　清光緒十三年(1887)刻本　二冊

430000－2404－0000108　A73
皇清經解分經彙纂　清光緒十九年(1893)上
海袖海山房石印本　八冊　存六卷(三至八)

430000－2404－0000109　A74
論語集註本義匯參二十卷　（清）王步青輯
清敦復堂刻本　十冊

430000－2404－0000110　A75
欽定春秋傳說彙纂三十八卷　（清）王掞等撰
清刻本　二十冊

430000－2404－0000111　A76
易象闡微五卷大易圖解一卷　（清）蕭寅顯撰
清咸豐二年(1852)長沙丁氏刻本　三冊

430000－2404－0000112　A77

禮記箋二十六卷　王闓運撰　清光緒二十二年(1896)東洲講舍刻本　九冊

430000－2404－0000113　A78

欽定書經傳說彙纂二十一卷　(清)王頊齡等纂輯　清刻本　五冊

430000－2404－0000114　A79

大學衍義四十三卷　(宋)真德秀撰　清同治十三年(1874)金陵書局刻本　八冊

430000－2404－0000115　A80

康熙字典　(清)張玉書等編撰　清上海錦章圖書局石印本　六冊

430000－2404－0000116　A81

讀書雜釋十四卷　(清)徐鼒撰　清光緒三十三年(1907)鉛印本　四冊

430000－2404－0000117　A82

詩經八卷　(宋)朱熹集傳　清同治十三年(1874)湖南書局刻本　四冊

430000－2404－0000118　A83

春秋左傳杜注三十卷　(清)姚培謙增輯　清刻本　十冊

430000－2404－0000119　A84

春秋釋例十五卷　(晉)杜預撰　清乾隆四十六年(1781)刻本　四冊

430000－2404－0000120　A85

春秋左傳杜注三十卷　(清)姚培謙增輯　清光緒三十年(1904)寶慶勤學書舍刻本　八冊

430000－2404－0000121　A86

四書摭餘說七卷　(清)曹之升撰　清乾隆六十年(1795)刻本　十冊

430000－2404－0000122　A87

春秋左傳五十卷　(晉)杜預註　清光緒三十四年(1908)商務印書館石印本　六冊

430000－2404－0000123　A88

詩經八卷　(宋)朱熹集傳　清抄本　七冊

430000－2404－0000124　A89

儀禮十七卷　(漢)鄭玄註　(清)張爾岐句讀　清同治十三年(1874)湖南書局刻本　四冊

430000－2404－0000125　A90

字辨證篆十八卷　(清)易本烺纂　清同治八年(1869)京山易氏家藏刻本　二冊

430000－2404－0000126　A91

春秋經傳集解三十卷　(晉)杜預註　(唐)陸元朗音釋　(宋)林堯叟附註　清刻本　七冊

430000－2404－0000127　A92

周易傳義大全二十四卷　(明)胡廣等撰　明刻本　十三冊

430000－2404－0000128　A93

四書集註　(宋)朱熹集註　清刻本(謝氏家塾藏板)　六冊

430000－2404－0000129　A94

周禮六卷　(漢)鄭玄註　(唐)陸德明音義　清嘉慶十二年(1807)刻本　六冊

430000－2404－0000130　A95

春秋穀梁傳十二卷　(晉)范甯集解　清光緒二十一年(1895)金陵書局刻本　二冊

430000－2404－0000131　A96

春秋經傳集解三十卷　(晉)杜預撰　(唐)陸德明音釋　(宋)林堯叟附註　清康熙五十九年(1720)刻本　十一冊

430000－2404－0000132　A97

皇清經解　(清)阮元輯　清道光九年(1829)廣東學海堂刻本　四十冊　存一百七十四卷(二百九十三至三百七十七、五百四十三至五百七十一、五百八十一至六百四十)

430000－2404－0000133　A98

籀書十四卷　(明)曹金籀纂　清同治二年(1863)刻本　六冊

430000－2404－0000134　A99

論語參註十卷　(清)崔晹參註　清光緒二十年(1894)刻本　四冊

430000－2404－0000135　A100

小學弦歌八卷　(清)李元度撰　清光緒八年

(1882)文昌書局刻本　五冊

430000－2404－0000136　A101
呂氏家塾讀詩記三十二卷　（宋）呂祖謙撰
清刻本(退補齋藏板)　六冊

430000－2404－0000137　A102
經傳攷證八卷　（清）朱彬撰　清道光二年
(1822)刻本　四冊

430000－2404－0000138　A103
春秋傳正誼四卷　（清）方宗誠著　清光緒四
年(1878)刻本　一冊

430000－2404－0000139　A104
春秋集義十二卷　（清）方宗誠著　清光緒八
年(1882)刻本　七冊

430000－2404－0000140　A105
尚書箋三十卷附尚書大傳補注七卷　王闓運
集注並箋　清光緒二十九年(1903)東洲校刻
本　五冊

430000－2404－0000141　A106
釋名疏證八卷釋名補遺一卷續釋名一卷
（清）畢沅撰　清乾隆三年(1738)靈巖山館刻
本　二冊

430000－2404－0000142　A107
喬氏易俟十八卷　（清）喬萊撰　清乾隆刻本
　四冊

430000－2404－0000143　A108
四書朱子本義彙參　（清）王步青輯　清乾隆
十年(1745)江蘇學院刻本　五冊

430000－2404－0000144　A109
欽定禮記義疏八十二卷　（清）高宗弘曆撰
清刻本　十三冊　存八十卷(一至八、十至十
四、十六至八十二)

430000－2404－0000145　A110
班馬字類五卷　（宋）婁機撰　清光緒十七年
(1891)思賢書局刻本　二冊

430000－2404－0000146　A111
四書左國彙纂四卷　（清）高其名等纂　清乾
隆三十五年(1770)刻本　二冊

430000－2404－0000147　A112
檀弓論文　（清）孫遴人評訂　清康熙六十年
(1721)寫刻本　三冊

430000－2404－0000148　A114
禮經箋十七卷　王闓運撰　清光緒二十二年
(1896)東洲講舍刻本　五冊

430000－2404－0000149　A116
欽定春秋傳說彙纂三十八卷　（清）聖祖玄燁
撰　清刻本　三冊　存二十六卷(九至三十
四)

430000－2404－0000150　A117
增補四書備旨靈捷解七卷　（清）張素存著
（清）鄒蒼崖輯　清刻本(文光堂藏板)　四冊
　存四卷(中庸、下論、學庸、下孟)

430000－2404－0000151　A118
大戴禮記補注十三卷　（清）阮元撰　清同治
十三年(1874)淮南書局刻本　四冊

430000－2404－0000152　A119
周易本義附音訓十二卷　（宋）朱熹撰　清光
緒十九年(1893)江南書局刻本　二冊

430000－2404－0000153　A120
儀禮十七卷　（漢）鄭玄註　（清）張爾岐句讀
　清同治七年(1868)金陵書局刻本　四冊

430000－2404－0000154　A122
說文通訓定聲十八卷　（清）朱駿聲紀錄
（清）朱鏡蓉參訂　清光緒十三年(1887)上海
積山書局石印本　八冊

430000－2404－0000155　A123
皇清禮記解十六卷　（清）阮元輯　清光緒十
六年(1890)船山書局刻本　十三冊

430000－2404－0000156　A124
康熙字典十二卷　（清）張玉書等編撰　清刻
本　三十四冊

430000－2404－0000157　A128
古音諧八卷　（清）姚文田撰　清末刻本　三
冊　存五卷(一至三、七至八)

430000－2404－0000158　A129

禮記備旨萃精十一卷　（清）鄒聖脈纂輯　清
光緒八年（1882）大奎書屋刻本　六冊

430000－2404－0000159　A130

王礎生詳訂四書難題問答　（清）王礎生論定
　（清）陸孔昭評閱　（清）崔象山糸定　清康
熙刻本　六冊

430000－2404－0000160　A131

經藝宏括　（清）同文書局編譯所編　清光緒
十一年（1885）上海同文書局石印本　十冊

430000－2404－0000161　A133

毛詩註疏　（漢）鄭玄註　（唐）孔穎達疏　清
光緒二十三年（1897）點石齋石印本　三冊

430000－2404－0000162　A134

御案春秋左傳經解備旨十二卷　（清）鄒聖脈
纂輯　清光緒八年（1882）刻本　二冊

430000－2404－0000163　A135

爾雅註疏十一卷　（晉）郭璞註　（宋）邢昺疏
　清光緒二十三年（1897）點石齋石印本
一冊

430000－2404－0000164　A136

六書音韻表五卷　（清）段玉裁記　清同治十
一年（1872）崇文書局刻本　二冊

430000－2404－0000165　A138

禮記析要四卷　（清）陳嘉最輯　清雍正元年
（1723）刻本　四冊

430000－2404－0000166　A139

論語箋二卷　尹桐陽撰　清光緒三十四年
（1908）木活字本　一冊　存一卷（一）

430000－2404－0000167　A140

周易說十一卷　王闓運撰　清光緒三十二年
（1906）東洲校刻本　四冊

430000－2404－0000168　A141

論語十卷　（宋）朱熹集註　清末刻本　二冊

430000－2404－0000169　A142

春秋公羊傳箋十一卷　王闓運箋　清光緒二
十四年（1898）刻本　十冊

430000－2404－0000170　A143

國朝麗體金膏八卷　（清）馬俊良撰　清刻本
　六冊　存六卷（三至八）

430000－2404－0000171　A145

毛詩古音糸義五卷首一卷　（清）潘相撰　清
嘉慶五年（1800）刻本　一冊　存二卷（一、首
一卷）

430000－2404－0000172　A146

富平任翔九先生批點孟子讀本七卷　（宋）朱
熹集註　清刻本　七冊

430000－2404－0000173　A148

御纂周易折中二十二卷　（清）李光地等撰
清上海悴石山房石印本　一冊

430000－2404－0000174　A149

欽定書經傳說彙纂二十一卷首二卷　（清）王
頂齡等撰　清末上海悴石山房石印雍正八年
（1730）古香齋本　二冊

430000－2404－0000175　A150

欽定詩經傳說彙纂二十一卷　（清）王鴻緒等
撰　清上海悴石山房石印本　二冊

430000－2404－0000176　B12

遼史一百十五卷　（元）托克托等修　清同治
十二年（1873）江蘇書局刻本　十二冊

430000－2404－0000177　B13

史記一百三十卷　（漢）司馬遷撰　清同治九
年（1870）刻本　十九冊

430000－2404－0000178　B14

史記評林一百三十卷　（漢）司馬遷撰　（明）
淩稚隆輯評　清同治十三年（1874）刻本　二
十八冊

430000－2404－0000179　B15

金史一百三十五卷　（元）托克托等修　清同
治十三年（1874）江蘇書局刻本　二十冊

430000－2404－0000180　B16

宋書一百卷　（南朝梁）沈約撰　清同治十二
年（1873）刻本　十六冊

430000－2404－0000181　B17

西清古鑒四十卷 （清）梁詩正等撰 清光緒
十四年(1888)石印本 十六冊

430000－2404－0000182 B18
金史一百三十五卷 （元）托克托等修 清乾
隆四年(1739)刻本 二十三冊 存一百二十
九卷(二至二十三、二十九至一百三十五)

430000－2404－0000183 B19
元史二百十卷 （明）宋濂等修 清道光四年
(1824)刻本 三十九冊 存二百三卷(一至
一百十一、一百十九至二百十)

430000－2404－0000184 B20
南史八十卷 （唐）李延壽撰 清同治十二年
(1873)刻本 十二冊

430000－2404－0000185 B21
南史八十卷 （唐）李延壽撰 清乾隆四年
(1739)刻本 十六冊

430000－2404－0000186 B22
魏書一百十四卷 （北齊）魏收撰 清乾隆四
年(1739)刻本 二十四冊

430000－2404－0000187 B23
北史一百卷 （唐）李延壽撰 清同治十二年
(1873)刻本 二十冊

430000－2404－0000188 B24
周書五十卷 （唐）令狐德棻撰 清同治十三
年(1874)刻本 六冊

430000－2404－0000189 B25
北齊書五十卷 （唐）李百藥撰 清同治十三
年(1874)刻本 四冊

430000－2404－0000190 B26
直省釋奠禮樂記六卷 （清）應寶時輯 清光
緒十七年(1891)廣東藩署刻本 二冊 存三
卷(一至二、六)

430000－2404－0000191 B27
舊五代史一百五十卷 （宋）薛居正等撰 清
乾隆四十九年(1784)刻本 二十四冊

430000－2404－0000192 B28
周書五十卷 （唐）令狐德棻等撰 清乾隆四

年(1739)刻本 九冊

430000－2404－0000193 B29
五代史七十四卷 （宋）歐陽修撰 清同治十
一年(1872)刻本 八冊

430000－2404－0000194 B30
北齊書五十卷 （唐）李百藥撰 清乾隆四年
(1739)刻本 六冊

430000－2404－0000195 B31
南齊書五十卷 （南朝梁）蕭子顯撰 清康熙
刻本 十冊

430000－2404－0000196 B32
金石契不分卷 （清）張燕昌撰 清光緒二十
二年(1896)刻本 四冊

430000－2404－0000197 B33
梁書五十六卷 （唐）姚思廉撰 清乾隆四年
(1739)刻本 六冊

430000－2404－0000198 B34
隋書八十五卷 （唐）魏徵撰 清同治十年
(1871)刻本 十六冊

430000－2404－0000199 B35
隋書八十五卷 （唐）魏徵撰 清乾隆四年
(1739)刻本 二十三冊 存七十八卷(一至
三十三、三十六至八十)

430000－2404－0000200 B36
舊唐書二百十四卷 （五代）劉昫等撰 清同
治十一年(1872)浙江書局刻本 三十七冊

430000－2404－0000201 B37
晉書一百三十卷 （唐）房玄齡等撰 清乾隆
四年(1739)刻本 三十二冊

430000－2404－0000202 B38
宋書一百卷 （南朝梁）沈約撰 清乾隆四年
(1739)刻本 二十四冊

430000－2404－0000203 B39
續漢書三十卷 （晉）司馬彪撰 續志 （南
朝梁）劉昭註補 清刻本 四冊

430000－2404－0000204 B41

舊唐書二百卷　（五代）劉昫等撰　清乾隆四
年(1739)刻本　四十八冊

430000－2404－0000205　B42

北史一百卷　（唐)李延壽撰　清乾隆刻本
二十二冊　存八十八卷(一至八十四、九十二
至九十五)

430000－2404－0000206　B43

新五代史　（宋)歐陽修撰　清乾隆四年
(1739)校刻本　十冊

430000－2404－0000207　B44

唐鑒二十四卷　（宋)范祖禹撰　（宋)呂祖謙
音註　清刻本　四冊

430000－2404－0000208　B45

遼史拾遺二十四卷　（清)厲鶚撰　清光緒六
年(1880)江蘇書局刻本　八冊

430000－2404－0000209　B46

史記一百三十卷　（漢)司馬遷撰　清光緒四
年(1878)刻本　十六冊

430000－2404－0000210　B47

南齊書五十九卷　（南朝梁)蕭子顯撰　清乾
隆四年(1739)刻本　十冊

430000－2404－0000211　B48

遼史一百十六卷　（元)脫脫等修　清乾隆四
年(1739)刻本　八冊　存八十四卷(一至十
七、四十四至一百十)

430000－2404－0000212　B49

逸周書十卷　（晉)孔晁註　清乾隆五十一年
(1786)餘姚盧氏抱經堂刻本　四冊

430000－2404－0000213　B50

三國志六十五卷　（晉)陳壽撰　清乾隆四年
(1739)刻本　十四冊

430000－2404－0000214　B51

陳書三十五卷　（唐)姚思廉撰　清乾隆四年
(1739)刻本　六冊

430000－2404－0000215　B52

三國志六十五卷　（晉)陳壽撰　（南朝宋)裴
松之註　清光緒十三年(1887)江南書局刻本

八冊

430000－2404－0000216　B53

新唐書二百二十五卷　（宋)歐陽修等撰　清
乾隆四年(1739)校刻本　四十八冊

430000－2404－0000217　B54

元史紀事本末二十七卷　（明)陳邦瞻撰　清
光緒二十四年(1898)刻本　四冊

430000－2404－0000218　B55

陳書三十六卷　（唐)姚思廉撰　汲古閣刻本
三冊

430000－2404－0000219　B56

續資治通鑑綱目二十七卷　（明)商輅撰　清
同治三年(1864)刻本　二十八冊

430000－2404－0000220　B57

皇朝文獻通考輯要二十六卷　（清)湯壽潛輯
清刻本(通雅堂藏板)　十冊

430000－2404－0000221　B58

皇朝經世文三編八十卷　（清)陳忠倚編　清
光緒二十七年(1901)上海書局石印本　六冊
存四十卷(一至十、十六至二十五、三十一
至三十五、六十六至八十)

430000－2404－0000222　B59

皇朝經世文編一百二十卷　（清)賀長齡輯
清末石印本　十七冊　存一百六卷(一至七
十三、八十八至一百二十)

430000－2404－0000223　B60

皇朝經世文續編一百二十卷　（清)葛士濬輯
清光緒二十四年(1898)上海書局石印本
十九冊　存一百十四卷(一至八、十五至一百
二十)

430000－2404－0000224　B61

(乾隆朝)東華續錄一百二十卷　王先謙編
(乾隆朝)東華錄詳節　（清)鄔樹庭編　清光
緒東文學堂石印本　五冊　存三十一卷(東
華續錄七十五至八十一、九十一至一百十三，
東華錄詳節十一)

430000－2404－0000225　B62

(同治朝)東華續錄一百卷　王先謙編　清光緒二十四年(1898)文瀾書局石印本　六冊　存二十八卷(一至三、二十八至三十四、六十三至七十五、八十二至八十六)

430000－2404－0000226　B63

舊五代史一百五十卷　(宋)薛居正等撰　清刻本　十二冊　存一百二十四卷(八至七十三、八十四至一百、一百十至一百五十)

430000－2404－0000227　B64

宋史紀事本末一百九卷　(明)馮琦編　(明)陳邦瞻增訂　清光緒二十四年(1898)刻本　十九冊　存一百六卷(一至七十一、七十五至一百九)

430000－2404－0000228　B65

彙刻書目　(清)顧修編　清末刻本　十八冊

430000－2404－0000229　B66

中外經世緒言十六卷續編十二卷　(清)汪紫卿輯　清光緒二十三年(1897)石印本　六冊　存八卷(中外經世緒言六至八,續編一、三、五至七)

430000－2404－0000230　B67

資治通鑑二百九十四卷　(宋)司馬光撰　(元)胡三省音註　清嘉慶二十一年(1816)鄱阳胡克家影元刻本　十二冊　存八十六卷(二百五至二百九十)

430000－2404－0000231　B68

資治通鑑綱目五十九卷　(宋)朱熹撰　(明)陳仁錫評閱　明萬曆二年(1574)刻本　十二冊　存八卷(一、二十七至三十、三十二至三十四)

430000－2404－0000232　B69

王伯厚洪文惠洪文敏年譜　(清)錢大昕編　清嘉慶十年(1805)刻本　一冊

430000－2404－0000233　B70

元史藝文志四卷　(清)錢大昕補　清嘉慶十年(1805)刻本　一冊

430000－2404－0000234　B71

疑年錄四卷　(清)錢大昕編　清嘉慶十年(1805)刻本　一冊

430000－2404－0000235　B72

陸放翁先生年譜　(清)錢大昕編　清嘉慶十年(1805)刻本　一冊

430000－2404－0000236　B73

大事記十二卷　(宋)呂祖謙撰　清同治十二年(1873)刻本　十二冊

430000－2404－0000237　B74

竹書紀年十二卷　(南朝梁)沈約註　清乾隆五年(1740)刻本　四冊

430000－2404－0000238　B75

水經注四十卷末一卷　(北魏)酈道元撰　清光緒木活字印本　十三冊　存三十五卷(一至二十、二十三至二十五、二十九至四十)

430000－2404－0000239　B76

金石苑六卷　(清)劉喜海撰　清道光二十八年(1848)刻本　六冊

430000－2404－0000240　B77

西漢會要七十卷　(宋)徐天麟撰　清光緒十年(1884)江蘇書局刻本　十冊

430000－2404－0000241　B78

通鑑紀事本末二百三十九卷　(宋)袁樞編輯　(明)張溥論正　清光緒二十四年(1898)湖南思賢書局刻本　六十四冊

430000－2404－0000242　B79

咸豐朝東華錄　王先謙編　陶濬宣校　清末石印本　一冊

430000－2404－0000243　B80

嘉慶朝東華錄五十卷　王先謙編　清末石印本　一冊

430000－2404－0000244　B81

(康熙朝)東華錄一百十卷　王先謙編　清光緒十三年(1887)石印本　二冊　存十四卷(一至十四)

430000－2404－0000245　B82

遼史一百十六卷　(元)脫脫等修　清光緒十

年(1884)上海同文書局石印本　八冊

430000－2404－0000246　B83

聖武記十四卷　（清）魏源撰　清末刻本　五冊　存十二卷（三至十四）

430000－2404－0000247　B85

皇朝通志二百卷　（清）高宗弘曆撰　清光緒八年(1882)浙江書局刻本　十冊　存一百二十五卷（一至五十九、六十一至一百二十六）

430000－2404－0000248　B93

文獻通考三百四十八卷　（元）馬端臨撰　清光緒三十二年(1906)浙江書局刻本　五十九冊　存一百五十一卷（一至十八、三十九至七十八、九十八至一百十九、二百五十三至二百七十三、二百九十九至三百四十八）

430000－2404－0000249　B94

欽定續文獻通考二百五十卷　（清）高宗弘曆撰　清光緒十三年(1887)浙江書局刻本　五十冊　存一百十五卷（五十九至九十八、一百一至一百十一、一百十六至一百三十五、一百四十五至一百四十九、二百十二至二百五十）

430000－2404－0000250　B95

皇朝文獻通考三百卷　（清）高宗弘曆撰　清光緒二十七年(1901)浙江書局刻本　七十冊　存一百三十九卷（三十三至九十、一百九至一百四十五、一百九十七至二百十五、二百五十至二百七十四）

430000－2404－0000251　B96

後漢書一百二十卷　（南朝宋）范曄撰　（唐）李賢註　清刻本　十六冊

430000－2404－0000252　B97

皇朝通志一百二十六卷　（清）高宗弘曆撰　清刻本　十冊　存三十二卷（六十一至九十二）

430000－2404－0000253　B98

欽定續通志六百四十卷　（清）高宗弘曆撰　清光緒十二年(1886)浙江書局刻本　一百二十六冊　存五百五十卷（三至一百十七、一百二十至五百五十四）

430000－2404－0000254　B99

通志二百卷　（宋）鄭樵撰　清光緒二十二年(1896)浙江書局刻本　四十冊

430000－2404－0000255　B100

通典二百卷　（唐）杜佑纂　清光緒三十二年(1906)刻本　十八冊　存一百五十二卷（十二至十五、二十至二十二、五十四至一百七十七、一百八十至二百）

430000－2404－0000256　B101

皇朝通典一百卷　（清）高宗弘曆撰　清光緒八年(1882)浙江書局刻本　十八冊　存四十七卷（二十六至二十九、四十八至四十九、六十至一百）

430000－2404－0000257　B102

欽定續通典一百五十卷　（清）高宗弘曆撰　清光緒十二年(1886)浙江書局刻本　十四冊　存五十卷（一至二十八、八十五至一百、一百四至一百九）

430000－2404－0000258　B103

隋書八十五卷　（唐）魏徵撰　清光緒十年(1884)上海同文書局石印本　二十四冊

430000－2404－0000259　B104

欽定舊五代史一百五十卷　（宋）薛居正撰　清光緒十年(1884)上海同文書局石印本　二十四冊

430000－2404－0000260　B105

欽定舊唐書二百卷　（五代）劉昫等撰　清光緒十年(1884)同文書局石印本　四十五冊

430000－2404－0000261　B106

後漢書一百三十卷　（南朝宋）范曄撰　（唐）李賢註　續志　（晉）司馬彪撰　（南朝梁）劉昭註　清乾隆四年(1739)刻本　十五冊　存六十四卷（二至六十五）

430000－2404－0000262　B107

欽定宋史四百九十六卷　（元）脫脫等修　清光緒十年(1884)上海同文書局石印本　九十九冊　存三百卷（一至七十四、二百七十一至四百九十六）

430000－2404－0000263　B108

欽定南史八十卷　（唐）李延壽撰　清光緒十年(1884)上海同文書局石印本　二十冊

430000－2404－0000264　B109

前漢書一百卷　（漢）班固撰　清乾隆四年(1739)校刻本　三十四冊　存八十七卷(一、十五至一百)

430000－2404－0000265　B110

欽定北史一百卷　（唐）李延壽撰　清光緒十年(1884)上海同文書局石印本　二十四冊

430000－2404－0000266　B111

漢書補注一百卷　王先謙撰　清光緒二十六年(1900)長沙王氏刻本　三十冊

430000－2404－0000267　B112

史記一百三十卷　（漢）司馬遷撰　清光緒十年(1884)同文書局石印本　二十六冊

430000－2404－0000268　B113

欽定南齊書五十九卷　（南朝梁）蕭子顯撰　清光緒十年(1884)上海同文書局石印本　八冊

430000－2404－0000269　B114

欽定梁書五十六卷　（唐）姚思廉撰　清光緒十年(1884)上海同文書局石印本　八冊

430000－2404－0000270　B115

北齊書五十卷　（唐）李百藥撰　清光緒十年(1884)同文書局石印本　八冊

430000－2404－0000271　B116

欽定宋書一百卷　（南朝梁）沈約撰　清光緒十年(1884)上海同文書局石印本　二十四冊

430000－2404－0000272　B117

欽定金史一百三十五卷　（元）脫脫等修　清光緒十年(1884)同文書局石印本　二十四冊

430000－2404－0000273　B118

欽定後漢書一百二十卷　（南朝宋）范曄撰　（唐）李賢註　續志　（晉）司馬彪撰　（南朝梁）劉昭註　清光緒十年(1884)上海同文書局石印本　二十七冊

430000－2404－0000274　B119

漢書十卷　（漢）班固撰　清光緒十年(1884)同文書局石印本　二十五冊

430000－2404－0000275　B120

後漢書一百二十卷　（南朝宋）范曄撰　（唐）李賢註　續志　（晉）司馬彪撰　（南朝梁）劉昭註　清光緒十年(1884)上海同文書局石印本　三冊

430000－2404－0000276　B121

欽定陳書三十五卷　（唐）姚思廉撰　清光緒十年(1884)上海同文書局石印本　六冊

430000－2404－0000277　B122

欽定周書五十卷　（唐）令狐德棻撰　清光緒十年(1884)石印本　八冊

430000－2404－0000278　B123

史記一百三十卷　（漢）司馬遷撰　清光緒二十四年(1898)石印本　四冊

430000－2404－0000279　B124

欽定五代史七十四卷　（宋）歐陽修撰　清光緒十年(1884)石印本　十冊

430000－2404－0000280　B125

御批增補了凡綱鑑四十卷　（明）袁黃編纂　清光緒二十年(1894)上海經藝齋石印本　九冊　存三十二卷(一至十二、二十一至四十)

430000－2404－0000281　B126

欽定元史二百十卷　（明）宋濂修　清光緒十年(1884)上海同文書局石印本　五十一冊

430000－2404－0000282　B127

欽定唐書二百二十五卷　（宋）歐陽修等撰　清光緒十年(1884)同文書局石印本　四十九冊　存一百四十八卷(一至七十七、八十至一百五十)

430000－2404－0000283　B128

欽定前漢書一百卷　（漢）班固撰　清光緒十年(1884)上海同文書局石印本　三十二冊

430000－2404－0000284　B129

魏書一百十四卷　（北齊）魏收撰　清光緒十

年(1884)上海同文書局石印本　八冊

430000－2404－0000285　B131
欽定明史三百三十二卷　(清)張廷玉等撰
清光緒十年(1884)上海同文書局石印本　七
十四冊

430000－2404－0000286　B141
御批歷代通鑑輯覽一百二十卷　(清)傅恒等
纂修　清刻本　九十八冊　存九十八卷(二
至三十、四十至四十四、五十六至七十六、七
十八至一百二十)

430000－2404－0000287　B157
三國志六十五卷　(晉)陳壽撰　清光緒十年
(1884)石印本　十六冊

430000－2404－0000288　B159
欽定續文獻通考二百五十卷　(清)高宗弘曆
撰　清末石印本　九冊　存五十六卷(六十
五至一百、一百二十一至一百四十)

430000－2404－0000289　B160
評點史記一百三十卷　(明)歸有光評點　清
末石印本　八冊

430000－2404－0000290　B161
天下郡國利病書一百二十卷　(清)顧炎武撰
　清石印本　六冊

430000－2404－0000291　B162
天下郡國利病書詳節十八卷　(清)顧炎武撰
　清光緒二十八年(1902)紹文書局石印本
二冊　存二卷(六下至七)

430000－2404－0000292　B163
樊山政書二十卷　樊增祥撰　清宣統二年
(1910)上海政學社鉛印本　四冊　存八卷
(一至二、七至十、十五至十六)

430000－2404－0000293　B164
歷代名臣言行錄二十四卷　(清)朱桓編輯
清光緒二十六年(1900)文瀾書局石印本　六
冊　存十八卷(一至三、八至十九、二十二至
二十四)

430000－2404－0000294　B166

增補綱鑑輯要四十卷　(明)袁黃編纂　清光
緒十三年(1887)玉尺山房校刻本　二冊　存
三十一卷(一、五至二十七、三十至三十三、三
十八至四十)

430000－2404－0000295　B167
增補綱鑑輯要四十卷首一卷　(明)袁黃編纂
　清光緒刻本　十九冊　存二十三卷(八至
九、十九至三十九)

430000－2404－0000296　B168
御批資治通鑑綱目三編二十卷末一卷　(清)
張廷玉等撰　清光緒十三年(1887)刻本
四冊

430000－2404－0000297　B169
御批資治通鑑綱目三編二十卷末一卷　(清)
張廷玉等撰　清光緒十三年(1887)刻本
三冊

430000－2404－0000298　B170
增補綱鑑輯要四十卷首一卷　(明)袁黃編纂
　清光緒十三年(1887)玉尺山房校刻本　十
四冊

430000－2404－0000299　B171
御批歷代通鑑輯覽　(清)傅恒等纂修　清光
緒二十四年(1898)湖北書局刻本　五十七冊
　缺四卷(四十五至四十六、九十七至九十
八)

430000－2404－0000300　B172
宋元學案一百卷　(清)黃宗羲撰　(清)全祖
望修　清道光刻本　三十六冊

430000－2404－0000301　B173
國朝先正事略六十卷　(清)李元度編　清光
緒刻本　二十三冊

430000－2404－0000302　B174
史記一百三十卷　(漢)司馬遷撰　清刻本
七冊

430000－2404－0000303　B175
史記一百三十卷　(漢)司馬遷撰　清刻本
十一冊

430000－2404－0000304　B176

碑版文廣例十卷　（清）王芑孫輯　清道光二十一年(1841)刻本　四冊

430000－2404－0000305　B177

大瓢偶筆八卷　（清）楊賓編　清道光二十七年(1847)刻本　四冊

430000－2404－0000306　B178

鐵函齋書跋四卷　（清）楊賓編　清道光二十七年(1847)刻本　二冊

430000－2404－0000307　B179

寰宇訪碑錄十二卷　（清）孫星衍撰　清光緒九年(1883)江蘇書局刻本　四冊

430000－2404－0000308　B180

金石錄三十卷　（宋）趙明誠編著　清乾隆二十七年(1762)刻本(雅雨堂藏板)　六冊

430000－2404－0000309　B181

陶齋臧石記四十四卷　（清）端方撰　清宣統元年(1909)石印本　十一冊　存四十卷(一至三十八、四十三至四十四)

430000－2404－0000310　B182

兩漢刊誤補遺十卷　（宋）吳仁傑撰　清同治七年(1868)金陵書局木活字印本　二冊

430000－2404－0000311　B187

歷代名臣言行錄二十四卷　（清）朱桓編輯　清光緒二十六年(1900)湖南書局刻本　二十冊　存十四卷(一至二、四至七、九至十一、十九至二十、二十二至二十四)

430000－2404－0000312　B188

史記菁華錄六卷　（清）姚苧田編　清光緒二十五年(1899)刻本　六冊

430000－2404－0000313　B189

讀史提要錄十二卷　（清）夏之蓉編　清同治十一年(1872)刻本　三冊　存六卷(一至二、五至七、十)

430000－2404－0000314　B191

小腆紀年二十卷　（清）徐鼒撰　清咸豐十一年(1861)刻本　十二冊

430000－2404－0000315　B192

歷朝史案二十卷　（清）洪亮吉編　清龍翼堂刻本　二冊　存十四卷(一至四、十一至二十)

430000－2404－0000316　B193

歸方評點史記合筆六卷　（清）王拯纂　清光緒元年(1875)錦城節署刻本　四冊

430000－2404－0000317　B194

荒政輯要九卷首一卷　（清）汪志伊纂　清刻本(屏山堂藏板)　二冊

430000－2404－0000318　B195

臥龍崗志二卷　（清）羅景輯　（清）羅鈵校　清康熙五十一年(1712)刻本　二冊

430000－2404－0000319　B196

御撰資治通鑑綱目三編二十卷　（清）張廷玉等編　清乾隆十一年(1746)刻本　四冊

430000－2404－0000320　B197

水經注箋刊誤十二卷　（清）趙一清撰　清乾隆五十九年(1794)東潛趙氏刻本　八冊

430000－2404－0000321　B198

書目答問四卷　（清）張之洞撰　清刻本　二冊　存二卷(二至三)

430000－2404－0000322　B199

東萊書說三十五卷　（宋）呂祖謙撰　（宋）時瀾修定　清同治八年(1869)刻本　八冊

430000－2404－0000323　B200

史通削繁四卷　（清）紀昀撰　清光緒二十一年(1895)寶慶澹雅書局刻本　四冊

430000－2404－0000324　B201

綱鑑擇語十卷　（清）司徒修輯　清光緒二十七年(1901)善成堂刻本　二冊

430000－2404－0000325　B202

補寰宇訪碑錄五卷　（清）趙之謙纂　清光緒十二年(1886)刻本　三冊

430000－2404－0000326　B203

楊勇愨公奏議十六卷首一卷　（清）楊岳斌撰　清光緒二十一年(1895)刻本　九冊

430000－2404－0000327　B204

楊勇慤公奏議十六卷首一卷　（清）楊岳斌撰
清光緒二十一年(1895)刻本　一冊　存一
卷(三)

430000－2404－0000328　B205

欽定明鑒二十四卷　（清）托津等纂　清嘉慶
刻本　十冊

430000－2404－0000329　B206

鼎鍥趙田了凡袁先生編纂古本歷史大方綱鑑
補三十九卷首一卷　（宋）劉恕外紀　（宋）金
履祥前編　（明）袁黃編纂　清刻本　二十七
冊　存三十六卷(一至五、八至二十、二十三
至三十九,首一卷)

430000－2404－0000330　B207

欽定四庫全書簡明目錄二十卷　（清）高宗弘
曆撰　清刻本　十三冊　存十六卷(五至二
十)

430000－2404－0000331　B210

精訂綱鑑二十四史通俗衍義二十六卷　（清）
呂撫輯　清鉛印本　三冊　存十三卷(五至
八、十三至二十一)

430000－2404－0000332　B211

史記正鵠十三卷　清光緒二十七年(1901)石
印本　六冊

430000－2404－0000333　B212

各國政藝通考　（清）惲毓鼎編纂　清末石印
本　十八冊　存四十九卷(一至三、七至八、
十一至五十四)

430000－2404－0000334　B213

國語二十卷　（三國吳）韋昭解　清同治八年
(1869)湖北崇文書局刻本　二冊

430000－2404－0000335　B216

漢書一百卷　（漢）班固撰　（唐）顏師古注
清石印本　四冊

430000－2404－0000336　B218

綱鑑易知錄九十二卷　（清）吳乘權等輯　清
刻本　五冊　存十五卷(三至八、十二至十

四、二十四至二十九)

430000－2404－0000337　B219

御批歷代通鑑輯覽一百二十卷　（清）傅恒等
撰　清石印本　二十冊　存一百卷(六至十
二、十九至二十三、二十九至四十三、四十八
至一百二十)

430000－2404－0000338　B220

海防錄要二卷　蔣德鈞纂　清末刻本　二冊

430000－2404－0000339　B221

湖南全省掌故備攷三十五卷　王先謙輯　清
刻本　二冊　存六卷(十三至十六、十九至二
十)

430000－2404－0000340　B222

史鑒綱目新論十卷　（清）譚奇編　清光緒二
十九年(1903)上海譯書社石印本　二冊

430000－2404－0000341　B223

方輿全圖總說五卷　（清）顧祖禹輯　清末石
印本　二冊　存三卷(一至三)

430000－2404－0000342　B224

讀史方輿紀要詳節二十二卷　（清）顧祖禹輯
著　清末石印本　三冊　存七卷(六至十二)

430000－2404－0000343　B226

筠清館金石文字五卷　（清）吳榮光撰　清道
光二十二年(1842)吳氏筠清館刻本　五冊

430000－2404－0000344　B227

[光緒]乾州廳志十六卷首一卷　（清）蔣琦溥
原本　（清）林書熊續修　（清）張先達續纂
清光緒三年(1877)續修刻本　一冊　存三卷
(十二至十四)

430000－2404－0000345　B231

小蓬萊閣金石文字不分卷　（清）黃易輯　清
道光十四年(1834)刻本　四冊

430000－2404－0000346　B232

御批通鑑輯覽一百十六卷　（清）高宗弘曆撰
清末石印本　二冊　存十卷(五十八至六
十二、六十八至七十二)

430000－2404－0000347　B233

文獻通考輯要二十三卷　（清）湯壽潛編輯
清末石印本　十冊

430000－2404－0000348　B234
欽定續文獻通考二十六卷　（清）湯壽潛編輯
清末石印本　十冊

430000－2404－0000349　B237
太平寰宇記二百卷目錄二卷　（宋）樂史撰
清嘉慶八年（1803）刻本（紅杏山房藏板）　四
十六冊

430000－2404－0000350　B238
四庫全書考證一百卷　（清）王太岳纂輯　清
道光十年（1830）刻本　八十八冊

430000－2404－0000351　B239
十七史商榷一百卷　（清）王鳴盛撰　清光緒
六年（1880）校刻本　二十三冊　存九十四卷
（一至七、十四至一百）

430000－2404－0000352　B240
讀史鏡古編三十卷　（清）潘世恩撰　清同治
十三年（1874）刻本　六冊

430000－2404－0000353　B241
地球韻言四卷　（清）張士瀛撰　清光緒二十
四年（1898）刻本　二冊

430000－2404－0000354　B242
東都事略一百三十卷　（宋）王偁撰　清光緒
九年（1883）淮南書局刻本　八冊

430000－2404－0000355　B243
欽定中樞政考　（清）明亮等修　（清）納蘇泰
等纂　清刻本　十三冊

430000－2404－0000356　B244
地學淺釋三十八卷　（英國）雷俠兒撰　（美
國）瑪高溫口譯　清同治十二年（1873）江南
製造總局刻本　八冊

430000－2404－0000357　B245
蜀志十五卷　（晉）陳壽撰　（南朝宋）裴松之
註　清乾隆四年（1739）刻本　二冊

430000－2404－0000358　B246
聖證論補評二卷　（清）皮錫瑞著　清光緒二

十二年（1896）刻本　二冊

430000－2404－0000359　B247
王船山先生［夫之］年譜二卷　（清）劉毓崧編
清光緒二十二年（1896）刻本　二冊

430000－2404－0000360　B248
戰國策三十三卷　（漢）高誘註　清同治八年
（1869）崇文書局刻本　七冊

430000－2404－0000361　B249
史通削繁四卷　（清）紀昀撰　清道光十三年
（1833）刻朱墨套印本　四冊

430000－2404－0000362　B250
欽定周官義疏四十八卷　（清）高宗弘曆撰
清刻本　十九冊

430000－2404－0000363　B251
［光緒］湖南通志一百八十八卷首八卷　（清）
李瀚章等修　（清）曾國荃等纂　清光緒十一
年（1885）長沙府學宮尊經閣刻本　一百八十
六冊　缺二十五卷（二至六、二十三至三十、
三十四至三十六、三十九、四十一至四十三、
七十四、二百九十四、二百六十七至二百六十
九）

430000－2404－0000364　B252
三省邊防備覽十四卷　（清）嚴如熤輯　清道
光二年（1822）刻本　二冊　存三卷（一至三）

430000－2404－0000365　B253
邵陽縣鄉土志四卷　（清）陳吳萃　（清）上官
廉修　（清）姚炳奎纂　清光緒三十三年
（1907）刻本　四冊

430000－2404－0000366　B254
司馬溫公稽古錄二十卷　（宋）司馬光撰　清
同治十一年（1872）湖北崇文書局刻本　四冊

430000－2404－0000367　B255
［光緒］龍山縣志十六卷　（清）符爲霖修
（清）呂懋恒續修　（清）劉沛纂修　清光緒四
年（1878）刻本　二冊　存六卷（十至十五）

430000－2404－0000368　B256
［宣統］永綏廳志三十卷　（清）董鴻勛纂修

清宣統元年(1909)鉛印本　十一冊　存二十八卷(三至三十)

430000－2404－0000369　B257

[宣統]永綏廳志三十卷首一卷　(清)董鴻勛纂修　清宣統元年(1909)鉛印本　十二冊

430000－2404－0000370　B258

重修南嶽志二十六卷　(清)李元度重修　清光緒六年至九年(1880－1883)朱陵洞天精舍刻本　十五冊　存二十四卷(一至二十四)

430000－2404－0000371　B259

[同治]黔陽縣志六十卷　(清)陳鴻作等修　清同治十三年(1874)刻本　三冊　存三卷(一至二、六)

430000－2404－0000372　B260

[光緒]桃源縣志十七卷　(清)余良棟修　清光緒十八年(1892)刻本　十七冊

430000－2404－0000373　B261

忠武志八卷　(清)張鵬翮輯　清刻本　八冊

430000－2404－0000374　B262

京□山水志十八卷首一卷末一卷　(清)楊榮撰　清刻本　六冊

430000－2404－0000375　B263

[光緒]乾州廳志十六卷首一卷　(清)蔣琦溥纂修　清刻本　四冊　存九卷(二至五、九至十、十四至十六)

430000－2404－0000376　B264

恒言錄六卷　(清)錢大昕撰　清嘉慶十年(1805)刻本　三冊

430000－2404－0000377　B265

長安志圖三卷　(元)李好文繪撰　(元)張敏同校正　清刻本　二冊

430000－2404－0000378　B266

[同治]芷江縣志六十四卷　(清)王簡修纂　清同治八年(1869)刻本　六冊　存三十一卷(一至六、十三至三十三、四十九至五十二)

430000－2404－0000379　B269

邵陽縣鄉土志四卷　(清)陳吳萃　(清)上官

廉修　(清)姚炳奎纂　清光緒三十年(1904)刻本　三冊

430000－2404－0000380　B272

讀書雜志八十二卷餘編二卷　(清)王念孫撰　清同治九年(1870)金陵書局刻本　二冊

430000－2404－0000381　B273

[光緒]湖南通志二百八十八卷　(清)李瀚章　(清)卞寶第修　(清)曾國荃等纂　清光緒十一年(1885)長沙府學宮尊經閣刻本　一冊　存序、目錄

430000－2404－0000382　B275

柔遠新書四卷　(清)朱克敬撰　清光緒十年(1884)刻本　二冊

430000－2404－0000383　B276

苗防備覽二十二卷　(清)嚴如熤輯　清刻本　三冊　存七卷(十三至十四、十七、十九至二十二)

430000－2404－0000384　B277

[同治]保靖縣志十二卷首一卷　(清)林繼欽修　清同治十年(1871)刻本　一冊　存三卷(九至十一)

430000－2404－0000385　B278

史外八卷　(清)汪有典著　清同治三年(1864)刻本　八冊

430000－2404－0000386　B279

鹽鐵論十卷　(漢)桓寬撰　清光緒十七年(1891)思賢講舍刻本　二冊

430000－2404－0000387　C4

朱子遺書重刻合編　(宋)朱熹撰　清光緒十二年(1886)刻本　二十一冊

430000－2404－0000388　C6

物理四識十二卷　(清)方中通撰　清康熙三年(1664)刻本　十二冊

430000－2404－0000389　C11

古今釋疑十八卷　(清)方中履撰　清康熙二十一年(1682)刻本　二十三冊

430000－2404－0000390　C14

格物探原六卷　（英國）韋廉臣著　清光緒六年(1880)刻本　四冊

430000－2404－0000391　C15

浮邱子十二卷　（清）湯鵬著　清同治四年(1865)刻本　二冊　存六卷(一至六)

430000－2404－0000392　C16

聖武記十四卷　（清）魏源撰　清道光二十二年(1842)刻本　十二冊

430000－2404－0000393　C17

理學宗傳二十六卷　（清）孫奇逢輯　清光緒刻本　十二冊

430000－2404－0000394　C20

文章練要二十卷　（清）王源評訂　清刻本　二冊

430000－2404－0000395　C21

朱子語類一百四十八卷　（宋）朱熹撰　清光緒二年(1876)傳經堂校刻本　四十八冊

430000－2404－0000396　C22

百子全書　（清）崇文書局輯　清光緒元年(1875)湖北崇文書局刻本　八十六冊

430000－2404－0000397　C23

淵鑒齋御纂朱子全書六十六卷　（宋）朱熹撰　（清）李光地等編　清刻本　二十二冊

430000－2404－0000398　C24

玉海二百卷　（元）王應麟撰　清嘉慶十一年(1806)刻本　九十三冊

430000－2404－0000399　C25

九九銷夏錄十一卷　（清）俞樾撰　清光緒十八年(1892)刻本　二冊

430000－2404－0000400　C26

聖祖仁皇帝庭訓格言一卷　（清）世宗胤禛纂　清刻本　一冊

430000－2404－0000401　C27

墨子十六卷　（戰國）墨翟撰　清光緒三十年(1904)刻本　四冊

430000－2404－0000402　C28

趙注孫子五卷　（明）趙本學解　清同治二年(1863)刻本(亦西齋藏板)　四冊　存四卷(一至四)

430000－2404－0000403　C30

西學大成　（清）王西清等輯　清光緒二十一年(1895)上海醉六堂書坊石印本　八冊

430000－2404－0000404　C31

程氏家塾讀書分年日程三卷　（元）程端禮述　清同治七年(1868)湖北崇文書局刻本　二冊

430000－2404－0000405　C32

虎鈐經二十卷　（宋）許洞撰　清刻本　三冊　存十五卷(一至九、十五至二十)

430000－2404－0000406　C33

芥子園畫傳　（清）沈心友編繪　清印本　一冊　存二卷(三至四)

430000－2404－0000407　C34

增補校正尚友錄二十二卷　（明）廖用賢編纂　（清）張伯琮補輯　清光緒十九年(1893)上海蜚英館石印本　四冊

430000－2404－0000408　C36

山海經新校正十八卷　（晉）郭璞傳　清乾隆四十八年(1783)刻本　二冊

430000－2404－0000409　C37

借箸雜俎三卷　（清）沈清旭撰　清光緒十三年(1887)刻本　三冊

430000－2404－0000410　C38

白虎通疏證十二卷　（清）陳立撰　清光緒元年(1875)淮南書局刻本　四冊

430000－2404－0000411　C39

莊子南華真經十卷　（戰國）莊周撰　（晉）郭象註　清光緒十一年(1885)傳忠書局刻本(善化黎家坡遐齡庵藏板)　七冊　存八卷(一至二、五至十)

430000－2404－0000412　C40

國朝漢學師承記八卷　（清）江藩纂　清光緒十三年(1887)刻本　四冊

430000－2404－0000413　C41

妙法蓮華經觀世音菩薩普門品一卷　（後秦）
釋鳩摩羅什譯　清光緒十二年(1886)江北刻
經處刻本　一冊

430000－2404－0000414　C42

重編紅雨樓題跋二卷　（明）徐燉撰　繆荃孫
輯　清宣統二年(1910)刻本　一冊

430000－2404－0000415　C43

錢錄外十五種　（清）梁詩正等撰　清印本
四冊　存十種(香譜、筍譜、酒譜、茶經、桐譜、
續竹譜、云林石譜、畫論、畫鑒、畫史)

430000－2404－0000416　C44

蠶桑萃編十五卷首一卷　（清）衛傑編　清末
刻本　二冊　存七卷(四至十)

430000－2404－0000417　C45

農桑輯要七卷　（元）司農司撰　清光緒二十
一年(1895)刻本　四冊

430000－2404－0000418　C49

淮南子二十一卷　（漢）高誘註　清武進莊氏
校本　六冊

430000－2404－0000419　C50

形學備旨十卷　（美國）狄考文譯　（清）鄒立
文筆述　清光緒二十九年(1903)鉛印本
二冊

430000－2404－0000420　C51

臨陣管見九卷　（德國）斯拉弗司撰　（美國）
金楷理口譯　（清）趙元益筆述　清同治十二
年(1873)江南製造局刻本　二冊　存五卷
(一至五)

430000－2404－0000421　C52

東塾讀書記二十一卷　（清）陳澧撰　清咸豐
六年(1856)刻本　四冊

430000－2404－0000422　C53

齊民四述二十七卷　（清）包世臣撰　清道光
十三年(1833)刻本　三冊　存三卷(二十五
至二十七)

430000－2404－0000423　C54

430000－2404－0000423 (right column)

抱樸子內篇四卷外篇四卷　（晉）葛洪撰　清
嘉慶刻本　四冊

430000－2404－0000424　C55

莊子獨見三十三卷　（清）胡文英評釋　清乾
隆刻本　二冊　存二十六卷(八至三十三)

430000－2404－0000425　C56

大學衍義補一百六十卷　（明）丘濬撰　清刻
本　二十三冊　存八十卷(六十九至一百十
一、一百十五至一百四十八、一百五十二至一
百五十四)

430000－2404－0000426　C57

讀書雜志八十二卷餘編二卷　（清）王念孫撰
清刻本　十四冊

430000－2404－0000427　C58

醫時六言六卷　（清）翁傳照撰　清光緒二十
年(1894)刻本　二冊

430000－2404－0000428　C59

韓非子集解二十一卷　王先慎撰　清光緒二
十二年(1896)刻本　六冊

430000－2404－0000429　C62

程氏家塾讀書分年日程三卷　（元）程端禮述
清同治五年(1866)福州正誼書院刻本
一冊

430000－2404－0000430　C63

風俗通義逸文一卷　（清）錢大昕纂　清嘉慶
十年(1805)刻本　一冊

430000－2404－0000431　C64

大雲山房文稿初集四卷　（清）惲敬撰　清光
緒十四年(1888)刻本　四冊

430000－2404－0000432　C65

大雲山房文稿二集三卷　（清）惲敬撰　清光
緒十四年(1888)刻本　三冊

430000－2404－0000433　C66

**古香齋新刻袖珍淵鑒類函四百五十卷目錄四
卷**　（清）張英等編　清光緒刻本　八十冊

430000－2404－0000434　C67

二程全書六十七卷　（宋）程頤等撰　（宋）朱

熹次錄　清禦兒呂氏寶誥堂刻本　十六冊
存六十五卷（一至十四、十六至十七、十九至
六十七）

430000－2404－0000435　C68
增補萬寶全書二十卷　（清）毛煥文增補　清
同治十二年（1873）同文堂刻本　一冊　存三
卷（一至三）

430000－2404－0000436　C69
新增幼學故事珠璣三卷　（清）程登吉撰　清
經元堂刻本　一冊　存一卷

430000－2404－0000437　C70
子史精華一百六十卷　（清）聖祖玄燁撰　清
光緒二十二年（1896）石印本　七冊

430000－2404－0000438　C71
二程粹言二卷　（宋）楊時訂定　（宋）張栻編
次　清刻本　一冊　存一卷（二）

430000－2404－0000439　C72
皇朝經世文續編一百二十卷　（清）葛士濬輯
　清石印本　三冊

430000－2404－0000440　C73
中外經世文言十六卷　（清）汪紫卿輯　清石
印本　二冊　存五卷（十二至十六）

430000－2404－0000441　C74
大乘起信論直解二卷　（明）釋德清述　清光
緒十六年（1890）金陵刻經處刻本　一冊

430000－2404－0000442　C75
欽定淵鑒類函四百五十卷目錄四卷　（清）張
英等編　清石印本　一冊

430000－2404－0000443　C76
秘傳花鏡六卷　（清）陳淏子輯　清康熙二十
七年（1688）刻本　五冊

430000－2404－0000444　C77
白芙堂算學叢書　（清）吳嘉善述　（清）丁取
忠刊　清同治、光緒間刻本　八冊

430000－2404－0000445　C78
墨子十五卷　（戰國）墨翟撰　清乾隆四十年
（1775）刻本　二冊　存五卷（十一至十五）

430000－2404－0000446　C79
代數通藝錄十六卷　（清）方愷撰　清光緒二
十四年（1898）石印本　八冊

430000－2404－0000447　C80
嘯亭雜錄八卷　（清）昭槤著　清光緒六年
（1880）刻本　八冊

430000－2404－0000448　C83
晨鐘暮鼓醒迷纂要四卷　（清）朱厚祥輯　清
石印本　三冊　存三卷（二至四）

430000－2404－0000449　C84
嘯亭續錄二卷　（清）昭槤著　清光緒六年
（1880）刻本　四冊

430000－2404－0000450　C85
初學記三十卷　（唐）徐堅撰　清末刻本　十
一冊　存二十八卷（三至三十）

430000－2404－0000451　C86
釋氏稽古略四卷　（元）釋覺岸撰　清光緒刻
本　三冊　存三卷（二至四）

430000－2404－0000452　C87
御製數理精蘊四十卷　（清）聖祖玄燁撰　清
光緒十年（1884）印本　八冊

430000－2404－0000453　C88
學算筆談十二卷　（清）華衡芳撰　清光緒八
年（1882）刻本　六冊

430000－2404－0000454　C89
七修類稿五十一卷　（明）朗瑛著　清乾隆四
十年（1775）刻本　十六冊

430000－2404－0000455　C90
佩文齋廣群芳譜一百卷目錄二卷　（晉）王象
晉原編　（清）汪灝等重編　清刻本　二十二
冊　存四十七卷（五十四至一百）

430000－2404－0000456　C91
重鐫朱青巖先生擬編明紀輯畧十六卷　（清）
朱磷輯　清康熙三十五年（1696）刻本　十
二冊

430000－2404－0000457　C92
直省釋奠禮樂記六卷首一卷末一卷　（清）應

寶時等輯　清刻本　一冊　存一卷(二下)

430000－2404－0000458　C93

李氏蒙求集注八卷　（唐）李瀚撰　（清）楊迦懌集註　清光緒刻本　三冊　存三卷(四、七至八)

430000－2404－0000459　C94

管子校正二十四卷　（清）戴望撰　清同治十一年(1872)刻本　四冊

430000－2404－0000460　C95

莊子十卷　（戰國）莊周撰　（晉）郭象註　清同治八年(1869)刻本　一冊

430000－2404－0000461　C96

南華真經十卷　（戰國）莊周撰　（晉）郭象註　（唐）陸德明音義　清嘉慶九年(1804)刻本　一冊

430000－2404－0000462　D1

思綺堂文集十卷　（清）章藻功撰　清康熙刻本　五冊　存五卷(一至五)

430000－2404－0000463　D2

呂東萊先生文集二十卷首一卷　（宋）呂祖謙撰　（清）王崇炳編輯　清雍正刻本　十冊

430000－2404－0000464　D3

曝書亭集八十卷附錄一卷　（清）朱彝尊撰　清刻本　十四冊

430000－2404－0000465　D4

文章正宗復刻三十卷　（宋）真德秀集　清乾隆刻本　三十冊

430000－2404－0000466　D5

文選六十卷　（南朝梁）蕭統撰　清同治八年(1869)湖北崇文書局刻本　二十四冊

430000－2404－0000467　D6

帶經堂集九十二卷　（清）王士禎撰　（清）程哲校編　清刻本　二十五冊

430000－2404－0000468　D8

飴山詩集二十卷　（清）趙執信撰　清刻本　四冊

430000－2404－0000469　D10

尹和靖集十卷　（宋）尹焞撰　清光緒九年(1883)刻本　二冊

430000－2404－0000470　D11

玉溪生詩意八卷　（清）屈復箋註　清同治十二年(1873)刻本　六冊

430000－2404－0000471　D12

歸田集三卷　（清）沈德潛撰　清乾隆刻本（教忠堂藏板）　二冊

430000－2404－0000472　D13

欒城集四十八卷　（宋）蘇轍著　清道光十二年(1832)刻本　二十冊

430000－2404－0000473　D14

古藤書屋詩存一卷　（清）吳以誠撰　清咸豐九年(1859)刻本　一冊

430000－2404－0000474　D16

熊襄愍公集七卷　（明）熊廷弼撰　清嘉慶十七年(1812)刻朱墨套印本（腴經堂藏板）　七冊

430000－2404－0000475　D17

愚庵小集十五卷　（清）朱鶴齡撰　清刻本　四冊

430000－2404－0000476　D20

黎文肅公遺書　（清）黎培敬撰　清光緒十七年(1891)湘潭黎氏刻本　七冊

430000－2404－0000477　D21

柯園詩草　（清）劉洪度著　清同治四年(1865)刻本　二冊

430000－2404－0000478　D27

史記論文　（清）吳見思評點　清末刻本　十五冊

430000－2404－0000479　D28

十八家詩鈔二十八卷　（清）曾國藩纂　清同治十三年(1874)傳忠書局刻本　十九冊

430000－2404－0000480　D29

朱子詩義補正八卷　（清）方苞撰　清光緒三年(1877)海南馮氏刻本　四冊

430000 – 2404 – 0000481　D30

樊山集二十八卷　樊增祥撰　清光緒十九年
(1893)渭南縣署刻本　七冊

430000 – 2404 – 0000482　D31

樊山續集二十八卷　樊增祥撰　清光緒二十
八年(1902)西安縣桌署刻本　九冊

430000 – 2404 – 0000483　D32

樊山批判十四卷　樊增祥撰　清光緒二十三
年(1897)刻本　五冊

430000 – 2404 – 0000484　D33

樊山時文　樊增祥撰　清光緒二十年(1894)
渭南官舍刻本　一冊

430000 – 2404 – 0000485　D34

二家詠古詩　(清)張之洞　樊增祥撰著　清
光緒二十七年(1901)刻本　一冊

430000 – 2404 – 0000486　D35

唐宋八大家文讀本　(唐)柳宗元著　(清)沈
德潛選　清光緒六年(1880)刻本　七冊

430000 – 2404 – 0000487　D36

蒼茛初集二十一卷　(清)孫鼎臣撰　清咸豐
刻本　六冊

430000 – 2404 – 0000488　D37

道生堂初集　(清)鍾聲著　清刻本　一冊
存一卷(一)

430000 – 2404 – 0000489　D38

玉臺新詠十卷　(南朝陳)徐陵編　清乾隆三
十二年(1767)刻本　四冊

430000 – 2404 – 0000490　D39

李義山詩集三卷　(唐)李商隱撰　清順治十
六年(1659)金陵葉永茹刻本　四冊

430000 – 2404 – 0000491　D40

水心別集十六卷　(宋)葉適撰　清同治九年
(1870)刻本　四冊

430000 – 2404 – 0000492　D41

御選唐宋詩醇四十七卷　(清)高宗弘曆輯
清乾隆二十五年(1760)紫翠院刻本　十四冊

430000 – 2404 – 0000493　D42

浮湘訪學集　(清)朱克敬編　清光緒二年
(1876)刻本　二冊

430000 – 2404 – 0000494　D43

後說鈴十九卷　(明)黃遠公撰　清康熙四十
年(1701)刻本　八冊

430000 – 2404 – 0000495　D44

鹿洲初集二十卷　(清)藍鼎元著　(清)曠敏
本評　清刻本　三冊　存五卷(一、四至七)

430000 – 2404 – 0000496　D45

杜工部集二十卷　(唐)杜甫撰　清刻本　九
冊　存十七卷(二至六、九至二十)

430000 – 2404 – 0000497　D46

徐迪功詩集四卷　(明)徐禎卿撰　清刻本
一冊

430000 – 2404 – 0000498　D47

小題正鵠　(清)李元度輯　清道光二十六年
(1846)刻本　五冊

430000 – 2404 – 0000499　D48

小題正鵠二卷　(清)李元度輯　清光緒三年
(1877)刻本　二冊

430000 – 2404 – 0000500　D49

國朝駢體正宗十二卷　(清)曾燠輯　清刻本
四冊　存九卷(二至六、九至十二)

430000 – 2404 – 0000501　D52

山谷詩內集注十七卷　(宋)黃庭堅撰　(宋)
任淵注　清乾隆五十四年(1789)刻本　二
十冊

430000 – 2404 – 0000502　D53

古文淵鑒六十四卷　(清)徐乾學等編註　清
刻本　二十六冊

430000 – 2404 – 0000503　D54

有恒心齋集　(清)程鴻詔編　清刻本　十冊

430000 – 2404 – 0000504　D60

曾文正公家書十卷　(清)曾國藩撰　清光緒
五年(1879)傳忠書局刻本　十冊

430000－2404－0000505　D69

瀋居集詠　（清）裕瑞撰　清道光刻本　三冊

430000－2404－0000506　D70

精刊惲子居文鈔四卷　（清）惲敬撰　清宣統
二年(1910)刻本　四冊

430000－2404－0000507　D71

胡敬齋先生居業錄十二卷　（明）胡居仁撰
清乾隆二十二年(1757)同邑後學刻本　六冊

430000－2404－0000508　D72

曾文正公文集三卷　（清）曾國藩撰　清光緒
二年(1876)傳忠書局刻本　四冊

430000－2404－0000509　D73

鶴山集三十二卷　（宋）魏了翁撰　清同治十
三年(1874)刻本　八冊

430000－2404－0000510　D74

唐宋文醇五十八卷　（清）高宗弘曆輯　清乾
隆三年(1738)刻三色套印本　二十四冊

430000－2404－0000511　D75

道古堂文集二十六卷　（清）錢塘撰　清乾隆
四十一年(1776)刻本　十六冊

430000－2404－0000512　D76

東坡集八十四卷目錄二卷　（宋）蘇軾撰
（宋）王宗稷編　清道光十二年(1832)刻本
三十八冊

430000－2404－0000513　D77

唐王子安集注二十卷　（唐）王勃撰　清光緒
九年(1883)蔣氏刻本　四冊　存十二卷(一、
五至八、十四至二十)

430000－2404－0000514　D78

古文辭類纂七十四卷　（清）姚鼐纂　清刻本
　九冊　存五十七卷(十一至三十、三十八至
七十四)

430000－2404－0000515　D79

漱六山房全集十一卷　（清）吳昆田撰　清光
緒十年(1884)刻本　六冊

430000－2404－0000516　D80

增像全圖東周列國志二十七卷一百八回

（清）蔡昪評點　清末鉛印本　八冊

430000－2404－0000517　D83

施注蘇詩四十二卷　（宋）施元之撰　清石印
本　六冊

430000－2404－0000518　D84

說詩晬語二卷　（清）沈德潛撰　清乾隆刻本
（教忠堂藏板）　二冊

430000－2404－0000519　D85

浙江通省志圖說一卷　（清）沈德潛撰　清乾
隆刻本(教忠堂藏板)　一冊

430000－2404－0000520　D86

八十壽序一卷　（清）沈德潛撰　清乾隆刻本
(教忠堂藏板)　一冊

430000－2404－0000521　D87

九十壽序一卷　（清）沈德潛撰　清乾隆刻本
(教忠堂藏板)　一冊

430000－2404－0000522　D88

龍川文集三十卷首一卷　（宋）陳亮撰　清宣
統三年(1911)埽葉山房石印本　七冊　存二
十六卷(一至二十五、首一卷)

430000－2404－0000523　D89

隨園三十種　（清）袁枚撰　清刻本　六十
五冊

430000－2404－0000524　D90

楊升庵外集一百卷　（明）楊慎撰　清道光二
十四年(1844)刻本　二十四冊

430000－2404－0000525　D91

御定全唐詩錄一百卷　（清）徐倬等輯　清康
熙四十五年(1706)刻本　十二冊

430000－2404－0000526　D92

十八家詩鈔二十八卷　（清）曾國藩編　清同
治十三年(1874)傳忠書局刻本　二十五冊

430000－2404－0000527　D93

杜詩鏡銓二十卷　（唐）杜甫撰　（清）楊倫箋
註　清同治十一年(1872)刻本　九冊

430000－2404－0000528　D94

熊襄愍公集十卷末一卷 （明）熊廷弼撰 清同治十一年(1872)刻本 二冊 存三卷（九至十、末一卷）

430000－2404－0000529 D95

曾文正公家訓二卷家書十卷 （清）曾國藩編 清光緒五年(1879)刻本 九冊 存九卷（家訓上、下，家書二至六、九至十）

430000－2404－0000530 D96

方望溪先生全集十八卷 （清）方苞撰 （清）戴鈞衡編 清咸豐元年至二年(1851－1852)桐城戴氏味經山館刻本 十二冊

430000－2404－0000531 D97

白香山詩長慶集二十卷 （唐）白居易撰 清康熙四十一年(1702)一隅草堂刻本 三冊 存七卷（一至四、十七至十九）

430000－2404－0000532 D98

白香山詩集 （唐）白居易撰 清康熙四十一年(1702)一隅草堂刻本 一冊 存三卷（十七至十九）

430000－2404－0000533 D99

讀雪齋詩集九卷 （清）孫文川撰 清同治二年(1863)刻本 二冊

430000－2404－0000534 D100

古詩源十四卷 （清）沈德潛選 清刻本（尊經閣藏板） 四冊

430000－2404－0000535 D101

岳忠武王集八卷 （宋）岳飛撰 （清）黃邦寧編輯 清同治三年(1864)刻本 三冊

430000－2404－0000536 D102

文清公薛先生文集四卷 （明）薛瑄撰 （明）張鼎校正編輯 清雍正十二年(1734)薛氏刻本 四冊

430000－2404－0000537 D103

薛文清公文集二十四卷 （明）薛瑄撰 （明）張鼎編輯 清乾隆五十九年(1794)刻本 十三冊

430000－2404－0000538 D104

御製詩二集 （清）高宗弘曆撰 清乾隆十三年(1748)刻本 三十冊

430000－2404－0000539 D105

駢文類纂四十六卷 王先謙輯 清光緒二十八年(1902)湖南思賢書局刻本 十三冊 存三十卷（八至十一、二十一至四十六）

430000－2404－0000540 D106

古文辭類纂七十四卷 （清）姚鼐纂 清光緒二十六年(1900)新化三味書室刻本 十二冊

430000－2404－0000541 D107

杜律啟蒙十二卷 （清）邊連寶註 清乾隆四年(1739)刻本 六冊

430000－2404－0000542 D108

父師善誘法讀書作文譜合刻十卷 （清）唐翼修輯 清文成堂藏板 四冊

430000－2404－0000543 D109

洪範五行傳二卷 （漢）劉向撰 （清）陳壽祺輯 清刻本 二冊

430000－2404－0000544 D110

呂東萊文集二十卷 （宋）呂祖謙撰 （清）王崇炳編輯 清同治六年(1867)刻本 九冊 存十八卷（一至十二、十五至二十）

430000－2404－0000545 D111

七家試帖輯注彙鈔七卷 （清）張熙宇輯 清光緒十六年(1890)刻本 八冊

430000－2404－0000546 D115

香祖筆記十二卷 （清）王士慎撰 清康熙四十四年(1705)刻本 四冊

430000－2404－0000547 D116

秫陵集六卷 （清）陳文述撰 清道光二年(1822)刻本 三冊

430000－2404－0000548 D117

劉海峰集十八卷 （清）劉大櫆撰 清同治十三年(1874)刻本 十冊

430000－2404－0000549 D118

漁洋山人精華錄箋注十二卷 （清）王士慎撰 （清）徐准纂輯 清康熙刻本 五冊

430000－2404－0000550　D119

施注蘇詩四十二卷　（宋）蘇軾撰　（宋）施元之注　（清）邵長蘅補　清康熙三十八年(1699)刻本　九冊

430000－2404－0000551　D120

唐詩繹三十卷　（清）楊逢春選輯　清乾隆十四年(1749)刻本　十冊

430000－2404－0000552　D121

漁洋山人精華錄箋注十二卷　（清）王士禎撰　（清）金榮箋注　清刻本(寶華順藏板)　八冊

430000－2404－0000553　D122

宋詩鈔不分卷　（清）吳之振等選編　清康熙十年(1671)刻本　十冊

430000－2404－0000554　D123

黃文節公全集　（宋）黃庭堅撰　清光緒二十年(1894)義寧州署刻本　二十八冊

430000－2404－0000555　D124

存悔齋集二十八卷外集四卷　（清）劉鳳誥撰　清道光十年(1830)刻本　七冊

430000－2404－0000556　D125

古唐詩合解十二卷　（清）王堯衢註　裕德堂刻本　二冊

430000－2404－0000557　D126

溫飛卿詩集九卷　（唐）溫庭筠撰　（明）曾益註　（清）顧予咸補註　清康熙三十六年(1697)秀野草堂刻本　二冊

430000－2404－0000558　D127

文心雕龍十卷　（南朝梁）劉勰撰　清光緒二十二年(1896)刻本　四冊

430000－2404－0000559　D128

畹蘭齋文集四卷　（明）李楨著　清光緒十八年(1892)刻本　二冊

430000－2404－0000560　D136

古文淵鑒六十四卷　（清）徐乾學等編註　清康熙二十四年(1685)刻本(尊經閣藏板)　二十冊　存三十卷(一至三十)

430000－2404－0000561　D140

帶經堂詩話三十卷　（清）王士禎撰　清光緒三十年(1904)刻本　十冊

430000－2404－0000562　D142

格致課存　（清）鍾天緯撰　清光緒二十年(1894)刻本　一冊

430000－2404－0000563　D148

柏堂集十四卷　（清）方宗誠撰　清光緒六年(1880)刻本　二十七冊

430000－2404－0000564　D149

溫飛卿詩集九卷　（唐）溫庭筠撰　（明）曾益註　清光緒八年(1882)刻本　二冊

430000－2404－0000565　D150

何大復詩集二十六卷　（明）何景明撰　清光緒二十一年(1895)長沙張氏湘雨樓刻弘正四傑詩集本　三冊　存三卷(七至九)

430000－2404－0000566　D151

金忠節公文集八卷　（明）金聲撰　清光緒十四年(1888)黟縣李氏刻本　六冊

430000－2404－0000567　D152

劉孟塗集文二十二卷　（清）劉開撰　清道光六年(1826)刻本　六冊

430000－2404－0000568　D153

韓文考異四十卷外集考異十卷遺文考異一卷　（宋）朱熹考異　清光緒十八年(1892)刻本　十六冊

430000－2404－0000569　D154

讀書偶筆二十卷　（清）董桂新撰　清同治五年(1866)刻本　四冊

430000－2404－0000570　D155

李太白文集三十六卷　（唐）李白撰　（宋）王琦輯　清乾隆二十四年(1759)刻本　十四冊

430000－2404－0000571　D156

龍川文集三十卷　（宋）陳亮撰　清同治八年(1869)刻本　十冊

430000－2404－0000572　D157

湘綺樓全集　王闓運著　清光緒、宣統間刻

本　九冊

430000－2404－0000573　D158

戴東原集十二卷　（清）戴震撰　清光緒十年(1884)刻本　四冊

430000－2404－0000574　D159

壹齋集四十卷　（清）黃鉞著　清道光十四年(1834)刻本　八冊　存三十五卷(六至四十)

430000－2404－0000575　D160

經韻樓集十二卷　（清）段玉裁撰　清光緒十年(1884)秋樹根齋刻本　七冊

430000－2404－0000576　D161

胡文忠公遺集八十六卷首一卷　（清）胡林翼撰　（清）鄭敦謹輯　（清）曾國藩纂輯　清同治六年(1867)黃鶴樓刻本　五冊　存十三卷(七至九、五十七至五十八、六十七至七十、八十一至八十四)

430000－2404－0000577　D162

增廣試帖玉芙蓉五卷目錄一卷　（清）同文書局輯　清光緒同文書局石印本　三冊　存三卷(二、五,目錄一卷)

430000－2404－0000578　D163

曾南豐先生文集四卷　（宋）曾鞏撰　清宣統二年(1910)刻本　二冊

430000－2404－0000579　D164

庾子山集十六卷　（北周）庾信撰　（清）倪璠編　清光緒二十一年(1895)刻本　十二冊

430000－2404－0000580　D165

胡文敬公集五卷　（明）胡居仁撰　清同治刻本　二冊

430000－2404－0000581　D166

二南遺音四卷　（清）劉紹敏編輯　清同治十二年(1873)刻本　五冊

430000－2404－0000582　D167

南軒文集四十四卷　（宋）張栻撰　清咸豐四年(1854)綿邑南軒祠刻本　五冊　存三十六卷(一至九、十八至四十四)

430000－2404－0000583　D168

蘇許公文集十二卷首一卷附錄一卷　（唐）蘇環撰　清道光二十三年(1843)刻本　四冊

430000－2404－0000584　D169

六如居士全集七卷補遺一卷　（明）唐寅著　清嘉慶六年(1801)刻本　八冊

430000－2404－0000585　D170

蘇文忠詩合注五十卷　（清）馮應榴輯　清同治九年(1870)刻本　十六冊

430000－2404－0000586　D171

惜抱軒全集　（清）姚鼐撰　清同治五年(1866)省心閣刻本　二十

430000－2404－0000587　D172

日知錄集釋三十二卷刊誤二卷續刊誤二卷　(清)顧炎武撰　（清）黃汝成集釋　清刻本　十五冊　存三十一卷(二至三十二)

430000－2404－0000588　D173

王文成公全集十六卷　（明）王守仁撰　清道光六年(1826)湘潭王文德刻本　十五冊

430000－2404－0000589　D174

昌黎先生集四十卷　（唐）韓愈撰　清同治刻本　十冊

430000－2404－0000590　D175

漢詩音注十卷　（清）李因篤撰　清光緒六年(1880)今雨樓刻本　四冊

430000－2404－0000591　D176

古唐詩合解十二卷　（清）王堯衢註　清刻本　四冊　存十卷(三至十二)

430000－2404－0000592　D177

潛夫論十卷　（清）汪繼培著　清光緒十七年(1891)思賢講舍刻本　四冊

430000－2404－0000593　D178

曝書亭詞注七卷　（清）李富孫纂　清嘉慶十九年(1814)刻本　四冊

430000－2404－0000594　D179

陶庵集二十二卷　（明）黃淳耀撰　清光緒五年(1879)刻本　五冊

430000 - 2404 - 0000595　D180

楊園先生全集十六種 （清）張履祥撰　清光緒三十年（1904）刻本　六冊

430000 - 2404 - 0000596　D181

養一文集二十卷 （清）李兆洛撰　清光緒四年（1878）刻本　八冊

430000 - 2404 - 0000597　D182

淮海集四十卷 （宋）秦觀撰　清同治十二年（1873）刻本　七冊

430000 - 2404 - 0000598　D183

石笥山房文集六卷 （清）胡天遊著　清嘉慶十三年（1808）刻本　八冊

430000 - 2404 - 0000599　D184

李忠定全集十五卷 （宋）李綱著　（明）李春熙等編　清乾隆二十七年（1762）刻本　十六冊

430000 - 2404 - 0000600　D185

甌北詩話十卷 （清）趙翼撰　清嘉慶七年（1802）刻本　四冊

430000 - 2404 - 0000601　D186

唐駢體文鈔十七卷 （宋）陳均輯　清嘉慶二十五年（1820）刻本　五冊

430000 - 2404 - 0000602　D187

陸宣公集二十二卷 （唐）陸贄撰　清同治五年（1866）刻本　六冊

430000 - 2404 - 0000603　D188

李長吉詩歌四卷 （唐）李賀撰　清光緒四年（1878）刻本　四冊

430000 - 2404 - 0000604　D189

李空同詩集三十三卷 （明）李夢陽撰　清光緒二十一年（1895）刻本　五冊　存二十六卷（一至九、十七至三十三）

430000 - 2404 - 0000605　D190

壯悔堂文集十卷 （清）侯方域撰　清嘉慶二十二年（1817）刻本　四冊

430000 - 2404 - 0000606　D191

元豐類稿五十卷 （宋）曾鞏撰　清光緒十六年（1890）慈利漁浦書院刻本　十二冊

430000 - 2404 - 0000607　D192

邊華泉詩集七卷附錄一卷 （明）邊貢撰　清刻本　四冊

430000 - 2404 - 0000608　D193

詞律二十卷 （清）萬樹撰　清堆絮園刻本　八冊

430000 - 2404 - 0000609　D196

唐宋八大家類選十四卷 （清）儲欣評選　清光緒九年（1883）刻本　四冊

430000 - 2404 - 0000610　D197

潛研堂文集五十卷 （清）錢大昕著　清嘉慶十一年（1806）刻本　十一冊　存四十四卷（一至四十四）

430000 - 2404 - 0000611　D198

陳北溪先生文集十四卷 （明）陳淳撰　清光緒九年（1883）劉傳經堂存板刻本　四冊

430000 - 2404 - 0000612　D199

有正味齋駢體文二十四卷 （清）吳錫麒著　（清）王廣業箋　（清）葉聯芬註　清光緒石印本　二冊　存十三卷（五至十七）

430000 - 2404 - 0000613　D200

袁文箋正十六卷增訂四卷 （清）石韞玉撰　清光緒八年（1882）上海蜚英館石印本　三冊

430000 - 2404 - 0000614　D202

養知書屋文集二十八卷 （清）郭嵩燾著　清光緒十八年（1892）養知書屋刻本　二冊　存七卷（二十二至二十八）

430000 - 2404 - 0000615　D203

御製文二集四十四卷 （清）高宗弘曆撰　清乾隆五十一年（1786）刻本　八冊

430000 - 2404 - 0000616　D204

重刊文信國公全集 （宋）文天祥撰　清道光二十五年（1845）刻本　十冊

430000 - 2404 - 0000617　D205

楚辭集注八卷 （戰國）屈原撰　（宋）朱熹集註　清聽雨齋刻朱墨套印本　六冊

430000 – 2404 – 0000618　D206

睦州存槀八卷　（清）丁壽昌著　清同治五年
(1866)刻本　四冊

430000 – 2404 – 0000619　D207

楚辭集注八卷　（戰國）屈原撰　（宋）朱熹註
清光緒十八年(1892)刻本　四冊

430000 – 2404 – 0000620　D208

王孟詩評九卷　（宋）劉辰翁評　清光緒五年
(1879)碧琳琅館刻朱墨套印本　四冊

430000 – 2404 – 0000621　D209

唐柳河東集四十五卷外集五卷遺文一卷附錄
一卷　（唐）柳宗元撰　（明）蔣之翹輯註　清
道光雙梧居刻本　十七冊

430000 – 2404 – 0000622　D210

梅村詩集十八卷　（清）吳偉業撰　清光緒十
年(1884)刻本　十二冊

430000 – 2404 – 0000623　D211

胡敬齋先生居業錄四卷　（明）胡居仁撰　清
同治刻本　四冊

430000 – 2404 – 0000624　D212

綠漪草堂詩集二十一卷　（清）羅汝懷撰　清
同治十年(1871)刻本　十五冊

430000 – 2404 – 0000625　D213

切問齋文鈔三十卷　（清）陸燿輯　清同治八
年(1869)刻本　十一冊

430000 – 2404 – 0000626　D214

朱子集一百四卷目錄二卷　（宋）朱熹撰　清
同治元年(1862)刻本　三十九冊

430000 – 2404 – 0000627　D215

樂府詩集一百卷　（宋）郭茂倩編次　清同治
十三年(1874)湖北崇文書局刻本　十六冊

430000 – 2404 – 0000628　D216

吳詩集覽二十卷　（清）吳偉業撰　清乾隆四
十年(1775)刻本　九冊

430000 – 2404 – 0000629　D217

古歡室詩詞集三卷　（清）吳士萱撰　清光緒
二十九年(1903)刻本　二冊

430000 – 2404 – 0000630　D218

南山集十四卷　（清）戴名世撰　清光緒六年
(1880)張仲沅校刻本　三冊　存三卷(二至
三、八)

430000 – 2404 – 0000631　D219

杜工部集二十卷　（唐）杜甫撰　清康熙六年
(1667)刻本　六冊

430000 – 2404 – 0000632　D220

研經室詩錄五卷　（清）阮元撰　清道光十三
年(1833)荊州刻本　二冊

430000 – 2404 – 0000633　D221

潛研堂詩集十卷　（清）錢大昕撰　清乾隆二
十五年(1760)刻本　四冊

430000 – 2404 – 0000634　D222

甘泉鄉人稿二十四卷　（清）錢泰吉著　清咸
豐四年(1854)刻本　六冊

430000 – 2404 – 0000635　D223

有正味齋駢體文二十四卷　（清）吳錫麒撰
清咸豐九年(1859)刻本　六冊

430000 – 2404 – 0000636　D224

校正定庵全集十卷　（清）龔自珍撰　清光緒
二十九年(1903)文瑞樓石印本　三冊

430000 – 2404 – 0000637　D230

通父詩存四卷通父詩之餘二卷　（清）魯一
同撰　清咸豐九年(1859)刻本　三冊

430000 – 2404 – 0000638　D231

通甫類稿四卷續編二卷　（清）魯一同撰　清
咸豐九年(1859)刻本　三冊

430000 – 2404 – 0000639　D232

王臨川先生集四卷　（宋）王安石著　清宣統
二年(1910)刻本　四冊

430000 – 2404 – 0000640　D233

李義山詩集三卷　（唐）李商隱著　清同治九
年(1870)廣州倅署刻本　四冊

430000 – 2404 – 0000641　D234

羅山遺集八卷　（清）羅澤南撰　清咸豐、同
治間刻本　三冊

430000 – 2404 – 0000642　D235

絕妙好詞箋十卷　（宋）周密輯　（清）查爲仁箋　清道光八年（1828）刻本　四冊

430000 – 2404 – 0000643　D236

荊川文集十二卷　（明）唐順之撰　清光緒三十年（1904）刻本　九冊　存十一卷（一至三、五至十二）

430000 – 2404 – 0000644　D237

諸葛忠武侯文集六卷首一卷　（三國蜀）諸葛亮撰　清茶陵刻本（譚福壽堂藏板）　二冊　存三卷（三至四、首一卷）

430000 – 2404 – 0000645　D238

抑抑堂集十五卷　（清）吳涑撰　清光緒清江碧山堂刻本　八冊

430000 – 2404 – 0000646　D239

雷刻四種　（清）雷浚輯　清光緒十年（1884）刻本（本宅藏板）　七冊

430000 – 2404 – 0000647　D240

宋詩鈔　（清）吳之振等選編　清刻本　十冊

430000 – 2404 – 0000648　D241

忠雅堂文集十二卷　（清）蔣士銓撰　清刻本　五冊　存九卷（一至九）

430000 – 2404 – 0000649　D243

韓集點勘四卷　（清）陳景雲撰　清校東雅堂刻本　一冊

430000 – 2404 – 0000650　D244

讀史方輿紀要十卷　（清）顧祖禹撰　清光緒二十二年（1896）刻本　十冊

430000 – 2404 – 0000651　D245

斜川集六卷　（宋）蘇過撰　清道光七年（1827）眉州三蘇祠刻本　二冊

430000 – 2404 – 0000652　D246

讀杜心解五卷　（清）浦起龍講解　清雍正二年（1724）寧我齋刻本（靜寄樂軒藏板）　十二冊

430000 – 2404 – 0000653　D247

曾文正公讀書錄十卷　（清）王啟原編輯　清

光緒二年（1876）刻本　四冊

430000 – 2404 – 0000654　D248

邃雅堂集十卷　（清）姚文田撰　清道光元年（1821）刻本　九冊

430000 – 2404 – 0000655　D249

御纂詩義折中十九卷　（清）傅恒等纂　清乾隆二十年（1755）刻本　八冊

430000 – 2404 – 0000656　D250

司馬文正公傳家集八十卷　（宋）司馬光撰　清刻本　二冊　存十三卷（五十一至六十三）

430000 – 2404 – 0000657　D251

錢南園先生遺集五卷　（清）錢灃撰　清同治十一年（1872）湖南書局刻本　二冊

430000 – 2404 – 0000658　D252

小題文府不分卷　（清）同文書局編　清光緒十二年（1886）刻本　二十二冊

430000 – 2404 – 0000659　D253

西堂全集　（清）尤侗撰　清康熙刻本　十五冊

430000 – 2404 – 0000660　D254

文信國公集二十卷　（宋）文天祥撰　清道光二十三年（1843）刻本　八冊

430000 – 2404 – 0000661　D256

陶菴集　（明）黃淳耀撰　清康熙四十二年（1703）刻本　三冊

430000 – 2404 – 0000662　D257

天傭子集二十五卷　（明）艾南英撰　清光緒二十四年（1898）刻本　八冊

430000 – 2404 – 0000663　D258

或陋居選文二十集　（清）楊鶴鳴撰　清光緒十二年（1886）刻本　十四冊

430000 – 2404 – 0000664　D259

文選六十卷　（南朝梁）蕭統撰　（唐）李善註　清刻本　十二冊

430000 – 2404 – 0000665　D260

海秋詩集二十三卷　（清）湯鵬撰　清同治刻

本 十册

430000 – 2404 – 0000666 D261
蘇文忠公詩集五十卷 （宋）蘇軾撰 （清）紀昀評點 清道光十二年(1832)刻本 十二册

430000 – 2404 – 0000667 E1
朱文端公藏書十三種 （清）朱軾撰 清刻本 七十六册

430000 – 2404 – 0000668 E2
抗希堂十六種全書 （清）方苞撰 清刻本 六十一册

430000 – 2404 – 0000669 E3
玉函山房輯佚書 （清）馬國翰輯 清刻本 四十二册

430000 – 2404 – 0000670 E4
李文忠公全集 （清）李鴻章撰 （清）吳汝綸編錄 清光緒三十一年至三十四年(1905 – 1908)金陵刻本 五十册

430000 – 2404 – 0000671 E5
李文忠公全書譯著 （清）李鴻章撰 （清）吳汝綸編錄 清光緒金陵刻本 十三册

430000 – 2404 – 0000672 E6
李文忠公全書電稿 （清）李鴻章撰 （清）吳汝綸編錄 清刻本 二十五册

430000 – 2404 – 0000673 E7
廣羣芳譜一百卷 （明）王象晉撰 （清）汪灝等編 清康熙四十七年(1708)刻本 二十五册

430000 – 2404 – 0000674 E8
讀通鑑論三十卷 （清）王夫之著 清同治四年(1865)湘鄉曾氏刻本 十二册

430000 – 2404 – 0000675 E9
薑齋文集十卷 （清）王夫之著 清同治四年(1865)湘鄉曾氏金陵節署刻本 五册

430000 – 2404 – 0000676 E10
春秋家說三卷 （清）王夫之撰 清同治四年(1865)湘鄉曾氏刻本 十一册

430000 – 2404 – 0000677 E11
船山遺書 （清）王夫之撰 清同治四年(1865)湘鄉曾氏金陵刻本 十九册

430000 – 2404 – 0000678 E14
雕菰樓叢書 （清）焦循撰 清光緒二年(1876)刻本 三十八册

430000 – 2404 – 0000679 E15
西山先生真文忠公讀書記四十卷 （宋）真德秀撰 清同治三年(1864)刻本 三十册

430000 – 2404 – 0000680 E16
司馬文正公傳家集八十卷附年譜 （宋）司馬光撰 清光緒十二年(1886)解梁書院刻本 十六册

430000 – 2404 – 0000681 E17
玉函山房輯佚書 （清）馬國翰輯 清刻本 十四册

430000 – 2404 – 0000682 E18
船山遺書 （清）王夫之撰 清同治四年(1865)湘鄉曾氏金陵節署刻本 十一册

430000 – 2404 – 0000683 E20
平津館叢書 （清）孫星衍輯 清嘉慶十一年(1806)刻本 五十五册

430000 – 2404 – 0000684 E21
涵芬樓古今文抄一百卷 （清）吳曾祺輯 清宣統三年(1911)鉛印本 九十册 存九十卷

430000 – 2404 – 0000685 E23
楊子書繹六卷 （清）楊文彩撰 清光緒二年(1876)刻本 十册

430000 – 2404 – 0000686 E24
殺虎記一卷毛詩樂府一卷俟虎亭一卷 清康熙三年(1664)刻本 一册

430000 – 2404 – 0000687 E25
疊雅十三卷 （清）史夢蘭著 清同治六年(1867)刻本 四册

430000 – 2404 – 0000688 E26
呻吟語六卷 （明）呂坤撰 清道光七年(1827)刻本 三册

430000－2404－0000689　E27

山海經存九卷　（清）汪紱釋　清光緒二十一年(1895)立雪齋石印本　三冊

430000－2404－0000690　E28

梅氏叢書輯要六十二卷　（清）梅文鼎著　清同治十三年(1874)刻本　五冊

430000－2404－0000691　E29

東塾叢書二十三卷　（清）陳澧撰　清咸豐六年(1856)刻本　九冊

430000－2404－0000692　E30

學壽堂叢書四十四卷　（清）徐灝撰　清咸豐四年(1854)刻本　十六冊

430000－2404－0000693　E31

龍威秘書　（清）馬俊良輯　清乾隆五十九年(1794)大酉山房刻本　五冊

430000－2404－0000694　E32

三農紀十卷　（清）張宗法著　清乾隆十五年(1750)刻本　十冊

430000－2404－0000695　E34

讀書記疑十六卷　（清）王懋竑撰　清刻本　六冊　存十二卷(三至十、十三至十六)

430000－2404－0000696　E35

西堂詩集　（清）尤侗撰　清刻本　五冊　存十四卷(述祖詩一卷、於京集五卷、哀弦集三卷、擬明史樂府一卷、竹經詞一卷、百末詞三卷)

430000－2404－0000697　E37

增訂漢魏叢書　（清）王謨輯　清光緒六年(1880)練江三徐堂刻本(注述堂藏板)　十四冊

430000－2404－0000698　E38

御選唐宋詩醇四十七卷　（清）高宗弘曆輯　清刻本　四冊

430000－2404－0000699　E39

龍威秘書　（清）馬俊良輯　清乾隆五十九年(1794)大酉山房刻本　二十七冊

430000－2404－0000700　E40

史學叢書　（清）梁玉繩撰　清光緒二十五年(1899)文瀾書局石印本　十七冊

430000－2404－0000701　E41

賦學正鵠　（清）李元度輯　清刻本　四冊　存八卷(二至八、十一)

430000－2404－0000702　E42

人極衍義一卷　（清）羅澤南著　清咸豐九年(1859)刻本　一冊

430000－2404－0000703　E43

羅忠節公[澤南]年譜二卷　（清）郭嵩燾撰　清同治二年(1863)刻本　一冊

430000－2404－0000704　E44

讀孟子劄記二卷周易附說一卷　（清）羅澤南著　清咸豐九年(1859)刻本　一冊

430000－2404－0000705　E45

姚江學辨二卷　（清）羅澤南著　清咸豐九年(1859)刻本　一冊

430000－2404－0000706　E46

西銘講義一卷　（清）羅澤南著　清咸豐九年(1859)刻本　一冊

430000－2404－0000707　E47

經學歷史一卷　（清）皮錫瑞著　清光緒三十二年(1906)思賢書局刻本　一冊

430000－2404－0000708　E48

王制箋一卷　（清）皮錫瑞著　清光緒三十四年(1908)刻本　一冊

430000－2404－0000709　E50

結一廬叢書　（清）朱澂編　清光緒三十一年(1905)仁和朱氏刻本　十六冊

430000－2404－0000710　E51

三統術衍三卷　（清）錢大昕著　清嘉慶十年(1805)刻本　二冊

430000－2404－0000711　E52

金石文跋尾六卷　（清）錢大昕編　清嘉慶十年(1805)刻本　六冊

430000－2404－0000712　E53

援鶉堂筆記五十卷 （清）姚範撰 清道光十二年(1832)刻本 十六冊

430000－2404－0000713 E54

駢體文鈔三十一卷 （清）李兆洛輯 清同治六年(1867)刻本 十冊

430000－2404－0000714 E55

史記雜志六卷 （清）王念孫撰 清刻本 八冊

430000－2404－0000715 E56

玉函山房輯佚書 （清）馬國翰撰 清道光刻本 九冊

430000－2404－0000716 E57

玉函山房輯佚書 （清）馬國翰輯 清刻本 九冊

430000－2404－0000717 E58

躋新堂集十一卷 （明）喬中和撰 明崇禎刻本 八冊

430000－2404－0000718 E59

半庵叢書三十六卷 （清）龔橙撰 清道光十五年(1835)刻本 十五冊

430000－2404－0000719 E60

山海經箋疏十八卷 （清）郝懿行撰 清嘉慶十四年(1809)刻本 三冊 存十卷(一至二、四至十一)

430000－2404－0000720 E61

唐詩金粉十卷 （清）沈炳震輯 清雍正二年(1724)刻本 二冊

430000－2404－0000721 E62

西堂雜俎 （清）尤侗撰 清刻本 三冊

430000－2404－0000722 E63

說文通訓定聲十八卷 （清）朱駿聲撰 清刻本 十七冊

430000－2404－0000723 E65

目耕帖三十一卷 （清）馬國翰撰 清刻本 二十八冊

430000－2404－0000724 A180

春秋繁露十七卷附一卷 （漢）董仲舒撰 （明）孫鑛評 明天啟五年(1625)刻本(花齋藏板) 六冊

430000－2404－0000725 B281

史記一百三十卷 （漢）司馬遷撰 （明）鍾惺批點 明天啟五年(1625)大萊堂刻本 七冊

430000－2404－0000726 B280

後漢書一百二十卷 （南朝宋）范曄撰 （唐）李賢註 續志 （晉）司馬彪撰 （南朝梁）劉昭註 明天啟六年(1626)雲林積秀堂刻本 三十一冊

430000－2404－0000727 B282

梁書五十卷 （唐）姚思廉撰 明萬曆二年(1574)刻本 八冊 存三十五卷(一至六、十六至二十二、二十九至五十)

430000－2404－0000728 B283

資治通鑑綱目五十卷 （宋）朱熹撰 （明）陳仁錫評閱 明崇禎三年(1630)刻本 五十冊 存二十五卷(一至二十五)

430000－2404－0000729 B284

資治通鑑綱目五十九卷 （宋）朱熹撰 （明）陳仁錫評閱 明萬曆二年(1574)刻本 二十三冊 存二十一卷(十七至三十七)

430000－2404－0000730 B285

後漢書一百二十卷 （南朝宋）范曄撰 （唐）李賢註 續志 （晉）司馬彪撰 （南朝梁）劉昭註 明崇禎十五年(1642)毛氏汲古閣刻本 十七冊

430000－2404－0000731 B286

資治通鑑綱目前編二十五卷 （宋）朱熹著撰 （明）陳仁錫評閱 明萬曆三十年(1602)醉經堂刻本 二十八冊

430000－2404－0000732 B287

南唐書十八卷 （宋）陸游撰 明汲古閣刻本 四冊

430000－2404－0000733 B288

登壇必究四十卷 （明）王鳴鶴輯 明萬曆二

十七年（1599）刻本　六十二册

430000－2404－0000734　B289

大學衍義補一百六十卷　（明）丘濬撰　清刻本　十册　存三十九卷（三十至六十八）

430000－2404－0000735　B290

治平勝算全書二十卷　（清）年羹堯編　清繪本　十册　存十卷（十一至二十）

430000－2404－0000736　C98

二如亭群芳譜三十卷　（明）王象晉撰　清刻本（古書講堂藏板）　十八册

430000－2404－0000737　D262

新刻臨川王介甫先生詩集一百卷　（宋）王安

石著　明萬曆四十年（1612）刻本　二十册

430000－2404－0000738　D263

宋大家歐陽文忠公文選十卷　（宋）歐陽修撰　（明）歸有光選輯　明崇禎四年（1631）刻本　十册

430000－2404－0000739　D264

劍南詩稿八十五卷　（宋）陸游撰　明毛氏汲古閣刻本　四十三册

430000－2404－0000740　D265

殿版御製文全集　（清）翰林院編　清刻本　二十四册

吉首大學圖書館古籍普查登記目録

全國古籍普查登記目録

國家圖書館出版社
National Library of China Publishing House

430000－2458－0000001　1.1/9
皇清經解續編二百九卷　王先謙編　清光緒
十五年(1889)上海蜚英館石印本　三十二冊

430000－2458－0000002　1.4/4
毛詩草木鳥獸蟲魚疏二卷　（三國吳）陸璣撰
清光緒十二年(1886)寒梅館刻本　二冊

430000－2458－0000003　1.4/12
詩古微十七卷　（清）魏源撰　清光緒十三年
(1887)刻本(梁谿浦氏藏板)　十冊

430000－2458－0000004　1.5/4
五禮通考二百六十二卷　（清）秦蕙田撰　清
光緒六年(1880)江蘇書局刻本　一百冊

430000－2458－0000005　1.5.4/5
禮記體注大全四卷　（清）范翔纂　清文星堂
刻本　四冊

430000－2458－0000006　1.6/7
呂氏春秋二十六卷　（戰國）呂不韋撰　（漢）
高誘注　清光緒元年(1875)浙江書局刻本
十冊

430000－2458－0000007　1.6.4/9
春秋穀梁傳十二卷考異一卷　（晉）范寧集解
（唐）陸德明音義　清光緒九年(1883)遵義
黎氏日本東京使署刻本　四冊

430000－2458－0000008　1.9/4
相臺五經　（宋）岳珂編　清同治三年(1864)
南海鄺九我堂刻本　四十冊

430000－2458－0000009　1.9/7
宋本十三經注疏二百四十五卷　（清）阮元編
清光緒十年(1884)點石齋石印本　三十
二冊

430000－2458－0000010　1.9/9
皇清經解　（清）阮元輯　清光緒十四年
(1888)滬上石印本　二十四冊

430000－2458－0000011　1.10/9
說文部首韻言一卷字聯一卷　（清）王樹之編
清光緒十年(1884)棲雲山館刻本　一冊

430000－2458－0000012　1.10.1/14

430000－2458－0000012　1.10.1/14
爾雅三卷　（晉）郭璞注　清嘉慶十一年
(1806)刻本(思適齋藏板)　三冊

430000－2458－0000013　1.10.1/14
爾雅義疏二十卷　（清）郝懿行疏　清光緒十
年(1884)榮縣蜀南閣刻本　八冊

430000－2458－0000014　1.10.2/3
大廣益會玉篇三十卷　（宋）陳彭年等重修
清同治十二年(1873)粵東書局刻小學彙函本
三冊

430000－2458－0000015　1.10.2/4
六書通十卷　（明）閔齊伋撰　（清）畢弘述篆
訂　清刻本　三冊

430000－2458－0000016　1.10.2/6
字典考證　（清）王引之撰　清光緒二年
(1876)湖北崇文書局刻本　六冊

430000－2458－0000017　1.10.2/9
說文古籀補十四卷補遺一卷附錄一卷　（清）
吳大澂撰　清光緒二十四年(1898)刻本
四冊

430000－2458－0000018　1.10.2/11
康熙字典　（清）張玉書等撰　清康熙內府刻
本　四十冊

430000－2458－0000019　1.10.2/14
**說文解字注三十卷部目分韻一卷六書音均表
五卷**　（清）段玉裁注　清光緒十四年(1888)
上海蜚英館石印本　八冊

430000－2458－0000020　1.10.2/14
說文解字通釋四十卷校勘記三卷　（五代）徐
鍇撰　（清）祁寯藻校勘　說文解字篆韻譜五
卷附錄一卷　（五代）徐鍇撰　清刻小學彙函
本　八冊

430000－2458－0000021　1.10.2/14
說文新附考六卷　（清）鄭珍撰　清光緒五年
(1879)刻岊進齋叢書本　二冊

430000－2458－0000022　1.10.2/14
說文聲讀表七卷　（清）苗夔纂　清道光二十
二年(1842)刻天壤閣叢書本　四冊

430000－2458－0000023　1.10.2/14

說文引經證例二十四卷 （清）承培元撰　清光緒二十一年(1895)廣雅書局刻本　六冊

430000－2458－0000024　1.10.2/14

說文通訓定聲十八卷柬韻一卷 （清）朱駿聲撰　清光緒十三年(1887)上海積山書局石印本　八冊

430000－2458－0000025　1.10.2/14

說文句讀三十卷 （清）王筠撰　清光緒八年(1882)四川尊經書局刻本　十六冊

430000－2458－0000026　1.10.3/4

六書音均表五卷 （清）段玉裁撰注　清同治十一年(1872)湖北崇文書局刻本　二冊

430000－2458－0000027　1.10.3/13

韻海大全不分卷 （清）仁壽室主人編　清光緒十七年(1891)上海石印本　三冊

430000－2458－0000028　2.1.2/5

史記一百三十卷 （漢）司馬遷撰　（南朝宋）裴駰注　清光緒四年(1878)金陵書局刻本　十六冊

430000－2458－0000029　2.1.3/3

三國志六十五卷 （晋）陳壽撰　（南朝宋）裴松之注　清同治九年(1870)金陵書局刻本　八冊

430000－2458－0000030　2.1.3/4

元史二百十卷 （宋）宋濂等撰　清同治十三年(1874)江蘇書局刻本　三十二冊

430000－2458－0000031　2.1.3/4

五代史七十四卷 （宋）歐陽修撰　清同治十一年(1872)湖北崇文書局刻本　八冊

430000－2458－0000032　2.1.3/5

北史一百卷 （唐）李延壽撰　清同治十一年(1872)金陵書局刻本　二十冊

430000－2458－0000033　2.1.3/5

北齊書五十卷 （唐）李百藥撰　清同治十三年(1874)金陵書局刻本　四冊

430000－2458－0000034　2.1.3/7

宋史四百九十六卷 （元）托克托撰　清光緒元年(1875)浙江書局刻本　一百冊

430000－2458－0000035　2.1.3/7

宋書一百卷 （南朝梁）沈約撰　清同治十一年(1872)金陵書局刻本　十六冊

430000－2458－0000036　2.1.3/8

明史三百三十二卷 （清）張廷玉等撰　清光緒三年(1877)湖北崇文書局刻本　八十冊

430000－2458－0000037　2.1.3/8

金史一百三十五卷 （元）托克托撰　清同治十三年(1874)江蘇書局刻本　十六冊

430000－2458－0000038　2.1.3/8

周書五十卷 （唐）令狐德棻撰　清同治十三年(1874)金陵書局刻本　四冊

430000－2458－0000039　2.1.3/9

南史八十卷 （唐）李延壽撰　清同治十一年(1872)金陵書局刻本　十二冊

430000－2458－0000040　2.1.3/9

春秋左傳杜注三十卷 （清）姚培謙增輯　清光緒二十二年(1896)新化三味堂刻本　十二冊

430000－2458－0000041　2.1.3/9

南齊書五十九卷 （南朝梁）蕭子顯撰　清同治十三年(1874)金陵書局刻本　六冊

430000－2458－0000042　2.1.3/10

晋略六十五卷序目一卷 （清）周濟撰　清光緒二年(1876)味雋齋刻本　十冊

430000－2458－0000043　2.1.3/10

晋書一百三十卷 （唐）房玄齡撰　清同治十年(1871)金陵書局刻本　二十冊

430000－2458－0000044　2.1.3/10

唐書二百七十二卷 （宋）歐陽修等撰　清同治十二年(1873)浙江書局刻本　四十冊

430000－2458－0000045　2.1.3/10

陳書三十六卷 （唐）姚思廉撰　清同治十一年(1872)金陵書局刻本　四冊

430000－2458－0000046　2.1.3/11

梁書五十六卷　（唐）姚思廉撰　清同治十三年(1874)金陵書局刻本　六冊

430000－2458－0000047　2.1.3/11

隋書八十五卷　（唐）魏徵撰　清同治十年(1871)淮南書局刻本　十六冊

430000－2458－0000048　2.1.3/11

隋書八十五卷　（唐）魏徵撰　清同治十年(1871)淮南書局刻本　十二冊

430000－2458－0000049　2.1.3/11

後漢書一百卷　（南朝宋）范曄撰　清同治八年(1869)金陵書局刻本　十四冊

430000－2458－0000050　2.1.3/14

漢書一百二十卷　（漢）班固撰　（唐）顏師古註　清同治八年(1869)金陵書局刻本　十六冊

430000－2458－0000051　2.1.3/15

遼史一百十卷　（元）托克托撰　清同治十二年(1873)江蘇書局刻本　十冊

430000－2458－0000052　2.1.3/17

舊五代史一百五十卷　（宋）薛居正撰　清同治十一年(1872)湖北崇文書局刻本　十六冊

430000－2458－0000053　2.1.3/17

魏書一百三十卷　（北齊）魏收撰　清同治十一年(1872)金陵書局刻本　二十冊

430000－2458－0000054　2.1.3/18

續漢志三十卷　（南朝梁）劉昭注補　清金陵書局刻本　二冊

430000－2458－0000055　2.1.3/18

舊唐書二百十四卷　（五代）劉昫撰　清同治十一年(1872)浙江書局刻本　四十冊

430000－2458－0000056　2.4/11

國語二十一卷　（三國吳）韋昭注　**札記一卷**（清）黃丕烈撰　**考異四卷**（清）汪遠孫撰　清同治八年(1869)湖北崇文書局刻本　五冊

430000－2458－0000057　2.4/12

痛史　樂天居士輯　清鉛印本　十五冊

430000－2458－0000058　2.4/13

蜀典十二卷　（清）張澍撰　清光緒二年(1876)成都尊經書院刻本　四冊

430000－2458－0000059　2.4/16

戰國策三十三卷　（漢）高誘注　**札記三卷**（清）黃丕烈撰　清同治八年(1869)湖北崇文書局刻本　五冊

430000－2458－0000060　2.5.1/8

國朝先正事略六十卷　（清）李元度撰　清同治五年(1866)循陔草堂刻本　二十四冊

430000－2458－0000061　2.7/3

廿二史札記三十六卷補遺一卷　（清）趙翼撰　清光緒二十五年(1899)湖南書局刻本　十六冊

430000－2458－0000062　2.8.1/9

欽定續通志六百四十卷　（清）紀昀等撰　清石印本　四十冊

430000－2458－0000063　2.8.1/9

皇朝通典一百卷　（清）嵇璜等纂修　清光緒二十八年(1902)上海鴻寶書局石印本　八冊

430000－2458－0000064　2.8.1/9

欽定續通典一百五十卷　（清）紀昀等撰　清光緒二十八年(1902)上海鴻寶書局石印本　八冊

430000－2458－0000065　2.8.1/10

通典二百卷　（唐）杜佑纂　清光緒二十八年(1902)上海鴻寶書局石印本　十二冊

430000－2458－0000066　2.8.1/9

皇朝文獻通考三百卷　（清）嵇璜等撰　清光緒二十八年(1902)上海鴻寶書局石印本　三十二冊

430000－2458－0000067　2.8.1/4

文獻通考三百四十八卷　（元）馬端臨撰　清光緒二十八年(1902)上海鴻寶書局石印本　三十二冊

430000－2458－0000068　2.8.1/10

通志二百卷　（宋）鄭樵撰　清光緒二十八年（1902）上海鴻寶書局石印本　四十冊

430000－2458－0000069　2.8.1/12

欽定續文獻通考二百五十卷　（清）嵇璜等纂修　清光緒二十八年（1902）上海鴻寶書局石印本　二十四冊

430000－2458－0000070　2.8.2/9

皇朝通志一百二十六卷　（清）高宗弘曆纂　清光緒二十八年（1902）上海鴻寶書局石印本　八冊

430000－2458－0000071　2.11.1/10

讀史方輿紀要一百三十卷　（清）顧祖禹撰　清嘉慶十七年（1812）敷文閣刻本　六十四冊

430000－2458－0000072　2.11.2/4

[同治]長沙縣志三十六卷首一卷　（清）劉采邦修　（清）張延珂等纂　清同治十年（1871）刻本　二十冊

430000－2458－0000073　2.11.4/8

武夷山志二十四卷　（清）董典齋編輯　清道光二十六年（1846）刻本　八冊

430000－2458－0000074　2.13.5/10

書目答問一卷輶軒語一卷　（清）張之洞撰　清刻本　三冊

430000－2458－0000075　3.1/2

十子全書　清光緒元年（1875）浙江書局刻本　三十六冊

430000－2458－0000076　3.2/3

大學衍義四十三卷　（宋）真德秀撰　清同治十一年（1872）浙江書局刻本　十冊

430000－2458－0000077　3.2/13

榕村講授三編　（清）李光地輯　清康熙刻本　六冊

430000－2458－0000078　3.3/10

莊子内篇注四卷　（明）釋德清注　清光緒十四年（1888）金陵刻經處刻本　二冊

430000－2458－0000079　3.5.1/7

宋元學案補遺一百卷首一卷　（清）黃宗羲撰

（清）全祖望修定　考略一卷　（清）王梓材（清）馮雲濠校輯　清光緒五年（1879）長沙寄廬刻本　四十八冊

430000－2458－0000080　3.7.2/7

時病論八卷　（清）雷豐著　清光緒十年（1884）雷慎修堂刻本　四冊

430000－2458－0000081　3.7.2/10

素問靈樞類纂約注三卷　（清）汪昂撰　清乾隆刻本（江陰寶文堂書社藏板）　三冊

430000－2458－0000082　3.7.2/12

溫病條辨六卷首一卷　吳瑭撰　清道光鶴皐葉氏刻本　四冊

430000－2458－0000083　3.7.5/7

醫方擇要二卷續集二卷　（清）汪廷楷等輯　清道光十六年（1836）粵東刻本　二冊

430000－2458－0000084　3.7.6/12

溫癥彙編　□□撰　稿本　一冊

430000－2458－0000085　3.7.7/16

重訂霍亂論　（清）王士雄撰　清光緒十四年（1888）含經室刻本　二冊

430000－2458－0000086　3.7.8/1

瘍醫大全四十卷　（清）顧世澄撰　清乾隆二十五年（1760）顧氏刻本　四十八冊

430000－2458－0000087　3.7.10/9

胎產心法三卷　（清）閻純璽撰　清同治十年（1871）武林刻本　六冊

430000－2458－0000088　3.7.11/3

小兒推拿廣意　（清）陳世凱重訂　清刻本（蘇州綠蔭堂藏板）　二冊

430000－2458－0000089　3.8.3/2

九數存古九卷　（清）顧觀光撰　清光緒十八年（1892）江蘇書局刻本　四冊

430000－2458－0000090　3.8.3/11

象數一原七卷　（清）項名達著　戴煦校　清光緒十四年（1888）刻本　四冊

430000－2458－0000091　3.8.3/14

算學啓蒙三卷 （清）朱世杰編撰 清道光十九年(1839)刻本 二冊

430000－2458－0000092 3.11/10

容齋隨筆十六卷續筆十六卷三筆十六卷四筆十六卷五筆十卷 （宋）洪邁撰 清刻本 十四冊

430000－2458－0000093 3.11/12

智囊補二十八卷 （明）馮夢龍撰 明刻本 十二冊

430000－2458－0000094 3.11.1/7

兩般秋雨庵隨筆八卷 （清）梁紹壬撰 清光緒十年(1884)錢塘許氏刻本 八冊

430000－2458－0000095 3.11.3/10

讀書雜志八十二卷餘編二卷 （清）王念孫撰 清同治九年(1870)金陵書局刻本 二十四冊

430000－2458－0000096 3.11.5/9

香祖筆記十二卷 （清）王士禎撰 清宣統三年(1911)掃葉山房石印本 四冊

430000－2458－0000097 3.13.1/3

大佛頂如來密因修正了義諸菩薩萬行首楞嚴經 （唐）釋般刺密帝譯 清光緒元年(1875)壽安寺刻本 三冊

430000－2458－0000098 3.13.3/5

四典會要四卷 （清）馬復初撰 清咸豐九年(1859)刻本 四冊

430000－2458－0000099 3.14/8

佩文韻府一百六卷 （清）張玉書等纂 清康熙內府刻本 九十六冊

430000－2458－0000100 3.14/8

佩文韻府一百六卷 （清）張玉書等纂 清光緒十二年(1886)上海同文書局石印本 六十冊

430000－2458－0000101 3.14/11

古香齋新刻袖珍淵鑒類函四百五十卷 （清）張英等輯 清刻本 一百九十二冊

430000－2458－0000102 3.14/13

韻府拾遺一百六卷 （清）張玉書等纂 清刻本 二十冊

430000－2458－0000103 4.1.1/5

古文辭類纂七十四卷 （清）姚鼐編 清光緒十九年(1893)長沙思賢講舍刻本 六冊

430000－2458－0000104 4.1.2/4

文選六十卷 （南朝梁）蕭統輯 （唐）李善注 清刻本 四冊

430000－2458－0000105 4.1.2/4

文選六十卷考異十卷 （南朝梁）蕭統輯 （唐）李善注 清同治八年(1869)湖北崇文書局刻本 二十四冊

430000－2458－0000106 4.1.2/5

古詩源十四卷 （清）沈德潛選 清光緒十七年(1891)湖南思賢書局刻本 四冊

430000－2458－0000107 4.1.2/9

選註六朝唐賦不分卷 （清）馬傳庚選註 清光緒二年(1876)京都松竹齋刻本 二冊

430000－2458－0000108 4.1.3/4

文粹一百卷 （宋）姚鉉纂 補遺二十卷 （清）郭麟輯 清光緒十六年(1890)杭州許氏榆園刻本 二十冊

430000－2458－0000109 4.1.3/4

六朝四家全集十七卷詩話一卷辨偽一卷考異一卷 （清）胡鳳丹編 清同治九年(1870)退補齋刻本 六冊

430000－2458－0000110 4.1.3/12

評選六朝文絜箋注十二卷 （清）許璉評選 （清）黎經誥箋注 清光緒十五年(1889)上海朝記書莊石印本 四冊

430000－2458－0000111 4.2/13

楚辭燈四卷 （清）林雲銘纂編 清康熙刻本 四冊

430000－2458－0000112 4.2/19

曝書亭集詞注七卷 （清）李富孫纂 清道光九年(1829)刻本 四冊

430000－2458－0000113 4.3.1/9

昭明文選六十卷 （南朝梁）蕭統撰 清刻朱墨套印本 十六册

430000－2458－0000114 4.3.2/4
元氏長慶集六十卷補遺六卷附錄一卷 （唐）元稹撰 明萬曆三十四年（1606）刻本 六册

430000－2458－0000115 4.3.2/5
玉溪生詩箋注三卷樊南文集箋注八卷 （唐）李商隱撰 （清）馮浩編訂 清刻本（德聚堂藏板） 八册

430000－2458－0000116 4.3.2/5
玉溪生詩詳注三卷 （唐）李商隱撰 （清）馮浩編訂 清刻本（德聚堂藏板） 四册

430000－2458－0000117 4.3.2/7
杜詩詳注二十五卷首一卷附編二卷 （清）仇兆鰲撰 清刻本（芸生堂發兌） 十六册

430000－2458－0000118 4.3.2/7
杜工部草堂詩箋四十卷 （唐）杜甫撰 （宋）魯訔編次 （宋）蔡夢弼會箋 清光緒十年（1884）遵義黎氏日本東京使署刻本 十二册

430000－2458－0000119 4.3.2/7
李太白文集三十卷 （唐）李白撰 清康熙五十六年（1717）繆日芑雙泉草堂刻本 四册

430000－2458－0000120 4.3.2/22
讀杜心解六卷首二卷 （清）浦起龍撰 清雍正二年（1724）浦氏寧我齋刻本（靜寄東軒藏板） 六册

430000－2458－0000121 4.3.3/9
施註蘇詩四十二卷年譜一卷 （宋）蘇軾撰 （宋）施元之註 （清）邵長蘅等刪補 清刻本（金閶步月樓藏板） 十二册

430000－2458－0000122 4.3.3/11
淵鑒齋御纂朱子全書六十六卷 （宋）朱熹撰 清刻本 三十一册

430000－2458－0000123 4.3.3/11
淮海集四十卷後集六卷長短句三卷 （宋）秦觀著 年譜節要一卷 （清）秦瀛編 清道光十七年（1837）刻本 四册

430000－2458－0000124 4.3.3/20
蘇文忠公詩集五十卷目錄二卷 （宋）蘇軾撰 （清）紀昀評點 清同治八年（1869）韞玉山房刻朱墨套印本 十二册

430000－2458－0000125 4.3.3/20
蘇東坡詩集注三十二卷 （宋）蘇軾撰 年譜一卷 （宋）王宗稷編 清康熙文蔚堂刻本 十册

430000－2458－0000126 4.3.6/14
震川先生全集三十卷別集十卷 （明）歸有光撰 （清）歸玠輯 清光緒六年（1880）常熟歸氏刻本 二十册

430000－2458－0000127 4.3.7/4
日知錄集釋三十二卷 （清）黃汝成撰 清同治十一年（1872）湖北崇文書局刻本 十六册

430000－2458－0000128 4.3.7/4
文史通義內篇五卷外篇三卷校讎通義三卷 （清）章學誠著 清光緒二十三年（1897）豐城余氏寶墨齋刻本 五册

430000－2458－0000129 4.3.7/7
吳詩集覽二十卷 （清）吳偉業撰 （清）靳榮藩輯註 清乾隆四十年（1775）凌雲亭刻本 十四册

430000－2458－0000130 4.3.7/7
吳詩集覽二十卷附談藪二卷 （清）吳偉業撰 （清）靳榮藩輯註 清乾隆四十年（1775）凌雲亭刻本 十四册

430000－2458－0000131 4.3.7/7
兩當軒詩鈔十六卷 （清）黃景仁撰 清南河高堰廳署刻本 二册

430000－2458－0000132 4.3.7/8
定盦文集三卷續集四卷文拾遺一卷文集補編四卷續錄一卷古今體詩二卷雜詩一卷 （清）龔自珍撰 清宣統元年（1909）國學扶輪社鉛印本 七册

430000－2458－0000133 4.3.7/10
養一齋文集二十卷詩集四卷賦一卷詩餘一卷

（清）李兆洛撰　清光緒四年(1878)刻本
十冊

430000－2458－0000134　4.3.7/11

望溪先生文集十八卷集外文十卷集外文補遺二卷　（清）方苞撰　（清）戴鈞衡編　清咸豐元年(1851)刻本　十六冊

430000－2458－0000135　4.3.7/11

惜抱軒文集十六卷　（清）姚鼐撰　清同治五年(1866)省心閣刻本　二十冊

430000－2458－0000136　4.3.7/11

笠翁文集四卷詩集三卷餘集一卷別集二卷偶集六卷　（清）李漁撰　清刻本(本衙藏板)
十六冊

430000－2458－0000137　4.3.7/11

帶經堂詩話三十卷首一卷　（清）王士禛撰　（清）張宗柟編輯　清乾隆二十五年(1760)刻本　十二冊

430000－2458－0000138　4.3.7/12

曾文正公全集　（清）曾國藩撰　清光緒二十八年(1902)耕餘書屋石印本　二十四冊

430000－2458－0000139　4.3.7/14

漁洋山人詩集二十二卷　（清）王士禛撰　清康熙八年(1669)吳郡沂詠堂刻本　四冊

430000－2458－0000140　4.3.7/14

漁洋山人精華錄箋注十二卷　（清）王士禛撰　（清）金榮箋注　（清）徐準纂輯　清鳳翢堂刻本　六冊

430000－2458－0000141　4.3.7/14

漁洋集外詩　（清）王士禛撰　清嘉慶五年(1800)刻本　一冊

430000－2458－0000142　4.3.7/15

樊樹山房集十卷　（清）厲鶚撰　清光緒十年(1884)錢塘汪氏振綺堂刻本　五冊

430000－2458－0000143　4.3.7/17

戴東原集十二卷　（清）戴震撰　清宣統二年(1910)渭南嚴氏成都刻本　六冊

430000－2458－0000144　4.3.7/19

曝書亭集八十卷附錄十卷　（清）朱彝尊撰
清乾隆精刻本　十冊

430000－2458－0000145　4.3.1/22

讀書作文譜十二卷父師善誘法二卷　（清）唐彪撰　清嘉慶八年(1803)敦化堂刻本　二冊

430000－2458－0000146　4.4.2/8

花間集十卷　（五代）趙崇祚輯　明汲古閣刻本　二冊

430000－2458－0000147　4.5.3/6

成裕堂繪像第六才子書西廂記八卷　（元）王實甫撰　（清）金人瑞評點　清刻本(映雪草堂藏板)　六冊

430000－2458－0000148　4.6.1/5

世說新語三卷　（南朝宋）劉義慶撰　（南朝梁）劉孝標註　清光緒十七年(1891)長沙思賢講舍刻本　六冊

430000－2458－0000149　4.6.1/6

夷堅志二十卷　（宋）洪邁撰　清刻本　十冊

430000－2458－0000150　4.6.1/10

涑水記聞十六卷補遺一卷　（宋）司馬光撰
清光緒三年(1877)崇文書局刻本　四冊

430000－2458－0000151　4.6.4/4

太平廣記五百卷目錄十卷　（宋）李昉等纂
清道光二十六年(1846)三讓睦記刻本　三十二冊

430000－2458－0000152　4.6.4/4

太平廣記五百卷目錄十卷　（宋）李昉等纂
（清）黃晟校刊　清刻本(寶章堂藏板)　六十四冊

430000－2458－0000153　4.6.5/11

第一才子書三國演義一百二十回　（明）羅貫中撰　（清）毛宗崗評　清光緒十七年(1891)上海點石齋石印本　八冊

430000－2458－0000154　4.6.5/13

新說西游記圖像一百回　（明）吳承恩撰
（清）張書紳註　清光緒邗江味潛齋石印本
八冊

430000－2458－0000155　4.7/6

西游記原旨二十四卷　（清）劉一明解　清嘉慶二十四年(1819)刻民國十二年(1923)常德縣同善社印本　二十四冊

430000－2458－0000156　4.7/13

詩人玉屑二十卷　（宋）魏慶之著　清刻本（古松堂藏版）　六冊

430000－2458－0000157　4.7/14

漁隱叢話前集六十卷後集四十卷　（宋）胡仔纂集　清萬卷堂影宋刻本　八冊

430000－2458－0000158　5.1/5

欽定四庫全書總目二百卷首四卷　（清）高宗弘曆撰　清光緒二十年(1894)刻本　一百二十冊

430000－2458－0000159　5.1/5

古今說部叢書十集三百六十七卷　國學扶輪社輯　清宣統至民國上海國學扶輪社鉛印本　六十冊

430000－2458－0000160　5.1/5

增訂漢魏叢書　（清）王謨輯　清乾隆五十六年(1791)金溪王氏刻本　八十冊

430000－2458－0000161　5.5/5

白芙堂算學叢書　（清）丁取忠輯　清同治十一年至光緒三年(1872－1877)長沙古荷花池精舍刻本　三十冊

430000－2458－0000162

全上古三代秦漢三國六朝文十五集七百四十一卷　（清）嚴可均輯　清光緒二十年(1894)黃岡王氏刻本　一百冊

430000－2458－0000163　53.2/1

淵鑒類函四百五十卷目錄四卷　（清）張英等輯　清光緒九年(1883)上海點石齋石印本　十冊

430000－2458－0000164　53.2/3

佩文韻府一百六卷　（清）張玉書等輯　韻府拾遺一百六卷　（清）張廷玉等輯　清光緒十三年(1887)上海點石齋石印本　五十九冊

430000－2458－0000165　53.3/2

藝文類聚一百卷　（唐）歐陽詢輯　明萬曆刻本　二十四冊

430000－2458－0000166　53.3/3

北堂書鈔一百六十卷　（唐）虞世南撰　（清）孔廣陶校註　清光緒十四年(1888)刻本　十一冊

430000－2458－0000167　54.1/12

古香齋鑒賞袖珍初學記三十卷　（唐）徐堅等撰　清刻本　十六冊

430000－2458－0000168　54.2/1

史學叢書　清光緒二十五年(1899)文瀾書局石印本　三十二冊

430000－2458－0000169　54.2/2

子史精華一百六十卷　（清）吳士玉等纂　清光緒十三年(1887)蜚英館石印本　八冊

430000－2458－0000170　54.2/3

水經註四十卷　（北魏）酈道元撰　王先謙校　清光緒二十年(1894)寶善書局石印本　二十冊

430000－2458－0000171　54.2/9

乾道臨安志十五卷　（宋）周淙撰　清光緒元年(1875)南海伍氏刻粵雅堂叢書本　二冊

430000－2458－0000172　54.3/2

榆園叢刻　（清）許增輯　清同治、光緒間刻本　十六冊

430000－2458－0000173　54.3/3

太平御覽一千卷目錄十五卷　（宋）李昉等輯　清光緒二十年(1894)上海積山書局石印本　十六冊

430000－2458－0000174　57.1/2

玉篇三十卷　（南朝梁）顧野王撰　（唐）孫強增字　（宋）陳彭年等重修　清道光三十年(1850)新化鄧氏邵州東山精舍刻本　五冊

430000－2458－0000175　57.1/4

遵阮本重印十三經註疏并校勘記　（清）阮元校勘　清光緒十三年(1887)上海點石齋石印

本 二十四冊

430000－2458－0000176 57.1/5

爾雅郭註義疏二十卷 （清）郝懿行撰 清末石印本 二冊

430000－2458－0000177 57.2/6

瑤花夢影錄 清同治十二年(1873)杭州刻本 一冊

430000－2458－0000178 57.2/10

六書通十卷 （明）閔齊伋撰 （清）畢弘述篆訂 清光緒十九年(1893)上海書局石印本 五冊

430000－2458－0000179 57.2/11

說文通訓定聲十八卷 （清）朱駿聲撰 清光緒十三年(1887)上海積山書局石印本 七冊

430000－2458－0000180 57.2/13

經典釋文三十卷 （唐）陸德明撰 考證三十卷 （清）盧文弨撰 清乾隆五十六年(1791)抱經堂刻本 十二冊

430000－2458－0000181 57.2/14

漢印分韻全集 （清）謝景卿編 清宣統元年(1909)譚紹岳影印嘉慶刻本 五冊

430000－2458－0000182 57.3/2

西嶽華山廟碑 清石印本 三冊

430000－2458－0000183 57.3/3

鄒玉賓書札 清石印本 一冊

430000－2458－0000184 57.3/4

遯盦秦漢古銅印譜 吳隱編 清杭州西泠印社鈐印本 八冊

430000－2458－0000185 57.3/10

禮器碑 徐樹楨書 清末石印本 一冊

430000－2458－0000186 57.3/32

隸釋二十七卷隸續二十一卷 （宋）洪适撰 清乾隆四十二年至四十三年(1777－1778)汪日秀樓松書屋刻本 十冊

430000－2458－0000187 57.3/33

隸辨八卷 （清）顧藹吉撰 清乾隆刻本 十

四冊

430000－2458－0000188 57.3/34

說文楬原二卷 （清）張行孚撰 清光緒十年(1884)後知不足齋刻本 二冊

430000－2458－0000189 55.1/1

十三經札記 （清）朱亦棟撰 清光緒四年(1878)武林竹簡齋刻本 十二冊

430000－2458－0000190 55.1/3

顧氏明朝四十家小說 （明）顧元慶輯 清宣統三年(1911)上海國學扶輪社鉛印本 七冊

430000－2458－0000191 55.1/4

荊州記三卷 （宋）盛弘之纂 （清）陳運溶輯 清光緒二十四年(1898)刻本 一冊

430000－2458－0000192 55.1/7

胡氏世典十二卷 （清）胡元儀撰 清光緒三十一年(1905)刻本 一冊

430000－2458－0000193 55.1/10

老子本義二卷 （清）魏源著 清光緒二十六年(1900)刻本 二冊

430000－2458－0000194 55.3/1

吳詩集覽二十卷談藪二卷 （清）吳偉業撰 （清）靳榮藩輯註 清乾隆四十年(1775)凌雲亭刻本 十二冊

430000－2458－0000195 55.3/2

王文簡公五七言詩鈔三十二卷 （清）王士禎輯 清嘉慶十年(1805)刻本 十冊

430000－2458－0000196 55.3/4

李義山文集十卷 （唐）李商隱撰 （清）徐樹穀箋 （清）徐綱註 清康熙四十七年(1708)徐氏花谿草堂刻本 一冊 存三卷(四至六)

430000－2458－0000197 55.3/5

重訂李義山詩集箋註三卷 （唐）李商隱撰 （清）朱鶴齡箋註 （清）程夢星删補 清乾隆十一年(1746)東柯草堂刻本 四冊

430000－2458－0000198 55.3/8

宋大家黃山谷詩鈔一卷 （宋）黃庭堅撰 清抄本 一冊

430000－2458－0000199　56.1/1

十友草堂詩集四卷　劉永滇撰　清光緒三十四年(1908)刻本　一冊　存二卷(三至四)

430000－2458－0000200　56.1/3

明秀集注六卷　(金)蔡松年撰　清光緒二十一年(1895)刻本　一冊

430000－2458－0000201　56.1/9

鐫古香岑批點草堂詩餘四集　(明)沈際飛輯　明刻本　八冊

430000－2458－0000202　56.1/10

巢經巢詩鈔九卷後集四卷　(清)鄭珍撰　清光緒二十三年(1897)遵義黎氏五羊城刻本　四冊

430000－2458－0000203　56.1/13

杜詩詳註二十五卷　(唐)杜甫撰　(清)仇兆鰲輯註　清刻本(芸生堂發兌)　十六冊

430000－2458－0000204　56.1/14

海藏樓詞十卷　鄭孝胥著　清光緒二十八年(1902)武昌刻本　二冊

430000－2458－0000205　56.1/16

陽春白雪八卷外集一卷　(宋)趙聞禮輯　清道光九年(1829)刻本(享帚精舍藏板)　三冊

430000－2458－0000206　56.1/17

元草堂詩餘三卷　(元)鳳林書院輯　清嘉慶十六年(1811)刻本(享帚精舍藏板)　一冊

430000－2458－0000207　56.1/18

樂府雅詞三卷拾遺二卷　(宋)曾慥編　清嘉慶二十一年(1816)刻本(享帚精舍藏板)　一冊

430000－2458－0000208　56.1/19

日湖漁唱一卷補遺一卷續補遺一卷　(宋)陳允平撰　清道光九年(1829)刻本(享帚精舍藏板)　一冊

430000－2458－0000209　56.1/20

詞源二卷　(宋)張炎撰　清道光八年(1828)刻本(享帚精舍藏板)　一冊

430000－2458－0000210　56.1/21

樊川文集二十卷　(唐)杜牧撰　清光緒二十二年(1896)成都楊氏景蘇園影宋刻本　六冊

430000－2458－0000211　56.2/3

環天室古近體詩類選五卷後集一卷　曾廣鈞撰　清宣統元年至二年(1909－1910)刻本　一冊

430000－2458－0000212　56.2/5

水雲樓詞二卷　(清)蔣春霖撰　清咸豐十一年(1861)刻本　一冊

430000－2458－0000213　56.2/6

瘦春詞鈔一卷　(清)王錫振撰　雪波詞一卷　(清)蘇汝謙撰　抄本　一冊

430000－2458－0000214　56.2/8

元遺山詩集箋註十四卷首一卷末一卷　(金)元好問撰　(元)張德輝編　(清)施國祁箋補　清道光二年(1822)南潯蔣氏瑞松堂刻本　四冊

430000－2458－0000215　56.2/15

詞林正韻三卷　(清)戈載輯　清光緒七年(1881)刻本　一冊

430000－2458－0000216　56.2/21

燕樂考原六卷　(清)凌廷堪撰　清咸豐元年(1851)南海伍氏刻粤雅堂叢書本　五冊

430000－2458－0000217　56.3/1

龍壁詞四卷　(清)王錫振撰　清咸豐九年(1859)刻本　一冊

430000－2458－0000218　56.3/5

日齋詞集六卷　(清)周之琦撰　清刻本　一冊

430000－2458－0000219　56.3/6

金梁夢月詞二卷懷夢詞一卷　周之琦撰　清杭州愛日軒刻本　一冊

430000－2458－0000220　56.3/7

梅邊吹笛譜二卷　(清)凌廷堪撰　清光緒元年(1875)南海伍氏刻粤雅堂叢書本　一冊

430000－2458－0000221　56.3/8

陶淵明文集十卷　(晉)陶潛撰　清影印毛氏

汲古閣刻本　一冊　存六卷(五至十)

430000－2458－0000222　56.3/18

困學紀聞注二十卷　（清）翁元圻輯注　清光緒十三年(1887)上海同文書局石印本　六冊

430000－2458－0000223　56.3/23

八識論義　（清）性起論釋　清光緒三年(1877)刻本　一冊

430000－2458－0000224　56.3/26

大方廣佛華嚴經八十卷　（唐）釋實叉難陀譯　清楊禮三刻本　八冊

吉首大學師範學院圖書館
古籍普查登記目錄

全國古籍普查登記目錄

國家圖書館出版社
National Library of China Publishing House

全國古籍普查登記目錄

430000－5444－0000001　1

欽定大清會典八十卷事例九百二十卷圖一百
三十二卷　（清）高宗弘曆撰　清嘉慶刻本
三百三十冊

430000－5444－0000002　2

十三經註疏　清同治十三年（1874）湖南書局
刻本　九十九冊

430000－5444－0000003　3

正誼堂全書　（清）張伯行輯　（清）楊浚重輯
清同治、光緒間福州正誼書院刻本　四
十冊

430000－5444－0000004　4

古文辭類纂七十四卷　（清）姚鼐編　清光緒
十九年（1893）長沙王氏刻本　十二冊

430000－5444－0000005　5

續古文辭類纂三十四卷　王先謙編　清光緒
八年（1882）長沙王氏刻本　八冊

430000－5444－0000006　6

王臨川全集一百卷目錄二卷　（宋）王安石撰
清光緒九年（1883）聽香館刻本　十九冊

430000－5444－0000007　7

文選六十卷　（南朝梁）蕭統輯　（唐）李善等
註　文選考異十卷　（清）胡克家撰　清光緒
六年（1880）四明林氏刻本　十七冊

430000－5444－0000008　10

臨文便覽不分卷　清同治十三年（1874）刻本
一冊

430000－5444－0000009　12

後山先生集二十四卷首一卷　（宋）陳師道撰
清光緒十一年（1885）刻本　四冊

430000－5444－0000010　13

十一經音訓　（清）楊國楨撰　清道光十年
（1830）刻本　四冊　存易經音訓、周禮音訓、
儀禮音訓

430000－5444－0000011　16

輿地廣記三十八卷　（宋）歐陽忞撰　清光緒
六年（1880）金陵書局刻本　四冊

430000－5444－0000012　18

亭林詩集五卷　（清）顧炎武撰　清光緒二年
（1876）湖南書局刻本　二冊

430000－5444－0000013　19

釋名疏證補八卷續釋名一卷釋名補遺一卷疏
證補附一卷　王先謙撰集　清光緒二十二年
（1896）思賢書局刻本　四冊

430000－5444－0000014　21

司馬溫公稽古錄二十卷　（宋）司馬光撰　清
同治十一年（1872）湖北崇文書局刻本　四冊

430000－5444－0000015　22

說文釋例二十卷附補正　（清）王筠撰　清同
治四年（1865）刻本　八冊

430000－5444－0000016　23

輶軒使者絕代語釋別國方言十三卷續二卷續
補一卷　（漢）揚雄撰　（晉）郭璞註　清光緒
十七年（1891）思賢講舍刻本　二冊

430000－5444－0000017　24

音學五書　（清）顧炎武撰　清光緒十六年
（1890）思賢講舍刻本　十冊　存三十一卷
（音論三卷，詩本音十卷，易音三卷，唐韻正一
至十一、十五至十八）

430000－5444－0000018　28

增補事類統編九十三卷　（清）黃葆真編　清
上海錦章圖書局石印本　六冊　存五十卷
（九至十七上、二十八至四十二、五十一至五
十八、六十七至七十五、八十五至九十三）

430000－5444－0000019　38

文選六十卷　（南朝梁）蕭統輯　（唐）李善等
註　文選考異十卷　（清）胡克家撰　石印本
四冊　存十八卷（三十九至四十二、五十二
至五十五，考異十卷）

430000－5444－0000020　41

續古文辭類纂三十四卷　王先謙編　清上海
錦章圖書局石印本　六冊　存十卷（一至十）

430000－5444－0000021　43

陶文毅公全集六十四卷首一卷末一卷　（清）

陶澍撰　清道光二十年(1840)淮北士民公刻本　二十册

430000－5444－0000022　44

資治通鑑全書　(宋)司馬光撰　(元)胡三省音註　清光緒十四年(1888)長沙楊氏刻本　一百二十册

430000－5444－0000023　45

玉函山房輯佚書　(清)馬國翰輯　清光緒九年(1883)長沙嫏嬛館刻本　九十五册

430000－5444－0000024　46

天下郡國利病書一百二十卷　(清)顧炎武撰　清光緒五年(1879)蜀南桐華書屋薛氏家塾刻本　六十四册

430000－5444－0000025　47

資治通鑑綱目全書　(宋)朱熹等撰　明刻本(新豐藏板)　一百册

430000－5444－0000026　48

增補歷史綱鑑三十九卷　(明)王世貞編　清刻本　二十九册　缺四卷(六至七、三十八至三十九)

430000－5444－0000027　49

史記一百三十卷　(漢)司馬遷撰　(南朝宋)裴駰集解　(唐)司馬貞索隱　(唐)張守節正義　清同治五年(1866)金陵書局刻本　二十册

430000－5444－0000028　50

前漢書一百卷　(漢)班固撰　(唐)顏師古註　清同治八年(1869)金陵書局刻本　二十册

430000－5444－0000029　51

前漢書一百卷　(漢)班固撰　(唐)顏師古註　清光緒十三年(1887)金陵書局刻本　十六册

430000－5444－0000030　52

後漢書一百二十卷　(南朝宋)范曄撰　(唐)李賢註　清光緒十三年(1887)金陵書局刻本　十六册

430000－5444－0000031　53

三國志六十五卷　(晉)陳壽撰　(南朝宋)裴松之註　清同治九年(1870)金陵書局刻本　八册

430000－5444－0000032　54

周禮六卷　(漢)鄭玄註　(唐)陸德明音義　清嘉慶十一年(1806)清芬閣刻本　六册

430000－5444－0000033　55

北齊書五十卷　(唐)李百藥撰　清同治十三年(1874)金陵書局刻本　四册

430000－5444－0000034　56

陳書三十六卷　(唐)姚思廉撰　清同治十一年(1872)金陵書局刻本　四册

430000－5444－0000035　57

梁書五十六卷　(唐)姚思廉撰　清同治十三年(1874)金陵書局刻本　四册

430000－5444－0000036　58

魏書一百十四卷　(北齊)魏收撰　清同治十一年(1872)金陵書局刻本　十册

430000－5444－0000037　59

南齊書五十九卷　(南朝梁)蕭子顯撰　清同治十三年(1874)金陵書局刻本　六册

430000－5444－0000038　60

周書五十卷　(唐)令狐德棻等撰　清同治十三年(1874)金陵書局刻本　四册

430000－5444－0000039　61

王文成公全集　(明)王守仁撰　清道光六年(1826)湘潭王文德刻本　二十册

430000－5444－0000040　62

律音匯考八卷　(清)邱之稑編　清宣統三年(1911)瀏陽禮樂局刻本　四册

430000－5444－0000041　63

明末紀事補遺十卷　(清)三餘氏撰　清刻本　十册

430000－5444－0000042　64

漢魏六朝百三名家集　(明)張溥輯　清光緒十八年(1892)善化章經濟堂刻本　九十一册

430000－5444－0000043　65

楚寶四十卷外篇五卷　（明）周聖楷纂　清道光九年(1829)刻本　二十冊

430000－5444－0000044　66

湘軍記二十卷　（清）王定安撰　清光緒十五年(1889)江南書局刻本　十二冊

430000－5444－0000045　67

宋史四百九十六卷　（元）脫脫等撰　清光緒元年(1875)浙江書局刻本　一百冊

430000－5444－0000046　68

明史三百三十二卷目錄四卷　（清）張廷玉等撰　清光緒三年(1877)崇文書局刻本　八十冊

430000－5444－0000047　69

元史二百十卷　（明）宋濂撰　清同治十三年(1874)江蘇書局刻本　四十冊

430000－5444－0000048　70

新唐書二百二十五卷　（宋）歐陽修等撰　清同治十二年(1873)浙江書局刻本　四十冊

430000－5444－0000049　71

舊唐書二百卷　（五代）劉昫等撰　清同治十一年(1872)浙江書局刻本　四十冊

430000－5444－0000050　72

金史一百三十五卷　（元）脫脫等撰　清同治十三年(1874)江蘇書局刻本　二十冊

430000－5444－0000051　73

遼史一百十六卷　（元）脫脫等撰　清同治十二年(1873)江蘇書局刻本　十二冊

430000－5444－0000052　74

北史一百卷　（唐）李延壽撰　清同治十一年(1872)金陵書局刻本　十冊　存五十七卷(四十四至一百)

430000－5444－0000053　75

南史八十卷　（唐）李延壽撰　清同治十一年(1872)金陵書局刻本　十二冊

430000－5444－0000054　76

舊五代史一百五十卷目錄二卷　（宋）薛居正等撰　清同治十一年(1872)湖北崇文書局刻本　十六冊

430000－5444－0000055　77

三國志六十五卷　（晉）陳壽撰　（南朝宋）裴松之註　清光緒十三年(1887)江南書局刻本　八冊

430000－5444－0000056　78

五代史七十四卷　（宋）歐陽修撰　（宋）徐無黨註　清同治十一年(1872)湖北崇文書局刻本　八冊

430000－5444－0000057　79

魏書一百十四卷　（北齊）魏收撰　清同治十一年(1872)金陵書局刻本　十冊　缺六十八卷(一至六十八)

430000－5444－0000058　80

晉書一百三十卷　（唐）房玄齡等撰　清同治十年(1871)金陵書局刻本　十冊　缺六十二卷(一至六十二)

430000－5444－0000059　81

隋書八十五卷　（唐）魏徵等撰　清同治十年(1871)淮南書局刻本　十二冊

430000－5444－0000060　83

二十四史　清光緒十年(1884)上海同文書局石印本　六百六十九冊

430000－5444－0000061　84

說文解字註三十卷六書音韻表五卷汲古閣說文訂一卷　（清）段玉裁撰　清同治十一年(1872)湖北崇文書局刻本　十八冊

430000－5444－0000062　85

史記一百三十卷　（漢）司馬遷撰　（南朝宋）裴駰集解　（唐）司馬貞索隱　（唐）張守節正義　清刻本　二十七冊　缺十三卷(一至十三)

430000－5444－0000063　87

靈鶼閣叢書　（清）江標輯　清光緒元和江氏湖南使院刻本　二十三冊

430000－5444－0000064　88

荀子集解二十卷首一卷　王先謙撰　清光緒
十七年(1891)長沙王氏刻本　六冊

430000 - 5444 - 0000065　111

策學備纂三十二卷　(清)蔡啟盛　(清)吳穎
炎輯　清末石印本　三十七冊

430000 - 5444 - 0000066　112

說文古籀補十四卷　(清)吳大澂撰　清光緒
二十四年(1898)思賢書局刻本　二冊

430000 - 5444 - 0000067　113

靖州鄉土志四卷首一卷　(清)金蓉鏡編　清
光緒三十四年(1908)刻本　二冊

430000 - 5444 - 0000068　114

元豐九域志十卷　(宋)王存等撰　清光緒八
年(1882)金陵書局刻本　四冊

430000 - 5444 - 0000069　115

弟子箴言十六卷　(清)胡達源撰　(清)吳大
澂註　清光緒二十一年(1895)蒲圻但氏湖南
糧儲道署刻本　四冊

430000 - 5444 - 0000070　116

國朝駢體正宗十二卷　(清)曾燠輯　清同治
十三年(1874)刻本(聚賢堂藏板)　六冊

430000 - 5444 - 0000071　117

藝學叢考一百二十卷　(清)朱大文等輯　清
石印本　一冊　存六卷(三十六至四十一)

430000 - 5444 - 0000072　121

浮邱子十二卷　(清)湯鵬撰　清同治四年
(1865)湘陰李氏刻本　四冊

430000 - 5444 - 0000073　123

楚辭燈四卷　(清)林雲銘論述　清刻本(三
讓堂藏板)　一冊

430000 - 5444 - 0000074　124

前漢書一百卷　(漢)班固撰　(唐)顏師古註
清同治十二年(1873)嶺東使署刻本　六冊
存三十七卷(一至七、十六至十八、二十八
至三十二、五十五至六十三、七十三至八十
二、九十八至一百)

430000 - 5444 - 0000075　125

後漢書一百二十卷　(南朝宋)范曄撰　(唐)
李賢註　清同治十二年(1873)嶺東使署刻本
三冊　存十九卷(一至四、十一至二十五)

430000 - 5444 - 0000076　126

易經精華六卷　(清)薛嘉穎撰　清道光五年
(1825)刻(光韠堂藏板)同治三年(1864)寶
華樓重印本　三冊

430000 - 5444 - 0000077　127

易經精華六卷　(清)薛嘉穎撰　清道光五年
(1825)刻(光韠堂藏板)同治三年(1864)寶
華樓重印本　五冊

430000 - 5444 - 0000078　128

御選唐宋詩醇四十七卷目錄二卷　(清)高宗
弘曆撰　清刻本　三冊　存六卷(三十二至
三十三、三十六至三十九)

430000 - 5444 - 0000079　129

字說一卷　(清)吳大澂撰　清光緒十九年
(1893)思賢講舍刻本　一冊

430000 - 5444 - 0000080　130

春秋釋例十五卷　(晉)杜預撰　(清)孫星衍
校　清刻古經解匯函本　九冊

430000 - 5444 - 0000081　131

近思錄十四卷　(宋)朱熹撰　(清)江永集註
清乾隆七年(1742)刻本　四冊

430000 - 5444 - 0000082　132

前守寶錄五卷後守寶錄二十卷　(清)魁聯撰
清咸豐三年(1853)寶慶府署刻本　六冊

430000 - 5444 - 0000083　133

靖節先生集十卷　(晉)陶潛撰　清道光二十
年(1840)刻本　四冊

430000 - 5444 - 0000084　134

文史通義八卷校讎通義三卷　(清)章學誠撰
清光緒二十四年(1898)長沙經文書局刻本
四冊(八冊合訂)

430000 - 5444 - 0000085　135

湘綺樓全集三十卷　王闓運撰　清光緒三十
三年(1907)長沙劉氏墨莊刻本　十六冊

430000－5444－0000086　136

歐陽文忠公五代史鈔二十卷　(宋)歐陽修撰
　清上海會文堂書局石印本　四冊　缺六卷
(六至十一)

430000－5444－0000087　138

康熙字典十二集附備考一卷補遺一卷　(清)
張玉書等撰　清刻本　七冊

430000－5444－0000088　139

康熙字典十二集附備考一卷補遺一卷　(清)
張玉書等撰　清光緒十六年(1890)上海鴻文
書局石印本　六冊

430000－5444－0000089　140

通鑑紀事本末二百三十九卷　(宋)袁樞撰
(明)張溥論正　清光緒二十八年(1902)上海
提記書局石印本　十九冊

430000－5444－0000090　141

御批歷代通鑑輯覽一百二十卷　(清)傅恒等
撰　清光緒三十年(1904)上海錦章書局石印
本　二十八冊

430000－5444－0000091　142

管子二十四卷　(春秋)管仲撰　(唐)房玄齡
註　(明)劉績增註　清光緒二十九年(1903)
新政書局石印本　四冊

430000－5444－0000092　143

毛詩註疏三十卷　(漢)鄭玄箋　(唐)陸德明
音義　(唐)孔穎達疏　清刻本　二冊　存二
卷(二、四)

430000－5444－0000093　144

讀史方輿紀要一百三十卷　(清)顧祖禹輯
清刻本　五冊　存八卷(三至十)

430000－5444－0000094　146

後漢書九十卷　(南朝宋)范曄撰　(唐)李賢
註　清同治八年(1869)金陵書局刻本　一冊
存九卷(七十一至七十九)

430000－5444－0000095　148

歷代名臣言行錄二十四卷　(清)朱桓輯　石
印本　六冊　存十七卷(八至二十四)

430000－5444－0000096　151

大學衍義四十三卷　(宋)真德秀撰　清光緒
二十七年(1901)上海書局石印本　六冊

430000－5444－0000097　152

本草綱目五十二卷　(明)李時珍撰　清上海
鴻寶書局石印本　十三冊　缺十八卷(三十
一至四十六、五十一至五十二)

430000－5444－0000098　154

溫飛卿詩集箋注九卷　(唐)溫庭筠撰　(明)
曾益注　(清)顧予咸補注　(清)顧嗣立續注
清宣統二年(1910)上海國學扶輪社石印本
三冊　缺二卷(八至九)

430000－5444－0000099　157

毛詩古音考四卷　(明)陳第輯　(明)焦竑訂
正　(清)徐時作重訂　清武昌張氏刻本　二
冊　存二卷(一、三)

430000－5444－0000100　158

唐詩合選詳解八卷　(清)劉文蔚註釋　清上
海錦章圖書局石印本　四冊

430000－5444－0000101　169

白香山詩集　(唐)白居易撰　清宣統三年
(1911)石印汪立名一隅草堂本　十二冊

430000－5444－0000102　179

文成字彙　(明)梅膺祚音釋　清刻本　一冊

430000－5444－0000103　180

粵西獨秀峰題壁詩三十首　(清)□□撰　清
抄本　一冊

430000－5444－0000104　186

文心雕龍十卷　(南朝梁)劉勰撰　(清)黃叔
琳註　清同治刻三色套印本　一冊　存六卷
(五至十)

湘西土家族苗族自治州鳳凰縣圖書館
古籍普查登記目錄

全國古籍普查登記目錄

國家圖書館出版社
National Library of China Publishing House

430000－2412－0000001　1/1.2

湘綺樓文集八卷　王闓運撰　清光緒三十三年(1907)墨莊劉氏長沙刻本　四冊

430000－2412－0000002　1/1.2(1)

湘綺樓文集八卷　王闓運撰　清光緒三十三年(1907)墨莊劉氏長沙刻本　二冊　存四卷(五至八)

430000－2412－0000003　1/1.3

湘綺樓詩十四卷　王闓運撰　清光緒三十三年(1907)長沙刻本　三冊　存十一卷(一至四、八至十四)

430000－2412－0000004　1/1.4

湘綺樓詩十四卷　王闓運撰　清光緒三十三年(1907)長沙刻本　三冊　存十一卷(一至四、八至十四)

430000－2412－0000005　1/1.5

湘綺樓啟八卷　王闓運撰　清光緒三十三年(1907)長沙刻本　四冊

430000－2412－0000006　1/1.5(1)

湘綺樓啟八卷　王闓運撰　清光緒三十三年(1907)長沙刻本　一冊　存二卷(三至四)

430000－2412－0000007　1/2.1

宋學士全集三十二卷　(明)宋濂撰　清同治十三年(1874)退補齋刻本　三十四冊

430000－2412－0000008　1/2.2

絜齋集二十四卷　(宋)袁燮撰　清重刻武英殿聚珍版書本　十冊

430000－2412－0000009　1/2.3

蒙齋集二十卷　(宋)袁甫撰　清重刻武英殿聚珍版書本　五冊　存十四卷(三至七、十二至二十)

430000－2412－0000010　1/2.4

浮溪集三十二卷拾遺三卷　(宋)汪藻撰　清光緒十九年(1893)重刻武英殿聚珍版本　十冊

430000－2412－0000011　1/2.5

廬陵宋丞相信國公文忠烈先生全集十六卷　(宋)文天祥撰　清雍正三年(1725)刻本(文五桂堂藏板)　十三冊　存十三卷(四至十六)

430000－2412－0000012　1/3.2

西河合集　(清)尤侗撰　清康熙刻本　三十五冊

430000－2412－0000013　1/3.3

全唐詩　(清)聖祖玄燁纂　清康熙刻本　五十四冊

430000－2412－0000014　1/3.4

庚子山集十六卷　(北周)庾信撰　(清)倪璠注釋　清光緒十六年(1890)廣州經史閣刻本　十二冊　存十五卷(一、三至十六)

430000－2412－0000015　1/3.4(1)

庚子山集十六卷　(北周)庾信撰　(清)倪璠注釋　清光緒十六年(1890)廣州經史閣刻本　九冊　存八卷(一至五、七至九)

430000－2412－0000016　1/4.1

左文襄公奏疏　(清)左宗棠撰　清石印本　六冊　存三十九卷(續編十至十六、三十九至六十五、七十二至七十六)

430000－2412－0000017　1/4.2

左文襄公全集　(清)左宗棠撰　清光緒十六年至十八年(1890－1892)長沙刻本　四十二冊

430000－2412－0000018　1/4.4

韓詩外傳十卷　(漢)韓嬰撰　清古經解匯函刻本　二冊

430000－2412－0000019　1/4.5

韓詩外傳十卷　(漢)韓嬰撰　附毛詩草木鳥獸蟲魚疏二卷　(三國吳)陸璣撰　清刻本　一冊　存四卷(七至十)

430000－2412－0000020　1/4.6

河東先生文集六卷　(唐)柳宗元撰　清宣統二年(1910)上海會文堂粹記石印本　三冊　存三卷(一、三、五)

430000－2412－0000021　1/4.7

河東先生集十五卷　(唐)柳宗元撰　(唐)張景編　清光緒六年(1880)韓江官署刻本　三冊　存十二卷(一至四、八至十五)

430000－2412－0000022　1/4.8

唐柳河東集四十五卷外集五卷附錄一卷　(唐)柳宗元撰　清嘉慶柳州楊適理雙梧居刻本　十八冊　缺二卷(三十七至三十八)

430000－2412－0000023　1/4.9

韓詩外傳十卷　(漢)韓嬰撰　(清)周廷寀校注　附毛詩草木鳥獸蟲魚疏二卷　(三國吳)陸璣撰　(清)丁晏校注　清刻古經解匯函本　二冊

430000－2412－0000024　1/5.1

景文集六十二卷拾遺五卷　(宋)宋祁撰　清重刻武英殿聚珍版書本　十六冊　缺六卷(十三至十八)

430000－2412－0000025　1/5.2

景文集六十二卷　(宋)宋祁撰　清重刻武英殿聚珍版書本　十三冊　存四十三卷(十七至五十六、六十至六十二)

430000－2412－0000026　1/5.3

雪山集十六卷　(宋)王質撰　清重刻武英殿聚珍版書本　二冊　存八卷(一至四、十三至十六)

430000－2412－0000027　1/5.4

雪山集十六卷　(宋)王質撰　清重刻武英殿聚珍版書本　四冊

430000－2412－0000028　1/5.4(1)

雪山集十六卷　(宋)王質撰　清重刻武英殿聚珍版書本　四冊

430000－2412－0000029　1/5.5

東坡先生全集七十五卷　(宋)蘇軾撰　明刻本(文盛堂藏板)　二十二冊　存三十二卷(一至十一、二十四至二十九、三十二至三十五、三十八至四十八)

430000－2412－0000030　1/6.1

祠部集三十五卷　(宋)強至撰　清重刻武英殿聚珍版書本　八冊　缺七卷(五至十一)

430000－2412－0000031　1/6.2

祠部集三十五卷　(宋)強至撰　清重刻武英殿聚珍版書本　十冊

430000－2412－0000032　1/6.3

祠部集三十五卷　(宋)強至撰　清重刻武英殿聚珍版書本　九冊　缺三卷(二十七至二十九)

430000－2412－0000033　1/6.5

文信國公集二十卷　(宋)文天祥撰　清光緒二十三年(1897)湘南書局刻四忠遺集本　十二冊

430000－2412－0000034　1/6.5(1)

文信國公集二十卷　(宋)文天祥撰　清光緒二十三年(1897)湘南書局刻四忠遺集本　二冊　存四卷(七至八、十七至十八)

430000－2412－0000035　1/6.6

秣陵集六卷　(清)陳文述撰　清光緒十年(1884)淮南書局刻本　三冊

430000－2412－0000036　1/6.6(1)

秣陵集六卷　(清)陳文述撰　清光緒十年(1884)淮南書局刻本　三冊

430000－2412－0000037　1/6.6(2)

秣陵集六卷　(清)陳文述撰　清光緒十年(1884)淮南書局刻本　三冊

430000－2412－0000038　1/6.8

梅村詩集箋注十八卷　(清)吳翌鳳撰　清嘉慶十九年(1814)滄浪吟榭刻本　十冊　缺二卷(五、七)

430000－2412－0000039　1/6.9

梅村詩集箋注十八卷　(清)吳翌鳳撰　清光緒三味堂刻本　一冊　存一卷(十八)

430000－2412－0000040　2/1.1

太史升庵全集八十一卷　(明)楊慎撰　明新都周參元刻本　十二冊　存五十五卷(一至五十五)

430000－2412－0000041　2/1.2

昌黎先生集四十卷　（唐）韓愈撰　清宣統二年(1910)上海掃葉山房石印本　九冊　缺八卷(八至十、十五至十九)

430000－2412－0000042　2/1.3

昌黎先生集四十卷　（唐）韓愈撰　清同治八年(1869)江蘇書局刻本　九冊

430000－2412－0000043　2/1.4

五百家註音辯昌黎先生文集四十卷　（唐）韓愈撰　（宋）魏仲舉輯註　清刻本　十二冊　缺九卷(一至三、十至十二、十八至二十)

430000－2412－0000044　2/1.4(1)

五百家註音辯昌黎先生文集四十卷　（唐）韓愈撰　（宋）魏仲舉輯註　清刻本　二冊　存四卷(一、九至十一)

430000－2412－0000045　2/1.4(2)

五百家註音辯昌黎先生文集四十卷　（唐）韓愈撰　（宋）魏仲舉輯註　清刻本　二冊　存五卷(九至十三)

430000－2412－0000046　2/1.5

秋樹讀書樓遺集十六卷　（清）史善長撰　清道光十五年(1835)柳樹芳刻本　四冊

430000－2412－0000047　2/1.6

綺霞江館聯語偶存一卷附續存一卷再續存一卷　（清）吳熙撰　清宣統二年(1910)長沙刻本　一冊

430000－2412－0000048　2/1.7

香禪精舍集　（清）潘鍾瑞撰　清光緒長洲潘氏刻本　一冊　存首冊年譜

430000－2412－0000049　2/1.10

渭南文集五十卷　（宋）陸遊撰　清汲古閣刻本　一冊　存三卷(五至七)

430000－2412－0000050　2/1.11

東井詩鈔四卷　（清）黃定文撰　清嘉慶十一年(1806)補不足齋刻本　二冊

430000－2412－0000051　2/1.12

石林居士建康集八卷　（宋）葉夢得撰　清長沙葉氏觀古堂刻本　一冊　存四卷(一至四)

430000－2412－0000052　2/1.13

南嶽志二十六卷　（清）李元度撰　增補南嶽志二卷　李子榮編　續增南嶽志二卷　王香餘編　清光緒九年(1883)刻本,增補1923年刻本,續增1924年刻本　八冊　缺二卷(南嶽志一至二)

430000－2412－0000053　2/2.1

龍太常全集　（明）龍膺撰　清光緒十三年(1887)武陵龍氏刻本　存三十九卷(綸㵎文集二十七卷、詩集八至十九)　六冊

430000－2412－0000054　2/2.2

無咎詩草二卷　（清）易清照撰　清光緒十八年(1892)溈水校經書院刻本　一冊

430000－2412－0000055　2/2.3

玉函山館輯佚書　（清）馬國翰輯　清光緒長沙娜嬛館刻本　十冊

430000－2412－0000056　2/2.4

胡忠簡公文集三十二集　（宋）胡銓撰　清道光十三年(1833)刻本　八冊

430000－2412－0000057　2/2.5

淨德集三十八卷　（宋）呂陶撰　清刻武英殿聚珍版本　七冊

430000－2412－0000058　2/2.5(1)

淨德集三十八卷　（宋）呂陶撰　清刻武英殿聚珍版本　七冊　存三十三卷(一至二十三、二十九至三十八)

430000－2412－0000059　2/2.6

史忠正公集四卷末一卷　（明）史可法撰　清道光二十九年(1849)尊經閣刻本　二冊

430000－2412－0000060　2/2.6(1)

史忠正公集四卷末一卷　（明）史可法撰　清光緒二十三年(1897)湘南書局刻本　二冊

430000－2412－0000061　2/2.6(2)

史忠正公集四卷末一卷　（明）史可法撰　清同治七年(1868)楚醴景萊書屋刻本　四冊

430000－2412－0000062　2/2.7

元憲集三十六卷　（宋）宋庠撰　清重刻武英

殿聚珍版書本　八冊

430000－2412－0000063　2/2.8

怡善堂賸稿二卷　（清）黃維煊撰　清光緒十九年(1893)補不足齋刻本　一冊

430000－2412－0000064　2/2.11

久芬室詩集六卷　（清）鄭襄撰　清光緒二十一年(1895)石門官廨刻本　三冊

430000－2412－0000065　2/3.4

左海文集十卷絳跗草堂詩集六卷　（清）陳壽祺撰　清刻本　三冊　存八卷（左海文集三至四、八至十，絳跗草堂詩集一至三）

430000－2412－0000066　2/3.5

雙桐書屋詩賸七卷　（清）李應莘撰　清光緒十四年(1888)思適齋刻本　一冊　存四卷（四至七）

430000－2412－0000067　2/3.6

茂茂山人詩錄九卷　長離閣集一卷　（清）孫星衍撰　（清）王采薇撰　清光緒十一年(1885)長沙王氏刻本　一冊　存二卷（八至九）

430000－2412－0000068　2/3.7

古歡堂集　（清）田雯撰　清乾隆刻本　二冊　存山薑詩選

430000－2412－0000069　2/3.8

忠肅集二十卷拾遺一卷　（宋）劉摯撰　清光緒十九年(1893)補刻武英殿聚珍版本　六冊

430000－2412－0000070　2/3.8(1)

忠肅集二十卷拾遺一卷　（宋）劉摯撰　清重刻武英殿聚珍版書本　四冊　存十三卷（四至十六）

430000－2412－0000071　2/3.9

昭代叢書　（清）張潮　（清）張漸輯　清道光刻本　三冊

430000－2412－0000072　2/3.10

四憶堂詩集六卷　（清）侯方域撰　（清）練貞吉　（清）宋犖選註　清光緒十年(1884)刻本　一冊　存三卷（一至三）

430000－2412－0000073　2/3.11

悅心集五卷　（清）世宗胤禛輯　清重刻武英殿聚珍版書本　一冊

430000－2412－0000074　2/3.12

御製詩文十全集五十四卷　（清）高宗弘曆撰　清重刻武英殿聚珍版書本　十二冊　存四十六卷（六至八、十二至五十四）

430000－2412－0000075　2/3.16

疑雨集四卷　（明）王彥泓撰　清刻本　一冊　存二卷（三至四）

430000－2412－0000076　2/3.17

文忠集十六卷拾遺四卷　（唐）顏真卿撰　清光緒二十年(1894)重刻武英殿聚珍版本　三冊　存十二卷（一至八、拾遺四卷）

430000－2412－0000077　2/3.18

新刻張太岳先生詩集六卷　（明）張居正撰　湖南官書報局鉛印本　一冊

430000－2412－0000078　2/3.19

南軒文集四十四卷　（清）張栻撰　清咸豐四年(1854)綿邑南縣補刻本　二冊　存十一卷（一至十一）

430000－2412－0000079　2/3.23

吟香室詩草二卷　（清）楊蘊輝撰　清光緒二十四年(1898)刻本　一冊　存一卷（上）

430000－2412－0000080　2/4.2

李太白文集三十六卷　（唐）李白撰　（清）王琦輯註　清乾隆刻本　五冊　存十三卷（六至八、十六至十八、二十三至二十八、三十六）

430000－2412－0000081　2/4.3

李太白文集三十卷　（唐）李白撰　清康熙繆氏影宋刻本　二冊　存十六卷（六至十三、二十三至三十）

430000－2412－0000082　2/4.4

李太白文集三十卷　（唐）李白撰　清康熙吳門繆曰芑影宋刻本　四冊　存二十一卷（四至八、十五至三十）

430000－2412－0000083　2/4.6

古干亭詩集六卷文集二卷　（清）黃桐孫撰
清光緒十七年（1891）鄞縣黃氏補刻本　二冊
　存四卷（詩集四至六、文集上殘葉）

430000－2412－0000084　2/4.7

王叔師集一卷　（漢）王逸撰　明刻漢魏六朝
百三名家集本　一冊

430000－2412－0000085　2/4.8

公是集五十四卷　（宋）劉敞撰　清光緒十九
年（1893）補刻武英殿聚珍版本　九冊　存四
十一卷（一至四十一）

430000－2412－0000086　2/4.9

陳北溪詩十四卷　（宋）陳淳撰　清光緒九年
（1883）劉傳經堂刻本　四冊

430000－2412－0000087　2/4.10

滄溟先生集十四卷　（明）李攀龍撰　清光緒
二十一年（1895）長沙張氏湘雨樓刻本　一冊
　存五卷（十至十四）

430000－2412－0000088　2/4.11

黃青社先生伐檀集二卷　（宋）黃庶撰　清義
寧黃氏雙井堂刻本　一冊　存一卷（上）

430000－2412－0000089　2/4.12

讀書延年詩鈔二十四卷　（清）熊少牧撰　清
咸豐七年（1857）刻本　六冊　存十九卷（一
至十九）

430000－2412－0000090　2/4.13

全五代詩一百卷　（清）李調元編　清乾隆四
十五年（1780）刻本　二冊　存十五卷（四十
六至六十）

430000－2412－0000091　2/4.15

函海　（清）李調元輯　清乾隆刻本　一冊
存二十四卷（粵東皇華集四卷、萬巢璣錄十
卷、朱家藏書簿十卷）

430000－2412－0000092　2/4.16

白下愚園集八卷　（清）胡光國編輯　清光緒
二十一年（1895）刻本　六冊

430000－2412－0000093　2/5.4

元遺山詩集箋注十四卷　　（金）元好問撰

（清）施國祁箋　清道光二年（1822）刻本（南
潯瑞松堂蔣氏藏板）　六冊

430000－2412－0000094　2/5.4（1）

元遺山詩集箋注十四卷　（金）元好問撰
（清）施國祁箋　清道光二年（1822）刻本（南
潯瑞松堂蔣氏藏板）　一冊　存一卷（十四）

430000－2412－0000095　2/5.5

安遇齋集四卷　（清）周錫溥撰　清光緒八年
（1882）養知書屋刻本　一冊　存二卷（一至
二）

430000－2412－0000096　2/5.6

毘陵集十六卷拾遺一卷　（宋）張守撰　清光
緒二十一年（1895）重刻武英殿聚珍版本
五冊

430000－2412－0000097　2/5.6（1）

毘陵集十六卷拾遺一卷　（宋）張守撰　清光
緒二十一年（1895）重刻武英殿聚珍版本
五冊

430000－2412－0000098　2/5.8

瓊州雜事詩一卷　（清）程秉釗撰　清光緒元
和江氏刻本　一冊

430000－2412－0000099　2/5.9

慎其餘齋文集二十卷　（清）王贈芳撰　清咸
豐四年（1854）留香書屋刻本　五冊　缺四卷
（十四至十七）

430000－2412－0000100　2/5.10

岱南閣集二卷　（清）孫星衍撰　清光緒十二
年（1886）行素草堂刻本　一冊

430000－2412－0000101　2/5.11

梧笙唱和初集一卷　（清）李星沅　（清）郭潤
玉撰　清道光十七年（1837）刻本　一冊

430000－2412－0000102　2/5.13

鄒叔子遺書　（清）鄒漢勛撰　清光緒八年
（1882）刻本　一冊　存外集

430000－2412－0000103　2/5.14

田叔禾小集十二卷　（明）田汝成撰　清光緒
二十三年（1897）錢塘丁氏嘉惠堂刻本　一冊

存二卷(九至十)

430000－2412－0000104　2/5.15

小畜集三十卷　(宋)王禹偁撰　清光緒重刻
武英殿聚珍版本　七冊　缺三卷(二十八至
三十)

430000－2412－0000105　2/5.16

胡文忠公遺集十卷　(清)胡林翼撰　(清)屬
云官等編　清同治刻本　四冊　存四卷(五
至六、九至十)

430000－2412－0000106　2/5.16(1)

胡文忠公遺集十卷　(清)胡林翼撰　(清)屬
云官等編　清同治刻本　三冊　存四卷(五
至八)

430000－2412－0000107　2/5.19

椒生詩草六卷續草三卷　(清)王之春撰　清
光緒十年(1884)刻本,續草二十年(1894)刻
本　三冊

430000－2412－0000108　2/5.19(1)

椒生詩草六卷續草三卷　(清)王之春撰　清
光緒十年(1884)刻本,續草二十年(1894)刻
本　一冊　存三卷(續草三卷)

430000－2412－0000109　2/5.20

蛩溪詩話十卷　(宋)黄徹撰　清光緒重刻武
英殿聚珍版本　一冊

430000－2412－0000110　2/5.21

劉禮部集十二卷　(清)劉逢禄撰　清道光十
年(1830)刻本　五冊　缺二卷(九至十)

430000－2412－0000111　2/5.22

飛鴻延年紀事詩一卷　觀海對潮樓主人撰
清宣統二年(1910)鉛印本　一冊

430000－2412－0000112　2/5.24

堵文忠公集十卷附錄一卷　(明)堵允錫撰
清光緒十三年(1887)刻本　二冊　存四卷
(八至十、附錄一卷)

430000－2412－0000113　2/5.26

王施合注蘇東坡詩全集　(宋)王十朋輯注
清乾隆四十七年(1782)文蔚堂刻本　一冊

存首冊年譜

430000－2412－0000114　2/5.27

東坡集　(宋)蘇軾撰　清道光刻三蘇集本
五冊　存十四卷(三十一至三十二、三十七至
三十八、七十一至七十二、七十七至八十四)

430000－2412－0000115　2/5.27(1)

東坡集　(宋)蘇軾撰　清道光刻三蘇集本
六冊　存十一卷(六至七、二十二至二十四、
三十一至三十四、四十一至四十二)

430000－2412－0000116　2/5.28

東坡詩選　(宋)蘇軾撰　(明)譚元春選　明
刻本　三冊　存九卷(二至十)

430000－2412－0000117　2/5.29

養知書屋文集二十卷詩集十五卷　(清)郭嵩
燾撰　清光緒十八年(1892)刻本　十五冊
缺三卷(文集八至十)

430000－2412－0000118　2/5.32

漢南集一卷　(清)嚴如煜撰　清樂園詩稿刻
本　一冊　存一卷(一)

430000－2412－0000119　2/5.33

斜川集六卷　(宋)蘇過撰　清道光刻三蘇集
本　一冊　存二卷(三至四)

430000－2412－0000120　2/5.37

夏小正集說四卷存說一卷　(清)程鴻詔撰
清刻本　二冊

430000－2412－0000121　2/5.38

八指頭陀詩集十卷　(清)釋敬安撰　清光緒
二十四年(1898)葉德輝刻本　二冊

430000－2412－0000122　2/5.39

八指頭陀詩集五卷雜文一卷　(清)釋敬安撰
清光緒十四年(1888)葉德輝刻本　一冊

430000－2412－0000123　2/5.40

陳檢討集　(清)陳維崧撰　(清)程師恭注
清刻本　二冊　存八卷(十三至二十)

430000－2412－0000124　2/5.41

遺園詩集一卷　(清)王尚辰撰　畏隱廬雜作
一卷　(清)肥上一民編　澹雅居小草一卷

（清）王德名撰　**枚蓀遺草一卷**　（清）王德棻撰　清光緒木活字印本　一冊

430000－2412－0000125　2/5.47

說文逸字二卷　（清）鄭珍撰　清咸豐八年（1858）刻本　一冊

430000－2412－0000126　2/5.48

陸士衡文集十卷附札記　（晉）陸機撰　清刻小萬卷樓叢書本　一冊

430000－2412－0000127　2/5.49

濟上停雲集一卷租船詠史集一卷冶城絜養集二卷　（清）孫星衍撰　清刻芳茂山人詩錄本　一冊

430000－2412－0000128　2/5.50

石林居士建康集　（宋）葉夢得撰　清宣統三年（1911）長沙葉氏觀古堂刻本　一冊　存六卷（五至十）

430000－2412－0000129　2/5.51

魏興士文集六卷　（清）魏世傑撰　清道光二十五年（1845）刻寧都三魏文集本　一冊

430000－2412－0000130　2/5.52

雲陽集四卷　（元）李祁撰　清嘉慶十九年（1814）茶陵劉元屏刻本　二冊

430000－2412－0000131　2/5.53

看雲草堂集八卷　（清）尤侗撰　清刻西堂全集本　二冊

430000－2412－0000132　2/5.56

小石帆生詞四卷　（清）趙福云撰　清咸豐十年（1860）刻本　一冊

430000－2412－0000133　2/5.57

謝宣城集五卷　（南朝齊）謝朓撰　清同治永康胡氏退補齋刻本　一冊

430000－2412－0000134　2/5.58

謝宣城集五卷　（南朝齊）謝朓撰　清嘉慶元年（1796）吳騫刻本　一冊

430000－2412－0000135　2/5.59

何大復詩集二十六卷　（明）何景明撰　清光緒長沙張氏湘雨樓刻本　二冊　存十一卷（一至十一）

430000－2412－0000136　2/5.60

邊華餘詩集七卷　（明）邊貢撰　清光緒長沙張氏湘雨樓刻本　三冊　缺一卷（七）

430000－2412－0000137　2/5.61

陽晦堂詩集二卷　（清）劉蓉撰　清光緒三年（1877）思賢講舍刻本　一冊

430000－2412－0000138　3/1.1

恒齋文集十二卷　（清）李文炤撰　清乾隆四為堂刻本　五冊

430000－2412－0000139　3/1.2

淮海集四十卷後集六卷又三卷　（宋）秦觀撰　清同治十二年（1873）刻本　十冊

430000－2412－0000140　3/1.3

黃漳浦集五十卷　（明）黃道周撰　清道光十四年（1834）福州陳氏刻本　二十六冊　缺十七卷（一至十二、二十六至二十七、三十、三十七至三十八）

430000－2412－0000141　3/1.4

浮沚集九卷　（宋）周行已撰　清重刻武英殿聚珍版書本　二冊　存六卷（一至六）

430000－2412－0000142　3/1.5

海峰文集八卷　（清）劉大櫆撰　清同治邢邱劉氏刻本　三冊　存二卷（三至四）

430000－2412－0000143　3/1.6

陶山集十六卷　（宋）陸佃撰　清重刻武英殿聚珍版書本　一冊　存十二卷（一至十二）

430000－2412－0000144　3/1.9

莊子集解八卷　王先謙撰　清宣統二年（1910）思賢書局刻本　四冊

430000－2412－0000145　3/1.10

潛研堂文集五十卷詩集十卷詩續集十卷　（清）錢大昕撰　清嘉慶十一年（1806）刻本　二十二冊　缺五卷（文集十二、十九、三十八至四十）

430000－2412－0000146　3/1.11

岳忠武王文集八卷首一卷末一卷　（宋）岳飛

撰　清光緒十二年(1886)上海簡玉山房刻本
　一冊　存一卷(首一卷)

430000－2412－0000147　3/1.12
論語集註十卷　(宋)朱熹撰　清刻本　二冊

430000－2412－0000148　3/1.12(1)
論語集註十卷　(宋)朱熹撰　清刻本　一冊
　存五卷(一至五)

430000－2412－0000149　3/2.1
袞遺草堂詩鈔十卷息柯白賤七卷息柯雜著六
卷　(清)楊瀚撰　清同治十二年(1873)羊城
九曜山房刻本　八冊

430000－2412－0000150　3/2.2
陸宣公集二十二卷　(唐)陸贄撰　清刻本
六冊　缺二卷(十六至十七)

430000－2412－0000151　3/2.3
陸宣公集二十二卷　(唐)陸贄撰　清雍正年
羹堯刻本　一冊　存十卷(一至十)

430000－2412－0000152　3/2.4
陸宣公集二十二卷　(唐)陸贄撰　清同治善
化楊氏刻本　一冊　存五卷(九至十三)

430000－2412－0000153　3/2.5
忠雅堂文集十二卷　(清)蔣士銓撰　清乾隆
五十一年(1786)刻本(藏園藏板)　六冊

430000－2412－0000154　3/2.6
石笥山房文集五卷補遺一卷　(清)胡天游撰
　清宣統元年(1909)國學扶輪社鉛印本　二
冊　存四卷(一至四)

430000－2412－0000155　3/2.7
龍氏外集三卷　(清)龍正楷輯　清光緒十四
年(1888)武陵龍氏刻本　一冊

430000－2412－0000156　3/2.8
湘中草六卷　(清)湯傳楹撰　清康熙二十四
年(1685)刻本　二冊

430000－2412－0000157　3/2.9
壽梅山房詩存一卷　(清)李謨撰　**附磨綺室
詩存一卷**　(清)丁蓉綬撰　清光緒十年
(1884)長沙王氏刻本　一冊

430000－2412－0000158　3/2.10
湖天曉角詞二卷函齋四書文二卷　(清)程霖
壽撰　清光緒二十七年(1901)寧鄉程氏刻本
　一冊

430000－2412－0000159　3/2.11
清尊集十六卷　(清)汪遠孫輯　清道光十九
年(1839)錢塘汪氏刻本　三冊　缺四卷(一
至四)

430000－2412－0000160　3/2.11(1)
清尊集十六卷　(清)汪遠孫輯　清道光十九
年(1839)錢塘汪氏刻本　二冊　存八卷(一
至四、九至十二)

430000－2412－0000161　3/2.12
金華文萃　(清)胡鳳丹編　清同治退補齋刻
本　二冊　存四卷(二、四至六)

430000－2412－0000162　3/2.13
阮步兵集一卷　(三國魏)阮籍撰　明刻漢魏
百三名家集本　一冊

430000－2412－0000163　3/2.14
諸葛丞相集一卷　(三國蜀)諸葛亮撰　明刻
漢魏六朝百三名家集本　一冊

430000－2412－0000164　3/2.15
諸葛武侯集四卷　(三國蜀)諸葛亮撰　清光
緒二十三年(1897)湘南書局刻本　二冊

430000－2412－0000165　3/2.16
復初齋文集三十五卷　(清)翁方綱撰　清道
光十六年(1836)刻光緒三年(1877)重校印本
　八冊

430000－2412－0000166　3/2.17
庾開府集二卷　(北周)庾信撰　清同治永康
胡氏退補齋刻本　一冊　缺一卷(上)

430000－2412－0000167　3/2.18
文清公薛先生文集二十四卷　(明)薛瑄撰
(明)張鼎編輯　清雍正十二年(1734)刻本
五冊　缺二卷(一至二)

430000－2412－0000168　3/2.19
袞碧齋詩集附詞一卷　(清)陳銳撰　清光緒

十二年(1886)京師刻本　一冊

430000－2412－0000169　3/2.20

游定夫先生集六卷末一卷　(宋)游酢撰　清同治七年(1868)刻本　一冊　缺三卷(一至三)

430000－2412－0000170　3/2.21

新疆賦一卷　(清)徐松撰　清光緒八年(1882)元尚居刻本　一冊

430000－2412－0000171　3/2.22

悅心集五卷　(清)世宗胤禛輯　清重刻武英殿聚珍版書本　一冊

430000－2412－0000172　3/3.1

陶靖節集八卷　(晉)陶潛撰　清光緒五年(1879)長沙傅忠書局刻本　二冊

430000－2412－0000173　3/3.1(1)

陶靖節集八卷　(晉)陶潛撰　清光緒五年(1879)長沙傅忠書局刻本　二冊

430000－2412－0000174　3/3.2

淵穎集十二卷　(元)吳萊撰　清同治永康胡氏退補齋刻本　二冊　存五卷(一至五)

430000－2412－0000175　3/3.3

馮氏清芬集　(清)馮詢輯　清光緒元年(1875)上海權署刻本　一冊

430000－2412－0000176　3/3.4

歐陽文忠公全集　(宋)歐陽修撰　清歐陽衡刻本　十三冊　存八十二卷(一至五十一、五十七至六十九、九十七至一百三、一百十九至一百二十六、一百三十四至一百三十六)

430000－2412－0000177　3/3.6

問字堂集六卷　(清)孫星衍撰　清光緒十一年(1885)長沙王氏刻芳茂山人文集本　三冊

430000－2412－0000178　3/3.7

存研樓文集十六卷　(清)儲大文撰　清光緒元年(1875)儲適菜、儲適槐刻本　四冊　存五卷(九至十三)

430000－2412－0000179　3/3.8

柯山集五十卷拾遺十二卷續拾遺一卷　(宋)

張耒撰　清重刻武英殿聚珍版書本　六冊　存二十八卷(十至十四、二十一至二十五、四十至五十,拾遺三至九)

430000－2412－0000180　3/3.9

李義山詩集三卷首一卷　(唐)李商隱撰　(清)朱鶴齡箋注　清同治九年(1870)廣州倅署套印本　三冊　缺一卷(首一卷)

430000－2412－0000181　3/3.10

八家四六　(清)吳鼒輯　(清)許貞幹註　清刻本　一冊　存二卷(問字堂外集一卷、思補堂文集一卷)

430000－2412－0000182　3/3.11

小酉腴山館文集十二卷詩集八卷　(清)吳大廷撰　清光緒五年(1879)刻本　四冊　缺六卷(文集七至十二)

430000－2412－0000183　3/3.13

鴻旅山莊文集七卷詩集四卷外集三卷　(清)郭世嶔撰　清光緒二十五年(1899)漳江書院刻本　四冊

430000－2412－0000184　3/3.14

沈下賢文集十二卷　(唐)沈亞之撰　清光緒二十一年(1895)善化童光漢刻本　二冊

430000－2412－0000185　3/3.15

班蘭臺集一卷　(漢)班固撰　明刻漢魏六朝百三名家集本　一冊

430000－2412－0000186　3/3.17

秋室集十卷　(清)楊鳳苞撰　清光緒十一年(1885)湖州陸氏刻本　三冊

430000－2412－0000187　3/3.19

海叟詩集四卷附錄一卷　(清)袁凱撰　清宣統三年(1911)江西印刷局石印本　二冊

430000－2412－0000188　3/3.20

陳伯玉文集三卷詩集二卷附錄一卷　(唐)陳子昂撰　清咸豐四年(1854)刻本　四冊

430000－2412－0000189　3/3.20(1)

陳伯玉文集三卷詩集二卷附錄一卷　(唐)陳子昂撰　清咸豐四年(1854)刻本　一冊　存

一卷(文集三)

430000－2412－0000190　3/4.1
江忠烈公遺集二卷　(清)江忠源撰　清同治
三年(1864)刻本　一冊

430000－2412－0000191　3/4.2
爾雅集解十九卷　王闓運撰　清光緒刻本
四冊

430000－2412－0000192　3/4.2(1)
爾雅集解十九卷　王闓運撰　清光緒刻本
三冊　缺二卷(二至三)

430000－2412－0000193　3/4.3
高陽集十六卷　(明)孫承宗撰　清順治刻本
九冊

430000－2412－0000194　3/4.5
李文莊公全集十卷　(明)李騰芳撰　清光緒
二年(1876)刻本　一冊　存二卷(九至十)

430000－2412－0000195　3/4.6
禹貢集解二卷　(宋)傅寅撰　清同治八年
(1869)永康胡氏退補齋刻本　二冊

430000－2412－0000196　3/4.7
北嶽山房文集十四卷詩集四卷駢文二卷
(清)閻鎮珩撰　清光緒刻本　三冊　存十卷
(三至十二)

430000－2412－0000197　3/4.8
王侍中集一卷　(三國魏)王粲撰　明刻漢魏
六朝百三名家集本　一冊

430000－2412－0000198　3/4.10
空同詩集三十四卷　(明)李夢陽撰　清光緒
二十六年(1900)渭南晉氏刻本　七冊　缺十
卷(七至十三、二十四至二十六)

430000－2412－0000199　3/4.11
適龕詩集十四卷　(清)彭湘撰　清光緒元年
(1875)安徽學院刻本　四冊

430000－2412－0000200　3/4.14
楊忠愍公集五卷　(明)楊繼盛撰　清同治七
年(1868)楚醴景萊書屋刻本　三冊　缺一卷
(一)

430000－2412－0000201　3/4.15
田硯齋文集二卷　(清)儲榮槐撰　清光緒七
年(1881)刻本　一冊　存一卷(上)

430000－2412－0000202　3/4.16
枰湖文集十二卷　(清)吳敏樹撰　清光緒十
九年(1893)思賢講舍刻本　四冊

430000－2412－0000203　3/4.19
填詞圖譜六卷　(清)賴以邠撰　清康熙刻本
三冊　存四卷(二至五)

430000－2412－0000204　3/4.20
西藏賦一卷　(清)和寧撰　清光緒八年
(1882)元尚居刻本　一冊

430000－2412－0000205　3/4.21
新聯集古□□卷　(清)劉慶觀輯　清刻本
一冊　存三卷(五至七)

430000－2412－0000206　3/4.22
離騷九歌釋一卷　(清)畢大琛撰　清光緒十
八年(1892)補學齋刻本　一冊

430000－2412－0000207　3/4.23
侯鯖詞　(清)吳唐林輯　清光緒十一年
(1885)刻本　一冊　存二卷(空一切庵詞一
卷、瓊華室詞一卷)

430000－2412－0000208　3/4.24
江令君集一卷　(南朝陳)江總撰　明刻漢魏
六朝百三名家集本　一冊

430000－2412－0000209　3/4.27
舒文靖集二卷　(宋)舒璘撰　清光緒二十二
年(1896)四明千卷樓刻本　一冊　存一卷
(上)

430000－2412－0000210　3/4.28
武陵龍氏先集搜遺三卷　(清)龍正楷輯　清
光緒刻本　一冊　存二卷(一至二)

430000－2412－0000211　3/5.1
十六國春秋一百卷　(北魏)崔鴻撰　清光緒
元年(1875)湖北崇文書局刻本　十冊　缺十
九卷(十三至二十一、八十一至九十)

430000－2412－0000212　3/5.2

春秋宗經錄十四卷　（清）楊丕復撰　清嘉慶四年(1799)楊彝珍刻本　五十五冊　缺三卷(十至十二)

430000－2412－0000213　3/5.3

左傳紀事本末五十三卷　（清）高士奇撰　清光緒二十四年(1898)思賢書局刻本　七冊　存三十二卷(一至三十、五十一至五十二)

430000－2412－0000214　3/5.4

續春秋左氏博議二卷　（清）王夫之撰　清同治四年(1865)刻船山遺書本　一冊

430000－2412－0000215　3/5.4(1)

續春秋左氏博議二卷　（清）王夫之撰　清同治四年(1865)刻船山遺書本　一冊

430000－2412－0000216　3/5.5

春秋公羊傳箋十一卷　王闓運撰　清光緒三十四年(1908)刻本　六冊

430000－2412－0000217　3/5.5(1)

春秋公羊傳箋十一卷　王闓運撰　清光緒三十四年(1908)刻本　三冊　存四卷(三至六)

430000－2412－0000218　3/5.6

春秋左傳註疏附校勘記六十卷　（晉）杜預註　（唐）陸德明音義　（唐）孔穎達疏　清同治十二年(1873)江西書局重修嘉慶南昌府學刻本　二十五冊

430000－2412－0000219　3/5.7

春秋集傳十卷　（清）李文炤撰　清乾隆四為堂刻本　五冊

430000－2412－0000220　3/6.1

春秋繁露十七卷　（漢）董仲舒撰　（清）凌曙註　清同治刻古經解匯函本　三冊

430000－2412－0000221　3/6.2

春秋繁露十七卷　（漢）董仲舒撰　清光緒八年(1882)淮南書局刻本　二冊

430000－2412－0000222　3/6.3

春秋繁露十七卷　（漢）董仲舒撰　清光緒二十年(1894)刻本　三冊

430000－2412－0000223　3/6.4

春秋繁露義證十七卷　（清）蘇輿撰　清宣統二年(1910)刻本　三冊　缺七卷(十一至十七)

430000－2412－0000224　3/6.5

春秋釋疏二卷　（清）王夫之撰　清同治四年(1865)刻船山遺書本　一冊

430000－2412－0000225　3/6.6

春秋釋例十五卷　（晉）杜預撰　清刻古經解匯函本　八冊

430000－2412－0000226　3/6.7

春秋世論五卷　（清）王夫之撰　清刻古經解匯函本　二冊

430000－2412－0000227　3/6.7(1)

春秋世論五卷　（清）王夫之撰　清刻古經解匯函本　二冊

430000－2412－0000228　3/6.8

春秋左傳三十卷　（明）戴文光標釋　明天啟必有齋刻本　三冊　存十七卷(一至八、二十二至三十)

430000－2412－0000229　3/6.9

春秋穀梁傳十二卷　（晉）范寧集解　（唐）陸德明音義　清光緒二十二年(1896)湖南仁記書局刻本　五冊

430000－2412－0000230　3/6.10

春秋左傳　（晉）杜預註　（宋）林堯叟附註　清刻本　五冊　存十六卷(五至八、十五至十七、二十五至二十七、三十一至三十六)

430000－2412－0000231　3/6.11

春秋經傳集解三十卷　（清）馮李驊增訂　清刻本　一冊　存二卷(二十二至二十三)

430000－2412－0000232　3/6.12

春秋經傳集解三十卷　（晉）杜預註　（唐）陸德明音義　（宋）林堯叟附註　（清）馮李驊增訂　清光緒二十八年(1902)新化三味書室刻本　十六冊

430000－2412－0000233　4/1.1

監本附音春秋公羊註疏　（漢）何休撰　清盧

宣旬校定刻本　六冊　存十七卷(六至十、十
四至二十五)

430000－2412－0000234　4/1.2

欽定春秋傳說彙纂　(清)王掞等撰　清刻本
　三冊　存八卷(二十五至二十六、三十一至
三十三、三十六至三十八)

430000－2412－0000235　4/1.3

春秋穀梁經傳補註二十四卷　(清)鍾文烝撰
　清同治七年(1868)刻本　四冊　存十三卷
(一至五、十至十二、十五至十九)

430000－2412－0000236　4/1.4

春秋經傳集解附考證三十卷　(晉)杜預撰
(唐)陸德明音義　清刻本　六冊　缺二卷
(十三至十四)

430000－2412－0000237　4/1.5

春秋十六卷　明刻本　十冊　存十二卷(一
至三、五至十一、十五至十六)

430000－2412－0000238　4/1.6

春秋筆削微旨二十六卷　(清)劉紹攽集註
清同治十二年(1873)刻本　三冊　存十二卷
(十一至二十二)

430000－2412－0000239　4/1.7

春秋通論六卷　(清)劉紹攽撰　清同治十二
年(1873)刻本　一冊　存三卷(四至六)

430000－2412－0000240　4/1.8

春秋家說三卷　(清)王夫之撰　清同治四年
(1865)刻船山遺書本　三冊

430000－2412－0000241　4/1.8(1)

春秋家說三卷　(清)王夫之撰　清同治四年
(1865)刻船山遺書本　二冊　缺一卷(二)

430000－2412－0000242　4/1.9

吳越春秋六卷　(漢)趙曄撰　(宋)游桂校
清抄本　二冊

430000－2412－0000243　4/1.10

吳越春秋六卷　(漢)趙曄撰　(清)汪士漢考
校　清康熙刻秘書二十一種本　一冊

430000－2412－0000244　4/1.11

吳越春秋六卷　(漢)趙曄撰　清刻增訂漢魏
叢書本　一冊

430000－2412－0000245　4/1.13

春秋微旨三卷　(唐)盧淳撰　清同治刻古經
解匯函本　一冊

430000－2412－0000246　4/1.14

春秋列國論二十四卷　(明)張溥撰　明崇禎
刻本　三冊　存二十一卷(四至二十四)

430000－2412－0000247　4/1.15

春秋例表八篇　(清)王代豐撰　清光緒三十
四年(1908)衡陽東洲刻本　二冊

430000－2412－0000248　4/1.15(1)

春秋例表八篇　(清)王代豐撰　清光緒三十
四年(1908)衡陽東洲刻本　二冊

430000－2412－0000249　4/1.16

春秋　清寫刻本　二冊　存二卷(一至二)

430000－2412－0000250　4/2.1

呂氏春秋二十六卷　(戰國)呂不韋撰　清崇
文書局刻本　一冊　存七卷(二十至二十六)

430000－2412－0000251　4/2.2

春秋列典十五卷　(清)薛虞畿撰　清文字歡
娛室刻嶺南叢書本　三冊

430000－2412－0000252　4/2.3

讀經講義　向上文撰　清光緒三十四年
(1908)湖南西路師範學堂鉛印本　二冊　存
春秋左傳講義、書經講義

430000－2412－0000253　4/2.4

春秋董氏學八卷　康有為撰　清光緒上海大
同譯書局刻本　一冊　存二卷(一至二)

430000－2412－0000254　4/2.5

春秋古經說二卷穀梁禮證二卷　(清)侯康撰
　清道光三十年(1850)南海伍氏刻粵雅堂叢
書本　一冊

430000－2412－0000255　4/2.6

春秋啖趙集傳纂例十卷　(唐)陸淳撰　清同
治刻古經解匯函本　三冊

430000－2412－0000256　4/2.7

春秋經傳集解三十卷　清刻本　二十一冊
缺一卷(三十)

430000－2412－0000257　4/2.8

評點春秋綱目句解左傳匯雋六卷　(清)韓葵
重訂　清光緒二十年(1894)德裕局刻本　四
冊　存四卷(一至二、四、六)

430000－2412－0000258　4/2.9

欽定詩經傳說彙纂二十一卷首二卷　(清)
王鴻緒等撰　清刻本　十五冊　存二十
一卷

430000－2412－0000259　4/3.1

春秋左傳杜註三十卷首一卷　(清)姚培謙撰
清同治五年(1866)金陵書局刻本　四冊
存十一卷(二至七、十二至十六)

430000－2412－0000260　4/3.1(1)

春秋左傳杜註三十卷首一卷　(清)姚培謙撰
清同治五年(1866)金陵書局刻本　一冊
存三卷(十四至十六)

430000－2412－0000261　4/3.2

春秋左傳杜註三十卷首一卷　(清)姚培謙撰
清同治五年(1866)金陵書局刻本　十冊

430000－2412－0000262　4/3.2(1)

春秋左傳杜註三十卷首一卷　(清)姚培謙撰
清同治五年(1866)金陵書局刻本　二冊
存七卷(二十至二十六)

430000－2412－0000263　4/3.3

續字學舉隅一卷　(清)汪敘疇撰　清光緒二
年(1876)刻本(本宅藏板)　一冊

430000－2412－0000264　4/3.4

書經注十二卷　(宋)金履祥撰　清光緒五年
(1879)吳興陸氏十萬卷樓刻本　六冊

430000－2412－0000265　4/3.5

八銘塾鈔二集　(清)吳懋政編　清刻本　一
冊　存上孟

430000－2412－0000266　4/3.5

山海經十八卷　(晉)郭璞傳　(清)畢沅校

清光緒十六年(1890)盟寒山房刻本　一冊
存二卷(一至二)

430000－2412－0000267　4/3.6

山海經十八卷　(晉)郭璞傳　(明)吳中珩校
清刻本　一冊

430000－2412－0000268　4/3.6

圖注八十一難經辨真四卷　(明)張世賢圖注
清刻本　一冊　存一卷(一)

430000－2412－0000269　4/3.7

山海經十八卷　(晉)郭璞傳　(清)畢沅校
清刻本　二冊　缺四卷(一至四)

430000－2412－0000270　4/3.7

山海經十八卷　(晉)郭璞傳　清上海掃葉山
房石印本　一冊　存四卷(四至七)

430000－2412－0000271　4/3.9

春秋左氏傳補註十二卷　(清)沈欽韓撰　清
道光元年(1821)刻本　二冊

430000－2412－0000272　4/3.10

呂氏春秋考異一卷　黃嗣艾纂輯　清漢陽黃
氏刻本　一冊

430000－2412－0000273　4/3.11

拙公詩鈔二卷　(清)黃道增撰　清光緒十八
年(1892)木活字印本　一冊

430000－2412－0000274　4/3.12

爾雅匡名二十卷　(清)嚴元照撰　清光緒十
四年(1888)南菁書院刻本　三冊

430000－2412－0000275　4/3.13

說文引經考證八卷　(清)陳瑑撰　清同治十
三年(1874)崇文書局刻本　一冊　存四卷
(五至八)

430000－2412－0000276　4/3.15

評點春秋綱目左傳句解匯雋六卷　(清)韓葵
重訂　清上海錦章圖書局石印本　四冊　缺
二卷(三、六)

430000－2412－0000277　4/3.16

**重訂合孫月峰先生批點春秋左傳詳節句解六
卷**　(宋)朱申注釋　(明)孫鑛批點　清刻本

一冊　存一卷(一)

430000－2412－0000278　4/3.17

重訂合孫月峰先生批點春秋左傳詳節句解六卷　(宋)朱申注釋　(明)孫鑛批點　清光緒湖南書局刻本　六冊

430000－2412－0000279　4/4.1

水經註四十卷　(北魏)酈道元撰　清乾隆古閩晏湖張氏勵志書屋刻本　十五冊　缺二卷(三十九至四十)

430000－2412－0000280　4/4.2

水經註四十卷　(北魏)酈道元撰　清江西新城楊希閔臥雲樓刻本　八冊　存三十四卷(三至二十二、二十七至四十)

430000－2412－0000281　4/4.3

匡謬正俗八卷　(唐)顏師古撰　清刻小學匯函本　一冊

430000－2412－0000282　4/4.3(1)

匡謬正俗八卷　(唐)顏師古撰　清刻小學匯函本　二冊

430000－2412－0000283　4/4.4

匡謬正俗八卷　(唐)顏師古撰　清刻本　一冊

430000－2412－0000284　4/4.5

五經小學述二卷　(清)莊述祖撰　清光緒九年(1883)刻本　一冊

430000－2412－0000285　4/4.6

五經類編二十八卷　(清)周世梓編　清道光七年(1827)刻本(文光堂藏板)　十冊　缺二卷(二至三)

430000－2412－0000286　4/4.7

五經同異三卷　(清)顧炎武撰　清常熟蔣氏省吾堂刻本　二冊

430000－2412－0000287　4/4.9

五經異義疏證三卷　(漢)許慎　(清)陳壽祺撰　清嘉慶十八年(1813)王捷南刻本　三冊

430000－2412－0000288　4/4.10

說文徐氏新補新附考證一卷　(清)錢大昭撰　清光緒十七年(1891)南陵徐氏刻本　一冊

430000－2412－0000289　4/4.11

輶軒使者絕代語釋別國方言箋疏十三卷　(清)錢繹撰　清光緒南陵徐氏積學齋刻本　三冊　存十一卷(一至十一)

430000－2412－0000290　4/4.13

詩經精義匯鈔四卷　(清)陸錫璞輯　清道光十八年(1838)刻本　六冊

430000－2412－0000291　4/4.14

水經二卷　(漢)桑欽撰　清刻漢魏叢書本　一冊

430000－2412－0000292　4/4.15

重編九經字樣一卷　(唐)孫愐編　清刻本　一冊

430000－2412－0000293　4/4.16

佩文詩韻釋要五卷　(清)周兆基輯　(清)陸潤庠重編　清宣統三年(1911)上海商務印書館石印本　二冊

430000－2412－0000294　4/4.17

爾雅註疏十一卷　(晉)郭璞註　(宋)邢昺疏　清刻本　一冊

430000－2412－0000295　4/4.18

爾雅註疏本正誤五卷　(清)張宗泰綴述　清光緒南陵徐氏積學齋刻本　一冊

430000－2412－0000296　4/4.18(1)

爾雅註疏本正誤五卷　(清)張宗泰綴述　清光緒南陵徐氏積學齋刻本　二冊

430000－2412－0000297　4/4.19

大廣益會玉篇三卷　(南朝梁)顧野王撰　清同治刻小學匯函本　二冊

430000－2412－0000298　4/4.20

大廣益會玉篇三卷　(南朝梁)顧野王撰　清道光三十年(1850)新化鄧氏邵州東山精舍刻本　三冊

430000－2412－0000299　4/5.1

巾經纂二十卷　(清)宋宗元撰　清道光二十

七年(1847)羅湘易文瀋達觀樓刻本　三冊　存十二卷(一至四、九至十六)

430000－2412－0000300　4/5.2

巾經纂二十卷　(清)宋宗元撰　清陸川李廷樟刻本　一冊　存四卷(十三至十六)

430000－2412－0000301　4/5.3

詩經八卷　(宋)朱熹集傳　上海商務印書館鉛印本　二冊　存四卷(五至八)

430000－2412－0000302　4/5.4

詩經八卷　(宋)朱熹集傳　清道光三十年(1850)刻本(種德堂藏板)　四冊

430000－2412－0000303　4/5.4(1)

詩經八卷　(宋)朱熹集傳　清道光三十年(1850)刻本(種德堂藏板)　二冊　存五卷(四至八)

430000－2412－0000304　4/5.5

相臺書塾刊正九經三傳沿革例一卷　(宋)岳珂撰　清嘉慶十九年(1814)刻本(揚州汪氏藤花榭藏板)　一冊

430000－2412－0000305　4/5.6

九經古義十六卷　(清)惠棟撰　清刻本　一冊　存三卷(一至三)

430000－2412－0000306　4/5.7

麓山精舍叢書　(清)陳運溶編　清光緒刻本　二冊

430000－2412－0000307　4/5.8

娛親雅言六卷　(清)嚴元照撰　清光緒十年(1884)吳興陸氏刻本　二冊

430000－2412－0000308　4/5.9

寄傲山房塾課纂輯書經備旨蔡注捷錄七卷　(清)鄒聖脈纂輯　清刻本　三冊　存五卷(一至三、六至七)

430000－2412－0000309　4/5.10

論語訓二卷　王闓運撰　清光緒十七年(1891)刻本　二冊

430000－2412－0000310　4/5.11

經義考實八卷　(清)李時溥撰　清刻本

四冊

430000－2412－0000311　4/5.12

比雅六卷　(清)洪亮吉撰　清光緒五年(1879)授經堂刻本　一冊

430000－2412－0000312　4/5.13

孟子說二卷　(明)辛全撰　清道光十一年(1831)柏經正堂刻本　一冊　存一卷(下)

430000－2412－0000313　4/5.14

六經正誤六卷　(宋)毛居正校勘　清康熙通志堂刻本　二冊

430000－2412－0000314　4/5.15

經義尋中十二卷　(清)楊琪光撰　清光緒十一年(1885)刻本　十一冊　缺一卷(八)

430000－2412－0000315　4/5.18

欽定書經傳說匯纂十八卷首二卷書序一卷　(清)王頊齡等撰　清道光十八年(1838)刻本　五冊　存十卷(七至十、十六至十八、二十一,首二卷)

430000－2412－0000316　4/5.19

鄭氏周易注三卷　(元)王應麟撰集　(清)惠棟增補　清同治刻古經解匯函本　一冊

430000－2412－0000317　4/5.20

周易四卷　(宋)朱熹本義　清舊學山房刻本　一冊　存三卷(二至四)

430000－2412－0000318　4/5.22

老子道德經二卷　(春秋)李耳撰　清重刻武英殿聚珍版書本　一冊

430000－2412－0000319　4/5.23

十三經註疏校勘記識語　(清)阮元撰　清光緒三年(1877)江西書局刻本　一冊

430000－2412－0000320　4/5.24

十三經集字摹本　(清)彭玉雯纂　清同治八年(1869)刻本　三冊

430000－2412－0000321　4/5.25

十三經獨斷　(清)趙曾望撰　清光緒十八年(1892)鉛印本　一冊

430000－2412－0000322　4/5.26

十三經摹字　（清）彭玉雯纂　清光緒八年
(1882)刻本　一冊

430000－2412－0000323　4/5.27

春秋穀梁經傳補註二十四卷　（清）鍾文烝撰
　清光緒二年(1876)刻本　一冊　存四卷
(十三至十六)

430000－2412－0000324　4/5.28

十一經音訓　（清）楊國楨撰　清道光十一年
(1831)刻本　一冊　存易經音訓

430000－2412－0000325　4/5.29

廣韻六卷　（宋）陳彭年撰　清道光三十年
(1850)新化鄧氏邵州東山精舍刻本　二冊
存二卷(一、四)

430000－2412－0000326　4/5.30

文公家禮儀節八卷　（明）邱濬輯　清刻本
三冊　存三卷(四至六)

430000－2412－0000327　4/6.1

群經宮室圖二卷　（清）焦循撰　清嘉慶五年
(1800)半九書塾刻本　二冊

430000－2412－0000328　4/6.3

儀禮私箋八卷　（清）鄭珍撰　清同治五年
(1866)成山唐氏刻本　二冊

430000－2412－0000329　4/6.3(1)

儀禮私箋八卷　（清）鄭珍撰　清同治五年
(1866)成山唐氏刻本　一冊　存三卷(六至
八)

430000－2412－0000330　4/6.4

說文答問疏證六卷　（清）薛傳均撰　清光緒
十年(1884)金峨山館刻本　一冊

430000－2412－0000331　4/6.5

家禮拾遺五卷　（清）李文炤撰　清乾隆善化
李氏四為堂刻本　一冊　存二卷(四至五)

430000－2412－0000332　4/6.6

左海經辨二卷　（清）陳壽祺撰　清道光三年
(1823)三山陳氏刻本　一冊　存一卷(上)

430000－2412－0000333　4/6.7

重編五經文字三卷　（清）孫偘編　清刻本
（天心閣藏板）　二冊　存一卷(中)

430000－2412－0000334　4/6.8

儀禮古今文疏義十七卷　（清）胡承珙撰　清
光緒三年(1877)湖北崇文書局刻本　四冊

430000－2412－0000335　4/6.9

說文聲繫十二卷　（清）姚文田撰　清嘉慶九
年(1804)粵東督學使署刻本　一冊　存六卷
(一至六)

430000－2412－0000336　4/6.10

說文管見三卷　（清）胡秉虔撰　清刻授經堂
叢書本　一冊

430000－2412－0000337　4/6.11

說文管見三卷　（清）胡秉虔撰　清刻本
一冊

430000－2412－0000338　4/6.12

說文繫傳校錄三十卷　（清）王筠撰　清道光
刻本　二冊　存十六卷(一至十六)

430000－2412－0000339　4/6.13

唱經堂語錄纂二卷唱經堂隨手錄一卷　（清）
金人瑞撰　清宣統三年(1911)順德鄧氏風雨
樓鉛印本　一冊

430000－2412－0000340　4/6.14

陰符經古注一卷　清光緒刻本　一冊

430000－2412－0000341　4/6.15

妙法蓮華經七卷　（後秦）釋鳩摩羅什譯　清
同治十年(1871)金陵刻經處刻本　二冊　存
五卷(三至七)

430000－2412－0000342　5/1.1

易經十二卷首一卷末一卷　（宋）朱熹本義
(宋)呂祖謙音訓　清同治四年(1865)金陵書
局刻本　二冊

430000－2412－0000343　5/1.2

易經八卷　（宋）程頤撰　清同治五年(1866)
金陵書局刻本　二冊　缺二卷(一至二)

430000－2412－0000344　5/1.3

周易四卷　（宋）朱熹本義　清道光三十年

(1850)刻本(種德堂藏板)　二冊

430000－2412－0000345　5/1.3(1)
周易四卷　（宋）朱熹本義　清道光三十年
(1850)刻本(種德堂藏板)　二冊

430000－2412－0000346　5/1.4
周易十卷附考證　（三國魏）王弼注　清刻相
臺五經本　四冊

430000－2412－0000347　5/1.4(1)
周易十卷附考證　（三國魏）王弼注　清刻相
臺五經本　二冊　存六卷(一至六)

430000－2412－0000348　5/1.5
新刻來瞿唐先生易注十五卷首一卷末一卷
（明）來知德撰　清同治十年(1871)長沙刻本
　八冊　缺五卷(五至九)

430000－2412－0000349　5/1.6
新刻來瞿唐先生易注十五卷首一卷末一卷
（明）來知德撰　清朝爽堂刻本　五冊　缺四
卷(一至四)

430000－2412－0000350　5/1.7
周易口訣義六卷　（唐）史徵撰　清同治刻古
經解匯函本　一冊

430000－2412－0000351　5/1.8
周易箋十一卷　王闓運撰　清光緒三十二年
(1906)東洲刻本　四冊

430000－2412－0000352　5/1.8(1)
周易箋十一卷　王闓運撰　清光緒三十二年
(1906)東洲刻本　二冊　存七卷(一至二、七
至十一)

430000－2412－0000353　5/1.9
周易荀氏注三卷　（漢）荀爽撰　清長沙娜嬛
館刻玉函山館輯佚書本　一冊

430000－2412－0000354　5/1.10
周易十卷附考證　（三國魏）王弼注　清光緒
九年(1883)長沙龍氏刻岳氏相臺五經本　三
冊　缺三卷(五至七)

430000－2412－0000355　5/1.11
周易內傳六卷　（清）王夫之撰　清同治刻船

山遺書本　五冊

430000－2412－0000356　5/1.11(1)
周易內傳六卷　（清）王夫之撰　清同治刻船
山遺書本　五冊　缺一卷(五)

430000－2412－0000357　5/1.12
周易本義拾遺六卷　（清）李文炤撰　清四為
堂刻本　三冊　缺一卷(二)

430000－2412－0000358　5/1.13
周易四卷　（宋）朱熹本義　清穆雲等刻本
二冊

430000－2412－0000359　5/1.14
周易外傳七卷　（清）王夫之撰　清同治刻船
山遺書本　四冊

430000－2412－0000360　5/1.14(1)
周易外傳七卷　（清）王夫之撰　清同治刻船
山遺書本　三冊

430000－2412－0000361　5/1.15
周易大象解一卷周易釋疏四卷　（清）王夫之
撰　清同治四年(1865)刻船山遺書本　一冊

430000－2412－0000362　5/2.1
讀易質疑二十卷　（清）汪璲撰　清康熙儀典
堂刻本　八冊　缺六卷(二至四、十八至二
十)

430000－2412－0000363　5/2.2
諸家易象別錄一卷虞氏易象匯編一卷　（清）
方申撰　清道光十九年(1839)刻本　一冊

430000－2412－0000364　5/2.3
經考五卷　（清）戴震撰　清南陵徐氏刻本
二冊

430000－2412－0000365　5/2.6
金剛般若波羅蜜經註解一卷　（明）釋宗泐
(明)釋如玘撰　清光緒二年(1876)長沙刻經
處刻本　一冊

430000－2412－0000366　5/2.8
新增詩經補註附考備旨八卷　（清）鄒聖脈纂
清務本堂刻本　四冊

430000－2412－0000367　5/2.10

大乘本生心地觀經　（唐）釋般若等譯　清刻經處刻本　一冊　存四卷（五至八）

430000－2412－0000368　5/2.11

元經薛氏傳　（隋）王通撰　（唐）薛收傳（宋）阮逸註　清刻漢魏叢書本　二冊　存五卷（四至八）

430000－2412－0000369　5/2.12

周官箋六卷　王闓運撰　清光緒二十二年（1896）東洲講舍刻本　三冊　存三卷（一、三、五）

430000－2412－0000370　5/2.13

春秋集傳辯疑十卷　（唐）陸淳撰　清同治刻古經解匯函本　一冊　存五卷（一至五）

430000－2412－0000371　5/2.14

春秋左氏傳地名補註十二卷　（清）沈欽韓撰　清光緒刻功順堂叢書本　一冊

430000－2412－0000372　5/2.15

經典釋文三十卷　（唐）陸德明撰　清同治刻通志堂經解本　二冊

430000－2412－0000373　5/2.16

四書釋地補一卷續補一卷又續補不分卷三續補不分卷　（清）樊廷枚撰　清梅陽海涵堂刻本　八冊

430000－2412－0000374　5/2.18

四書典故辨正二十卷　（清）周柄中撰　清刻本（賞奇閣藏板）　五冊　缺三卷（四至六）

430000－2412－0000375　5/2.19

繪圖四書速成新體讀本　清末寶慶榮□書室刻本　八冊

430000－2412－0000376　5/2.20

漱芳軒合纂四書體注　（清）范翔纂訂　清刻本　五冊

430000－2412－0000377　5/2.21

孟子說二卷　（明）辛全撰　清柏經正堂刻本　一冊

430000－2412－0000378　5/2.22

虛字說一卷　（清）袁仁林撰　清刻惜陰軒叢書本　一冊

430000－2412－0000379　5/2.23

維摩詰所說經三卷　（後秦）釋鳩摩羅什譯　清同治九年（1870）金陵刻經處刻本　一冊

430000－2412－0000380　5/2.24

維摩詰所說經三卷　（後秦）釋鳩摩羅什譯　清刻本　一冊　缺一卷（上）

430000－2412－0000381　5/2.26

金剛經詳釋二卷　（清）歐陽泰撰　清光緒二十四年（1898）鄂垣宏道堂刻本　一冊　存一卷（上）

430000－2412－0000382　5/2.27

大方廣佛華嚴經八十卷　（唐）釋實叉難陀譯　清刻經處刻本　十八冊　缺八卷（十七至二十、七十七至八十）

430000－2412－0000383　5/3.1

楞伽阿跋多羅寶經註解四卷　（明）釋宗泐（明）釋如𤦺撰　清光緒四年（1878）長沙刻經處刻本　二冊

430000－2412－0000384　5/3.1（1）

楞伽阿跋多羅寶經註解四卷　（明）釋宗泐（明）釋如𤦺撰　清光緒四年（1878）長沙刻經處刻本　一冊　存一卷（二）

430000－2412－0000385　5/3.3

禮經箋十卷　王闓運撰　清光緒二十二年（1896）東洲講舍刻本　三冊

430000－2412－0000386　5/3.4

禮經箋十卷　王闓運撰　清德陽劉子雄刻本　一冊　存四卷（一至四）

430000－2412－0000387　5/3.5

三字經註解備要二卷　（元）王應麟撰　（清）賀興思註解　清刻本　一冊

430000－2412－0000388　5/3.6

大方廣佛華嚴經疏序演義鈔八卷首一卷　（唐）釋澄觀撰　清長沙刻經處刻本　八冊

430000－2412－0000389　5/3.7

大方廣佛華嚴經八十卷　（唐）釋實叉難陀譯
　清刻經處刻本　十一冊　存四十四卷（一
至二十、二十五至四十、五十七至六十、七十
七至八十）

430000－2412－0000390　5/3.8

佛說無量壽經二卷　（三國魏）釋康僧鎧譯
　清同治十三年（1874）金陵刻經處刻本　一冊

430000－2412－0000391　5/3.10

書經精義匯鈔六卷　（清）陸錫璞撰　清刻本
　六冊

430000－2412－0000392　5/3.11

經韻備字二卷　（清）陳大醇編　清道光二十
八年（1848）武陵陳氏碩果山房刻本　二冊

430000－2412－0000393　5/3.12

經籍跋文一卷　（清）陳鱣撰　清道光十七年
（1837）刻本　一冊

430000－2412－0000394　5/3.13

大方廣圓覺修多羅了義經略疏二卷　（唐）釋
玄密述　清衡州報國寺刻本　二冊

430000－2412－0000395　5/3.14

羯磨儀式二卷　（清）書玉編　清康熙刻本
　二冊

430000－2412－0000396　5/3.15

妙法蓮華經八卷　（隋）釋闍那崛多　（隋）釋
達摩笈多添品譯　清初刻本　二冊　缺三卷
（一至三）

430000－2412－0000397　5/3.16

大慈恩寺三藏法師傳十卷　（唐）釋慧立本釋
　（唐）釋彥悰箋　清宣統元年（1909）常州天
寧寺刻本　三冊

430000－2412－0000398　5/3.17

大方廣圓覺經大疏十六卷　（唐）釋宗密撰
清宣統元年（1909）金陵刻經處刻本　四冊

430000－2412－0000399　5/3.18

佛說阿彌陀經疏鈔四卷　（明）釋袾宏述　清
光緒三十年（1904）長沙刻本　五冊

430000－2412－0000400　5/3.19

春秋左傳杜林匯參三十卷　（清）周正思合纂
　清乾隆十三年（1748）嵩山書院刻本　三冊
存四卷（一、七至八、十）

430000－2412－0000401　5/3.20

經史百家簡編二卷　（清）曾國藩纂　清傳忠
書局校刻曾文正公全集本　一冊　存一卷
（上）

430000－2412－0000402　5/3.21

神異經一卷　題（漢）東方朔撰　清崇文書局
刻百子全書本　一冊

430000－2412－0000403　5/4.1

欽定詩經傳說彙纂二十一卷首二卷　（清）
王鴻緒等撰　清刻本　一冊　存二卷（首二
卷）

430000－2412－0000404　5/4.2

欽定春秋傳說彙纂三十八卷　（清）王掞等撰
　清刻本　五冊　存十一卷（二十一至二十
四、二十六至三十、三十四至三十五）

430000－2412－0000405　5/4.3

經義一卷　（清）王夫之撰　清同治四年
（1865）刻船山遺書本　一冊

430000－2412－0000406　5/4.4

楚辭通釋十四卷末一卷　（清）王夫之撰　清
同治四年（1865）刻船山遺書本　一冊　存二
卷（一至二）

430000－2412－0000407　5/4.5

楚辭通釋十四卷末一卷　（清）王夫之撰　清
同治四年（1865）刻船山遺書本　二冊　缺三
卷（四至六）

430000－2412－0000408　5/4.6

詩經稗疏四卷　（清）王夫之撰　清同治四年
（1865）刻船山遺書本　三冊

430000－2412－0000409　5/4.6(1)

詩經稗疏四卷　（清）王夫之撰　清同治四年
（1865）刻船山遺書本　一冊　存一卷（一）

430000－2412－0000410　5/4.7

書經稗疏四卷　（清）王夫之撰　清同治四年

(1865)刻船山遺書本　二冊

430000－2412－0000411　5/4.7(1)

書經稗疏四卷　(清)王夫之撰　清同治四年
(1865)刻船山遺書本　三冊

430000－2412－0000412　5/4.8

書經六卷　(宋)蔡沈集傳　清道光二十六年
(1846)邵州鄧氏濂溪講院刻本　四冊　存四
卷(一至三、五)

430000－2412－0000413　5/4.9

書經六卷　(宋)蔡沈集傳　清江南城狀元閣
刻本　三冊　存三卷(一、三至四)

430000－2412－0000414　5/4.10

書經六卷　(宋)蔡沈集傳　清刻本　二冊
存二卷(四至五)

430000－2412－0000415　5/4.11

書經六卷　(宋)蔡沈集傳(配)　清刻本　四
冊　缺一卷(一)

430000－2412－0000416　5/4.12

書經六卷　(宋)蔡沈集傳　清刻本　一冊
存二卷(三至四)

430000－2412－0000417　5/4.14

群經平議三十五卷　(清)俞樾撰　清同治十
年(1871)刻本　十五冊　缺二卷(二十五至
二十六)

430000－2412－0000418　5/4.14

書經六卷　(宋)蔡沈集傳(配)　清寫刻本
一冊　存三卷(四至六)

430000－2412－0000419　5/4.14(1)

群經平議三十五卷　(清)俞樾撰　清同治十
年(1871)刻本　十一冊　缺三卷(三十三至
三十五)

430000－2412－0000420　5/4.14(1)

書經六卷　(宋)蔡沈集傳　清寫刻本　一冊
存三卷(四至六)

430000－2412－0000421　5/5.1

青照堂叢書　(清)李元春輯　清道光十五年
(1835)刻本　十五冊

430000－2412－0000422　5/5.2

禮記箋四十六卷　王闓運撰　清光緒二十二
年(1896)東洲講舍刻本　九冊　存三十六卷
(一至三十六)

430000－2412－0000423　5/5.2(1)

禮記箋四十六卷　王闓運撰　清光緒二十二
年(1896)東洲講舍刻本　六冊　存十卷(二
至四、十一至十三、十五至十八)

430000－2412－0000424　5/5.2(2)

禮記箋四十六卷　王闓運撰　清光緒二十二
年(1896)東洲講舍刻本　二冊　存七卷(一
至五、七至八)

430000－2412－0000425　5/5.3

禮記　(元)陳澔撰　清刻本　五冊　存五卷
(二至五、七)

430000－2412－0000426　5/5.4

禮記十卷　清同治五年(1866)金陵書局刻本
八冊　缺二卷(五至六)

430000－2412－0000427　5/5.5

禮記二十卷附考證　(漢)鄭玄注　清刻相臺
五經本　十冊

430000－2412－0000428　5/5.6

禮記十卷　(元)陳澔集說　清刻本(三讓堂
藏板)　一冊　存一卷(一)

430000－2412－0000429　5/5.7

欽定禮記義疏七十二卷　清刻本　十七冊
存三十五卷(二十六至三十八、五十一至七十
二)

430000－2412－0000430　5/6.1

禮書通故五十卷　(清)黃以周撰　清光緒十
九年(1893)黃氏試館刻本　二十五冊

430000－2412－0000431　5/6.2

三禮考注十卷　(元)吳澄撰　(明)焦竑校正
明萬曆三十八年(1610)刻本　六冊

430000－2412－0000432　5/6.3

周禮鄭注六卷　(漢)鄭玄注　(唐)陸德明音
義　清同治十三年(1874)湖南書局刻本

二册

430000－2412－0000433　5/6.4
周禮折衷四卷　（宋）魏了翁撰　清望三益齋刻本　二册

430000－2412－0000434　5/6.5
禮記約編十卷　（清）汪基撰　清末湖南學務公所刻本　一册　存二卷（一至二）

430000－2412－0000435　5/6.6
禮記解二卷　（宋）葉夢得撰　清宣統元年（1909）葉德輝刻本　一册

430000－2412－0000436　5/6.7
禮記補疏　（清）焦循撰　清嘉慶二十三年（1818）刻本　一册

430000－2412－0000437　5/6.8
禮記十卷　（元）陳澔集說　清光緒十六年（1890）桂垣書局刻本　四册　存四卷（一至二、六至七）

430000－2412－0000438　5/6.9
禮記十卷　（元）陳澔集說　清刻本　一册　存二卷（三至四）

430000－2412－0000439　5/6.10
禮記十卷　（元）陳澔集說　清寫刻本　七册　存七卷（一至七）

430000－2412－0000440　5/6.10（1）
禮記十卷　（元）陳澔集說　清寫刻本　四册　存四卷（三、五至七）

430000－2412－0000441　5/6.10（2）
禮記十卷　（元）陳澔集說　清寫刻本　三册　存二卷（五至六）

430000－2412－0000442　5/6.11
禮記二十卷　（漢）鄭玄註　清刻相臺五經本　十一册　缺二卷（十五至十六）

430000－2412－0000443　5/6.13
禮記精義鈔略　（清）陸錫璞纂　清道光七年（1827）刻本（大盛堂藏板）　九册

430000－2412－0000444　5/6.14

隸經雜著甲編三卷　（清）顧震福撰　清光緒十八年（1892）刻本　一册

430000－2412－0000445　5/6.15
思益梵天所問經四卷　（後秦）釋鳩摩羅什譯　清光緒五年（1879）金陵刻經處刻本　一册

430000－2412－0000446　5/6.17
南華經解□□卷　（清）宣穎撰　清刻本　一册　存一卷（一）

430000－2412－0000447　5/6.18
孝經一卷　（唐）玄宗李隆基註　（唐）陸德明音義　清光緒十二年（1886）湖北官書處重刻本　一册

430000－2412－0000448　6/1.1
北史一百卷　（唐）李延壽撰　中華書局石印清乾隆四年（1739）本　五册　存六十五卷（十一至四十五、五十八至八十七）

430000－2412－0000449　6/1.2
北史一百卷　（唐）李延壽撰　清同治十一年（1872）金陵書局刻本　十三册　存八十二卷（一至二十三、三十五至九十三）

430000－2412－0000450　6/1.3
北史一百卷　（唐）李延壽撰　清乾隆四年（1739）武英殿刻本　二十三册　缺七卷（六十四至七十）

430000－2412－0000451　6/1.4
北史一百卷　（唐）李延壽撰　明嘉靖刻萬曆遞修本　二十四册

430000－2412－0000452　6/2.1
漢書一百卷　（漢）班固撰　（唐）顏師古註　明崇禎十五年（1642）毛氏汲古閣刻本　十七册　缺四卷（二十一至二十四）

430000－2412－0000453　6/2.1（1）
漢書一百卷　（漢）班固撰　（唐）顏師古註　明崇禎十五年（1642）毛氏汲古閣刻本　二十六册

430000－2412－0000454　6/2.2
漢書一百卷　（漢）班固撰　（唐）顏師古註

清光緒十三年（1887）金陵書局刻本　十五冊　缺十二卷（一至十二）

430000－2412－0000455　6/2.3

漢書一百卷　（漢）班固撰　（唐）顏師古註　清乾隆四年（1739）武英殿刻本　二十二冊　缺二十四卷（一至二十四）

430000－2412－0000456　6/2.5

漢書一百卷　（漢）班固撰　（唐）顏師古註　清光緒十八年（1892）武林竹簡齋石印乾隆四年（1739）武英殿刻本　八冊

430000－2412－0000457　6/3.3

後漢書一百二十卷　（南朝宋）范曄撰　（唐）李賢註　清同治八年（1869）金陵書局刻本　十二冊

430000－2412－0000458　6/3.4

後漢書一百二十卷　（南朝宋）范曄撰　（唐）李賢註　清光緒十八年（1892）武林竹簡齋石印本　八冊

430000－2412－0000459　6/3.6

續漢志三十卷　（晉）司馬彪撰　（南朝梁）劉昭注　清韓江書局刻本　二冊

430000－2412－0000460　6/3.8

後漢書一百二十卷　（南朝宋）范曄撰　（唐）李賢註　清刻本　二冊　存七卷（十二至十六、四十九至五十）

430000－2412－0000461　6/3.9

史論五種　（清）李祖陶撰　清同治十年（1871）刻本（尚存樓藏板）　一冊

430000－2412－0000462　6/3.10

補後漢書藝文志四卷　（清）侯康撰　清道光三十年（1850）南海伍氏粵雅堂刻嶺南遺書本　一冊

430000－2412－0000463　6/4.1

元史二百十卷　（明）宋濂撰　清同治十三年（1874）江蘇書局刻本　二十六冊　存一百七十六卷（一至三十、四十八至一百十三、一百三十一至二百十）

430000－2412－0000464　6/4.3

欽定元史語解二十四卷　（清）高宗弘曆撰　清光緒四年（1878）江蘇書局刻本　四冊

430000－2412－0000465　6/4.4

元史紀事本末二十七卷　（明）陳邦瞻編輯　（明）張溥論正　清同治十三年（1874）江西書局刻本　三冊　存十九卷（一至十三、二十二至二十七）

430000－2412－0000466　6/4.5

史記菁華錄六卷　（清）姚苧田輯　清石印本　三冊　存三卷（二至三、六）

430000－2412－0000467　6/4.8

史記一百三十卷　（漢）司馬遷撰　（南朝宋）裴駰集解　（唐）司馬貞索隱　清光緒四年（1878）金陵書局刻本　八冊　存一百卷（一至三十、六十一至一百三十）

430000－2412－0000468　6/4.8(1)

史記一百三十卷　（漢）司馬遷撰　（南朝宋）裴駰集解　（唐）司馬貞索隱　清光緒四年（1878）金陵書局刻本　十七冊

430000－2412－0000469　6/4.9

南齊書五十九卷　（南朝梁）蕭子顯撰　明嘉靖至萬曆刻本　一冊　存七卷（二十至二十六）

430000－2412－0000470　6/4./5(1)

史記菁華錄六卷　（清）姚苧田輯　清石印本　一冊　存二卷（三至四）

430000－2412－0000471　6/4./5(2)

史記菁華錄六卷　（清）姚苧田輯　清石印本　一冊　存一卷（五）

430000－2412－0000472　6/5.1

史緯三百三十卷　（清）陳元錫撰　清同治九年（1870）溫陵輔仁堂刻本　九十八冊

430000－2412－0000473　6/5.2

南史八十卷　（唐）李延壽撰　清同治十一年（1872）金陵書局刻本　九冊　缺九卷（二十五至三十三）

430000－2412－0000474　6/5.3

南史八十卷　(唐)李延壽撰　明嘉靖至萬曆刻清順治遞修本　九冊

430000－2412－0000475　6/5.4

南史八十卷　(唐)李延壽撰　清乾隆四年(1739)武英殿刻本　十九冊　缺七卷(二十三至二十九)

430000－2412－0000476　7/1.1

金史一百三十五卷　(元)脫脫等撰　清同治十三年(1874)江蘇書局刻本　十七冊

430000－2412－0000477　7/1.1(1)

金史一百三十五卷　(元)脫脫等撰　清同治十三年(1874)江蘇書局刻本　二十三冊　缺五卷(四至八)

430000－2412－0000478　7/1.2

金文最六十卷首一卷　(清)張金吾輯　清光緒二十一年(1895)蘇州書局刻本　九冊　存三十三卷(九至十六、二十至三十、三十四至四十三、四十九至五十二)

430000－2412－0000479　7/1.3

金文雅十六卷　(清)莊仲方編　清光緒十七年(1891)江蘇書局刻本　四冊

430000－2412－0000480　7/1.3(1)

金文雅十六卷　(清)莊仲方編　清光緒十七年(1891)江蘇書局刻本　四冊

430000－2412－0000481　7/2.1

唐書二百二十五卷　(宋)歐陽修等撰　清同治十二年(1873)浙江書局刻本　四十冊

430000－2412－0000482　7/2.1(1)

唐書二百二十五卷　(宋)歐陽修等撰　清同治十二年(1873)浙江書局刻本　十九冊

430000－2412－0000483　7/3.1

李文恭公全集　(清)李星沅撰　清同治四年(1865)湘陰黎氏芋香山館刻本　二十一冊　存三十六卷(詩集八卷,文集三至十六,奏議一至九、十四、十六、十九至二十一)

430000－2412－0000484　7/3.2

李文山詩集三卷　(唐)李群玉撰　清光緒十八年(1892)慈利朱夢庚百漢碑齋重刻本　一冊

430000－2412－0000485　7/3.3

遼史一百十五卷　(元)脫脫等撰　清同治十二年(1873)江蘇書局刻本　八冊

430000－2412－0000486　7/3.4

遼史一百十六卷　(元)脫脫等撰　清石印本　一冊　存十六卷(四十八至六十三)

430000－2412－0000487　7/3.6

欽定遼史語解十卷　(清)高宗弘曆撰　清光緒四年(1878)江蘇書局刻本　一冊

430000－2412－0000488　7/3.7

陳書三十六卷　(唐)姚思廉撰　明萬曆刻清康熙遞修本　四冊

430000－2412－0000489　7/3.7(1)

陳書三十六卷　(唐)姚思廉撰　明萬曆刻清康熙遞修本　二冊　存十八卷(一至十八)

430000－2412－0000490　7/3.8

陳書三十六卷　(唐)姚思廉撰　明崇禎毛氏汲古閣刻本　四冊

430000－2412－0000491　7/3.9

陳書三十六卷　(唐)姚思廉撰　清同治十一年(1872)金陵書局刻本　二冊

430000－2412－0000492　7/3.10

遼史拾遺二十四卷　(清)厲鶚撰　清光緒元年(1875)江蘇書局刻本　六冊

430000－2412－0000493　7/3.11

遼史一百十六卷　(元)脫脫等撰　清光緒二十九年(1903)上海五洲同文書局石印本　六冊

430000－2412－0000494　7/4.1

晉書一百三十卷　(唐)太宗李世民撰　清同治十年(1871)金陵書局刻本　十三冊　存一百七卷(十五至七十八、八十八至一百三十)

430000－2412－0000495　7/4.3

晉書一百三十卷　(唐)太宗李世民撰　清乾

隆四年(1739)武英殿刻本　二十五冊　缺二十五卷(四十一至四十五、八十三至八十六、九十一至九十四、一百一至一百五、一百十二至一百十八)

430000－2412－0000496　7/4.4

晉書一百三十卷　(唐)太宗李世民撰　明嘉靖至萬曆刻清康熙遞修本　八冊　存二十六卷(二十二至二十四、三十一至三十七、四十二至四十六、七十九至八十四、八十六至八十八、一百二十九至一百三十)

430000－2412－0000497　7/5.1

沅湘耆舊集二百卷前編四十卷　(清)鄧顯鶴輯　(清)鄧琮編　清道光新化鄧氏小九華山樓刻本　五十五冊　缺二十三卷(七十二至七十六、一百二十四至一百二十七、一百三十三至一百三十七、一百七十九至一百八十三,前編十至十三)

430000－2412－0000498　7/5.2

宋論十五卷　(清)王夫之撰　清同治刻船山遺書本　二冊　存七卷(四至十)

430000－2412－0000499　7/5.3

宋書一百卷　(南朝梁)沈約撰　清同治十一年(1872)金陵書局刻本　十一冊　缺十一卷(九十至一百)

430000－2412－0000500　7/5.5

宋書一百卷　(南朝梁)沈約撰　明嘉靖至萬曆刻本　二冊　存六卷(二十五至二十八、三十六至三十七)

430000－2412－0000501　7/6.1

子史精華一百六十卷　(清)世宗胤禛撰　(清)吳士玉等纂　清刻本　二十二冊　缺四十九卷(五十八至六十二、一百十七至一百六十)

430000－2412－0000502　7/6.2

隋書八十五卷　(唐)魏徵等撰　清刻本　一冊

430000－2412－0000503　7/6.4

隋書八十五卷　(唐)魏徵等撰　清同治十年

(1871)淮南書局刻本　十四冊

430000－2412－0000504　7/6.4(1)

隋書八十五卷　(唐)魏徵等撰　清同治十年(1871)淮南書局刻本　七冊

430000－2412－0000505　7/6.5

隋書八十五卷　(唐)魏徵等撰　明嘉靖至萬曆刻清順治遞修本　五冊　存二十二卷(一至四、十九至二十一、三十六至四十一、五十九至六十三、八十二至八十五)

430000－2412－0000506　7/6.5(1)

隋書八十五卷　(唐)魏徵等撰　明嘉靖至萬曆刻清順治遞修本　六冊

430000－2412－0000507　7/6.5(2)

隋書八十五卷　(唐)魏徵等撰　明嘉靖至萬曆刻本　一冊　存四卷(十七至二十)

430000－2412－0000508　7/6.6

隋書八十五卷　(唐)魏徵等撰　清乾隆四年(1739)武英殿刻本　二十三冊　缺二卷(十六至十七)

430000－2412－0000509　8/1.1

明文在一百卷　(清)薛熙編　清光緒十五年(1889)江蘇書局刻本　五冊　存五十卷(十一至十八、三十七至四十八、五十八至八十七)

430000－2412－0000510　8/1.2

明史三百三十二卷　(清)張廷玉等撰　清刻本　六冊

430000－2412－0000511　8/1.3

明史三百三十二卷目錄四卷　(清)張廷玉等撰　清光緒三年(1877)崇文書局刻本　三十一冊　缺三十三卷(二十五至三十、四十七至六十二、七十一至七十六、二百七十九至二百八十三)

430000－2412－0000512　8/2.2

宋史四百九十六卷　(元)脫脫等撰　明嘉靖至萬曆刻本　二冊　存十一卷(三百九十三至三百九十七、四百四至四百九)

430000－2412－0000513　8/2.3

宋史四百九十六卷　（元）脱脱等撰　清光緒
元年(1875)浙江書局刻本　六十三冊

430000－2412－0000514　8/3.1

明史紀事本末八十卷　（清）谷應泰撰　清同
治十三年(1874)江西書局刻本　二十冊

430000－2412－0000515　8/3.2

明史紀事本末八十卷　（清）谷應泰撰　清光
緒二十四年(1898)思賢書局刻本　十六冊
缺十五卷（十八至二十一、五十六至六十、六
十九至七十四）

430000－2412－0000516　8/3.3

三國志六十五卷　（晉）陳壽撰　（南朝宋）裴
松之注　清刻本　十冊　存二十七卷（二至
五、八至三十）

430000－2412－0000517　8/4.2

魏書一百十四卷　（北齊）魏收撰　清同治十
一年(1872)金陵書局刻本　二十四冊

430000－2412－0000518　8/4.2(1)

魏書一百十四卷　（北齊）魏收撰　清同治十
一年(1872)金陵書局刻本　十五冊　缺一卷
（一百六）

430000－2412－0000519　8/4.3

魏書一百十四卷　（北齊）魏收撰　明嘉靖至
萬曆刻天啟、清順治、康熙遞修本　十五冊
存六十七卷（一至十二、二十一至二十七、三
十三至四十四、五十至五十四、六十七至七十
七、九十一至九十七、一百一至一百六、一百
八至一百十四）

430000－2412－0000520　8/5.1

路史發揮六卷前紀九卷餘論十卷　（宋）羅泌
撰　明刻本　六冊　缺四卷(前紀一至四)

430000－2412－0000521　8/5.2

隨隱漫錄五卷　（宋）陳世崇撰　明刻稗海本
一冊

430000－2412－0000522　8/5.3

侯鯖錄八卷　（宋）趙令畤撰　明刻稗海本

一冊

430000－2412－0000523　8/5.4

御批歷代通鑑輯覽一百二十卷　（清）楊述曾
等纂修　明刻本　七冊　存十六卷（九十五
至九十六、九十九至一百四、一百九至一百十
二、一百十七至一百二十）

430000－2412－0000524　8/5.5

北齊書五十卷　（唐）李百藥撰　明崇禎十一
年(1638)琴川毛氏汲古閣刻本　三冊

430000－2412－0000525　8/5.5(1)

北齊書五十卷　（唐）李百藥撰　明崇禎十一
年(1638)琴川毛氏汲古閣刻本　三冊　缺九
卷（十五至二十三）

430000－2412－0000526　8/5.6

北齊書五十卷　（唐）李百藥撰　清同治十三
年(1874)金陵書局刻本　二冊　存二十六卷
（十二至三十七）

430000－2412－0000527　8/5.8

北齊書五十卷　（唐）李百藥撰　明嘉靖至萬
曆刻本　一冊　存六卷（十八至二十三）

430000－2412－0000528　8/5.8(1)

北齊書五十卷　（唐）李百藥撰　明嘉靖至萬
曆刻清遞修本　一冊　存九卷（二十五至三
十三）

430000－2412－0000529　8/5.9

北堂書鈔一百六十卷　（唐）虞世南輯　（明）
陳禹謨補注　明陳禹謨刻本　三十六冊　缺
十四卷（十一、四十三、六十一至六十四、一百
二十三至一百三十）

430000－2412－0000530　8/6.1

廿一史四譜五十四卷　（清）沈炳震撰　清嘉
慶刻本　二十冊

430000－2412－0000531　8/6.2

廿二史札記三十六卷　（清）趙翼撰　清光緒
二十五年(1899)湖南書局刻本　十六冊

430000－2412－0000532　8/6.2(1)

廿二史札記三十六卷　（清）趙翼撰　清光緒

二十五年(1899)湖南書局刻本　八冊　存十五卷(三至五、九至十一、十七至二十五)

430000－2412－0000533　8/6.2(2)

廿二史札記三十六卷　(清)趙翼撰　清光緒二十五年(1899)湖南書局刻本　四冊

430000－2412－0000534　8/6.3

廿一史彈詞注十二卷　(明)楊慎撰　清刻本(資善堂藏板)　八冊

430000－2412－0000535　8/6.4

尚史七十卷　(清)李鍇撰　清乾隆三十八年(1773)悅道樓刻本　五冊

430000－2412－0000536　9/1.1

舊五代史一百五十卷　(宋)薛居正等撰　清同治十一年(1872)湖北崇文書局刻本　二十四冊　缺七卷(四至十)

430000－2412－0000537　9/1.1(1)

舊五代史一百五十卷　(宋)薛居正等撰　清同治十一年(1872)湖北崇文書局刻本　四冊　存七十四卷(一至七十四)

430000－2412－0000538　9/1.5

汲冢周書十卷　(晉)孔晁注　清康熙八年(1669)汪士漢刻祕書二十一種本　一冊

430000－2412－0000539　9/1.6

周書五十卷　(唐)令狐德棻等撰　清乾隆四年(1739)武英殿刻本　七冊　缺七卷(九至十五)

430000－2412－0000540　9/1.7

周書五十卷　(唐)令狐德棻等撰　明崇禎五年(1632)琴川毛氏汲古閣刻本　六冊

430000－2412－0000541　9/1.8

周書五十卷　(唐)令狐德棻等撰　明嘉靖至萬曆刻清遞修本　五冊　存三十三卷(二十八至六十)

430000－2412－0000542　9/1.8(1)

周書五十卷　(唐)令狐德棻等撰　明嘉靖至萬曆刻本　一冊　存十卷(十九至二十八)

430000－2412－0000543　9/1.9

江西詩徵九十四卷　(清)曾燠輯　清嘉慶九年(1804)曾氏賞雨茅屋刻本　四十三冊　缺九卷(十七至十八、二十、三十九至四十二、八十五至八十六)

430000－2412－0000544　9/1.5－2

汲冢周書十卷　(晉)孔晁注　清刻漢魏叢書本　一冊　存六卷(五至十)

430000－2412－0000545　9/2.1

欽定四庫全書總目二百卷　(清)紀昀總纂　清刻本　六十一冊　缺二十六卷(七至十三、二十九至三十二、八十一至八十三、一百十一至一百十二、一百五十四至一百五十六、一百六十一至一百六十四、一百九十至一百九十二)

430000－2412－0000546　9/3.1

船山遺書　(清)王夫之撰　清同治四年(1865)湘鄉曾國荃金陵刻本　一冊

430000－2412－0000547　9/4.1

舊唐書二百卷　(五代)劉昫等撰　清同治十一年(1872)浙江書局刻本　二十三冊

430000－2412－0000548　9/4.2

舊唐書二百卷　(五代)劉昫等撰　清乾隆四年(1739)武英殿刻本　三十七冊

430000－2412－0000549　9/5.1

弘簡錄二百五十四卷　(明)邵經邦撰　清康熙二十七年(1688)仁和邵長平刻本　四十冊

430000－2412－0000550　9/6.1

資治通鑑二百九十四卷　(宋)司馬光撰　清光緒長沙楊氏刻本　二十八冊　缺二百卷(一至十九、二十四至五十、六十四至七十一、七十六至二百二、二百六至二百八、二百二十一至二百二十三、二百三十至二百三十二、二百五十一至二百五十三、二百六十至二百六十二、二百七十二至二百七十五)

430000－2412－0000551　9/6.2

資治通鑑二百九十四卷外紀十卷目錄三十卷　(宋)司馬光撰　清光緒山西閻氏刻本　十九冊　存五十五卷(九十五至一百、一百九至一百十三、二百二十九至二百三十三、二百三十九至二百四十一、二百四十五至二百五十九、二百六十六至二百六十八，外紀一至十，目錄七至九、二十至二十一、二十八至三十）

430000－2412－0000552　9/6.3
御撰資治通鑑綱目三編二十卷　（清）高宗弘曆撰　清刻本　二冊

430000－2412－0000553　9/6.4
御撰資治通鑑綱目三編二十卷　（清）高宗弘曆撰　清刻本　二冊　存九卷（一至九）

430000－2412－0000554　10/1.3
揚州書舫錄十八卷　（清）陳斗撰　清乾隆六十年（1795）刻同治十一年（1872）印本　四冊

430000－2412－0000555　10/1.5
小止觀二卷　（隋）釋智顗撰　清光緒十八年（1892）金陵刻經處刻本　一冊

430000－2412－0000556　10/1.6
宛陵先生集六十卷　（宋）梅堯臣撰　清道光十年（1830）夜吟樓刻本　九冊　缺十二卷（一至六、五十五至六十）

430000－2412－0000557　10/1.7
樊川詩集四卷外集一卷別集一卷　（唐）杜牧撰　（清）馮集梧注　清光緒十六年（1890）湘南書局刻本　二冊　缺二卷（二至三）

430000－2412－0000558　10/1.8
武陵詩徵二卷　清同治刻本　二冊

430000－2412－0000559　10/1.9
高士傳二卷　（晉）皇甫謐撰　清光緒三年（1877）湖北崇文書局重印本　一冊

430000－2412－0000560　10/1.10
金源紀事詩八卷　（清）湯運泰撰　（清）湯顯業　（清）湯顯幹註　清同治十二年（1873）淮南書局重刻本　三冊　缺二卷（五至六）

430000－2412－0000561　10/1.11
乾嘉詩壇點將錄一卷　（清）舒位撰　東林點將錄　（明）王紹徽撰　附考一卷　葉德輝撰　秦雲擷英小譜　（清）王昶撰　清光緒三十

三年（1907）長沙葉氏刻本　一冊

430000－2412－0000562　10/1.14
夢鷗閣詩鈔一卷　（清）許銓撰　清道光二十六年（1846）刻本　一冊

430000－2412－0000563　10/1.15
金陵百詠一卷　（宋）曾極撰　清光緒二十九年（1903）長沙葉氏刻本　一冊

430000－2412－0000564　10/1.16
大興徐氏同人書札　（清）吳德襄輯　清光緒二十三年（1897）淥江吳氏刻本　一冊

430000－2412－0000565　10/1.17
尊經書院初集十二卷　王闓運輯　清光緒十六年（1890）刻本　一冊　存一卷（五）

430000－2412－0000566　10/1.18
陳文恭公手札節要三卷　（清）陳弘謀撰　清李文耕刻本　一冊

430000－2412－0000567　10/1.19
培遠堂偶存稿手札節要二卷　（清）陳弘謀撰　清光緒七年（1881）黎培敬刻本　二冊

430000－2412－0000568　10/1.21
湖南褒忠錄初稿四十卷　（清）郭嵩燾等纂　清同治十二年（1873）木活字本　一冊　存殉防

430000－2412－0000569　10/1.22
冕服考四卷　（清）焦廷琥撰　清南陵徐氏積學齋刻本　一冊　存一卷（四）

430000－2412－0000570　10/1.23
國朝金陵文鈔十六卷　（清）陳作霖輯　清光緒二十二年（1896）刻本　十三冊　缺三卷（二、九、十四）

430000－2412－0000571　10/1.24
古文披金二十四卷　（清）納蘭常安評選　清乾隆受宜堂刻本　六冊　存七卷（一、四、七至九、十一至十二）

430000－2412－0000572　10/2.1
學算筆談十二卷　（清）華蘅芳撰　清光緒十一年（1885）金匱華氏刻本　五冊　存八卷

（一至八）

430000－2412－0000573　10/2.2

測圓海鏡十二卷　（元）李冶撰　清光緒二年
(1876)北京同文館鉛印本　四册

430000－2412－0000574　10/2.3

同度記一卷　（清）孔繼涵撰　清南陵徐氏刻
本　一册

430000－2412－0000575　10/2.5

文獻通考正續合編三十二卷　（清）盧宣旬編
清嘉慶十年(1805)略識字齋刻本　三十册
缺二卷(一至二)

430000－2412－0000576　10/2.6

玉泉子　（唐）□□撰　明商濬刻稗海本
一册

430000－2412－0000577　10/2.6.1

元史藝文志四卷　（清）錢大昕補　清寫刻本
一册

430000－2412－0000578　10/2.7

槐軒解湯海若先生名家詩選二卷　（清）夏世
欽訂　清刻本　一册　存一卷(下)

430000－2412－0000579　10/2.7.1

唐卷子翰林學士集一卷　（唐）許宗敬等撰
清光緒十九年(1893)貴陽陳氏影刻本　一册

430000－2412－0000580　10/2.8

昭代叢書四十卷　（清）張潮輯　清康熙三十
九年(1700)刻本　九册　缺十二卷(五至十
二、三十二至三十五)

430000－2412－0000581　10/3.1

小谷口紀事畫引一卷　（清）鄭祖琛撰　石印
本　一册

430000－2412－0000582　10/3.2

岣嶁鑒撮四卷　（清）曠敏本輯　清刻本　四
册　缺一卷(二)

430000－2412－0000583　10/3.3

史略八十七卷　（清）朱墅輯　清光緒二十七
年(1901)成都培元堂刻本　十五册　缺五卷
(十八至二十二)

430000－2412－0000584　10/3.4

明史分稿殘編二卷　（清）方象瑛撰　清光緒
二十年(1894)泉唐汪氏刻振綺堂叢書本
二册

430000－2412－0000585　10/3.6

越絕書十五卷札記一卷　（漢）袁康撰　清刻
本　一册　缺八卷(一至八)

430000－2412－0000586　10/3.7

西陂類稿五十卷　（清）宋犖撰　清康熙五十
年(1711)商丘宋氏刻本　七册　缺五卷(三
十八至四十二)

430000－2412－0000587　10/3.8

定香亭筆談四卷　（清）阮元撰　（清）陳鳴壽
錄　清刻本　二册　存二卷(二至三)

430000－2412－0000588　10/3.10

楚望閣詩集六卷　程頌萬撰　清刻本　二册

430000－2412－0000589　10/3.11

楚望閣詩集十卷　程頌萬撰　清光緒二十七
年(1901)長沙刻本　二册　缺四卷(三至六)

430000－2412－0000590　10/3.12

達觀堂詩話八卷　（清）張晉本撰　清光緒刻
本　四册

430000－2412－0000591　10/3.12(1)

達觀堂詩話八卷　（清）張晉本撰　清光緒刻
本　四册

430000－2412－0000592　10/3.13

壯悔堂文集九卷　（清）侯方域撰　清宣統元
年(1909)中國圖書公司鉛印本　二册　缺二
卷(八至九)

430000－2412－0000593　10/3.14

壯悔堂文集十卷　（清）侯方域撰　清刻本
三册　存五卷(四至五、八至十)

430000－2412－0000594　10/3.15

泉志校誤四卷　（清）金嘉采撰　清光緒石埭
徐氏刻本　一册

430000－2412－0000595　10/3.16

昭德先生郡齋讀書志二十卷　（宋）晁公武撰

(宋)姚應績輯　清光緒六年(1880)會稽章
氏刻本　七冊　缺三卷(三至五)

430000－2412－0000596　10/3.17
補續漢書藝文志二卷後漢郡國令長考一卷
(清)錢大昭撰　清光緒十六年(1890)南陵徐
氏長刻本　一冊

430000－2412－0000597　10/3.18
續泉說一卷　(清)李佐賢撰　**續叢稿一卷**
(清)鮑康撰　清同治十三年(1874)刻本
一冊

430000－2412－0000598　10/3.19
碣石調幽蘭一卷　(□)□□撰　清光緒遵義
黎氏刻古逸叢書本　一冊

430000－2412－0000599　10/3.20
玉篇殘卷　(南朝梁)顧野王撰　清光緒遵義
黎氏刻古逸叢書本　一冊

430000－2412－0000600　10/4.3
國朝賢媛類徵初編十二卷　(清)李桓輯　清
光緒十七年(1891)湘陰李氏刻本　六冊

430000－2412－0000601　10/4.4
東社讀史隨筆　(清)獨醒主人撰　清宣統元
年(1909)刻本　一冊　存一卷(上)

430000－2412－0000602　10/4.5
詩學含英十四卷　(清)劉文蔚輯　清上達堂
刻本　一冊

430000－2412－0000603　10/4.7
梁書五十六卷　(唐)姚思廉撰　明嘉靖至萬
曆刻清遞修本　二冊　存九卷(三十六至三
十九、四十六至五十)

430000－2412－0000604　10/4.8
本事詩十二卷　(清)徐釚輯　清康熙承芳堂
藏板刻本　四冊

430000－2412－0000605　10/4.9
文選六十卷　(南朝梁)蕭統輯　(唐)李善注
清刻本(九思堂藏板)　十六冊

430000－2412－0000606　10/4.10
石林奏議十五卷　(宋)葉夢得撰　(宋)葉模

編　清光緒十一年(1885)吳興陸氏刻本
二冊

430000－2412－0000607　10/4.16
古文辭類纂七十五卷　(清)姚鼐編　清合河
康氏刻本　七冊　缺三十三卷(十六至二十、
二十四至三十八、四十六至五十八)

430000－2412－0000608　10/4.17
古文辭類纂七十五卷　(清)姚鼐編　清善化
楊氏問竹軒刻本　二冊　存十二卷(二十五
至二十九、三十至三十六)

430000－2412－0000609　10/4.18
古文辭類纂七十五卷　(清)姚鼐編　清刻本
七冊　存二十卷(一至二、九至十四、十八
至二十九)

430000－2412－0000610　10/4.19
古文辭類纂七十五卷　(清)姚鼐編　清刻本
九冊　存三十七卷(三十至四十六、五十六
至七十五)

430000－2412－0000611　10/4.20
續古文辭類纂二十八卷　王先謙編　清刻本
七冊　存二十卷(四至七、十至二十五)

430000－2412－0000612　10/5.1
讀書作文譜十二卷　(清)唐彪撰　清刻本
一冊　存七卷(六至十二)

430000－2412－0000613　10/5.2
平定粵匪紀略十八卷附記四卷　(清)杜文瀾
撰　清刻本　六冊　存十五卷(三至七、十一
至十三、十六至十八,附記四卷)

430000－2412－0000614　10/5.2(1)
平定粵匪紀略十八卷附記四卷　(清)杜文瀾
撰　清刻本　一冊　存五卷(十八、附記四
卷)

430000－2412－0000615　10/5.3
平黔紀略二十卷　(清)羅文彬等撰　清平黔
紀略藍格紙清稿本　四冊　存九卷(一至六、
十一、十四至十五)

430000－2412－0000616　10/5.4

道光十六年鎮筸兵勇滋事查辦情形并苗疆善後章程一卷 （清）楊芳編 清道光果勇侯楊芳輯抄本 一冊

430000－2412－0000617 10/5.6
顏氏家訓二卷 （北齊）顏之推撰 清光緒元年（1875）崇文書局刻百子全書本 一冊

430000－2412－0000618 10/5.7
獨斷一卷 （漢）蔡邕撰 清光緒元年（1875）湖北崇文書局刻百子全書本 一冊

430000－2412－0000619 10/5.7(1)
獨斷一卷 （漢）蔡邕撰 清光緒元年（1875）湖北崇文書局刻百子全書本 一冊

430000－2412－0000620 10/5.8
蒙雅八卷 （清）陳立達撰 清光緒三十一年（1905）湖北蒙養書堂刻本 二冊

430000－2412－0000621 10/5.9
三家詩補遺三卷 （清）阮元撰 清光緒二十四年（1898）長沙葉氏郎園刻本 一冊

430000－2412－0000622 10/5.10
秦蜀驛程後記二卷 （清）王士禎撰 清康熙刻本 一冊

430000－2412－0000623 10/5.11
國史儒林傳二卷國史循吏傳一卷賢良祠王大臣小傳二卷 （清）阮元等撰 清刻本 三冊

430000－2412－0000624 10/5.12
金石存十五卷 （清）吳玉搢編 （清）李調元校 清乾隆刻函海本 一冊

430000－2412－0000625 10/5.13
響泉集三十卷 （清）顧光旭撰 清乾隆五十七年（1792）刻本 三冊 存十五卷（一至五、十一至二十）

430000－2412－0000626 10/5.14
中等歷史教科書 （清）趙懿年編 清光緒三十四年（1908）上海科學會編譯部鉛印本 一冊 存一卷（下）

430000－2412－0000627 10/5.15
歷朝二十五家詩錄三十七卷 （清）鄒湘倜輯

清光緒元年（1875）新化鄒氏刻本 二十二冊 缺九卷（一、十至十三、十五、二十八至二十九、三十五）

430000－2412－0000628 10/6.1
[道光]鳳凰廳志二十卷 （清）黃應培修 （清）孫鈞銓 （清）黃元複纂 清道光四年（1824）刻本 十二冊

430000－2412－0000629 10/6.1(1)
[道光]鳳凰廳志二十卷 （清）黃應培修 （清）孫鈞銓 （清）黃元複纂 清道光四年（1824）刻本 四冊 存八卷（一至四、九至十、十七至十八）

430000－2412－0000630 10/6.1(2)
[道光]鳳凰廳志二十卷 （清）黃應培修 （清）孫鈞銓 （清）黃元複纂 清道光四年（1824）刻本 四冊 存六卷（三至四、九至十二）

430000－2412－0000631 10/6.1(3)
[道光]鳳凰廳志二十卷 （清）黃應培修 （清）孫鈞銓 （清）黃元複纂 清道光四年（1824）刻本 八冊 存十五卷（一、五至十一、十三至十七、十九至二十）

430000－2412－0000632 10/6.1(4)
[道光]鳳凰廳志二十卷 （清）黃應培修 （清）孫鈞銓 （清）黃元複纂 清道光四年（1824）刻本 五冊 存六卷（一、五至八、十八）

430000－2412－0000633 10/6.2
[光緒]鳳凰廳續志十六卷 （清）侯晟 （清）耿維中修 （清）黃河清纂 清光緒十八年（1892）刻本 四冊 存八卷（一至八）

430000－2412－0000634 11/1.1
三國志六十五卷 （晉）陳壽撰 （南朝宋）裴松之注 清同治九年（1870）金陵書局刻本 七冊 存五十四卷（一至五十四）

430000－2412－0000635 11/1.2
三國志六十五卷 （晉）陳壽撰 （南朝宋）裴松之注 清刻本 八冊 存三十五卷（蜀書

十五卷、吳書二十卷)

430000－2412－0000636　11/1.3
三國志六十五卷　(晉)陳壽撰　(南朝宋)裴
松之注　清光緒十一年(1885)上海同文書局
石印本　四冊

430000－2412－0000637　11/1.4
三國志　(明)羅貫中撰　清刻本　一冊　存
一卷(六)

430000－2412－0000638　11/1.5
元和郡縣志四十卷　(唐)李吉甫撰　清光緒
六年(1880)金陵書局刻本　六冊

430000－2412－0000639　11/1.6
元和郡縣補志十卷　(清)嚴觀撰　清光緒八
年(1882)金陵書局刻本　二冊

430000－2412－0000640　11/1.7
元豐九域志十卷　(宋)王存等纂　清光緒八
年(1882)金陵書局刻本　四冊

430000－2412－0000641　11/1.8
元和郡縣志四十卷　(唐)李吉甫撰　清重刻
武英殿聚珍版書本　十二冊　存十九卷(一
至十五、十八至二十一)

430000－2412－0000642　11/2.1
[乾隆]永順縣志八卷末一卷　(清)黃德基修
(清)關天申纂　清刻本　一冊　存三卷
(七至八、末一卷)

430000－2412－0000643　11/2.2
長沙府岳麓志八卷首一卷　(清)趙寧撰　清
康熙鏡水堂刻本　一冊　存二卷(三至四)

430000－2412－0000644　11/2.3
[同治]芷江縣志六十四卷首一卷　(清)盛慶
紱　(清)吳秉慈修　(清)盛一林纂　清同治
九年(1870)刻本　三冊　存十一卷(十三、二
十三至二十九、四十七至四十九)

430000－2412－0000645　11/2.4
[康熙]麻陽縣志十卷　(清)陳輝壁纂修　清
康熙刻本　二冊　存五卷(四至七、九下)

430000－2412－0000646　11/2.6

桃源志十七卷首一卷末一卷　(清)余良棟修
(清)劉鳳苞纂　清光緒十八年(1892)刻本
一冊　存二卷(三至四)

430000－2412－0000647　11/2.7
洞庭湖志十四卷　(清)蔡世基原本　(清)夏
大觀補纂　(清)萬年淳再訂　清道光五年
(1825)刻本　八冊　缺二卷(十、十三)

430000－2412－0000648　11/2.8
分湖小識六卷　(清)柳樹芳輯　清道光二十
二年(1842)刻本　三冊

430000－2412－0000649　11/2.8(1)
分湖小識六卷　(清)柳樹芳輯　清道光二十
二年(1842)刻本　一冊　存三卷(四至六)

430000－2412－0000650　11/2.9
上元江寧鄉土合志六卷　(清)陳作霖編　清
宣統二年(1910)江楚編譯書局鉛印本　一冊

430000－2412－0000651　11/2.10
東晉疆域志四卷　(清)洪亮吉撰　清嘉慶元
年(1796)京師刻本　一冊

430000－2412－0000652　11/2.11
十六國疆域志十六卷　(清)洪亮吉撰　清嘉
慶三年(1798)京師刻本　四冊

430000－2412－0000653　11/2.13
管窺輯要八十卷　(清)黃鼎撰　清順治刻本
三十四冊　缺十八卷(六至九、二十一、四
十五至四十七、六十三至六十四、六十九至七
十一、七十四至七十八)

430000－2412－0000654　11/3.1
剡錄十卷　(宋)史安之主修　(宋)高似孫纂
(清)李式圃校刊　清光緒邵武徐氏刻本
二冊

430000－2412－0000655　11/3.2
[同治]當陽縣志十八卷　(清)阮恩光修
(清)王柏心纂　清同治五年(1866)刻本　五
冊　存九卷(六至七、十二至十八)

430000－2412－0000656　11/3.3
湘陰縣圖志三十四卷　(清)郭嵩燾等纂修

清光緒六年(1880)湘陰縣志局刻本　十一冊
　　缺九卷(十三至十五、十八至十九、三十一
　　至三十四)

430000－2412－0000657　11/3.4
[乾隆]辰州府志五十卷　(清)諸重光
(清)席紹葆修　(清)謝鳴謙　(清)謝鳴盛
纂　清乾隆三十年(1765)刻本　二十三冊
缺四卷(二十八至三十一)

430000－2412－0000658　11/3.5
[鳳凰]田氏族譜三十二卷　(清)田宗超等主
修　清光緒五年(1879)忠成堂木活字印本
十八冊　缺十九卷(三至五、七、九至十一、十
六至二十、二十二至二十三、二十八至三十二)

430000－2412－0000659　11/3.5(1)
[鳳凰]田氏族譜三十二卷　(清)田宗超等主
修　清光緒五年(1879)忠成堂木活字印本
四冊　存四卷(一至二、十五、二十六)

430000－2412－0000660　11/3.6
[道光]晃州廳志四十四卷　(清)俞克振修
(清)梅嶧纂　清道光五年(1825)刻本　一冊
　　存四卷(一至四)

430000－2412－0000661　11/3.6.1
梓潼士女志一卷　(晋)常璩撰　清刻漢魏叢
書本　一冊

430000－2412－0000662　11/4.2
淳祐臨安志五十二卷　(宋)施諤撰　清光緒
七年(1881)錢塘丁氏刻本　三冊　存五卷
(五至八、十)

430000－2412－0000663　11/4.3
宣室志十卷補遺一卷　(唐)張讀撰　明刻本
　　二冊

430000－2412－0000664　11/4.4
蘇黃門龍川別志二卷　(宋)蘇轍撰　澠水燕
談錄十卷　(宋)王闢之撰　明刻稗海本　一
冊　缺八卷(澠水燕談錄三至十)

430000－2412－0000665　11/4.5
時務學報　清光緒刻本　一冊　存三十一冊

史志

430000－2412－0000666　11/4.6
鄭志三卷　(三國魏)鄭小同撰　清刻武英殿
聚珍版本　一冊

430000－2412－0000667　11/4.7
宋朝事實二十卷　(宋)李攸撰　清刻武英殿
聚珍版本　一冊　存三卷(一至三)

430000－2412－0000668　11/4.9
[光緒]慈利縣志十卷首一卷　(清)吳恭亨纂
修　清光緒二十二年(1896)刻本　二冊

430000－2412－0000669　11/4.10
後湖事跡匯錄一卷　王作棫輯　錢福臻增輯
　　劉德沛編訂　清宣統二年(1910)鉛印本
一冊

430000－2412－0000670　11/4.11
南嶽志八卷　(清)高自位編　(清)曠敏同輯
　　清乾隆刻本　一冊　存一卷(六)

430000－2412－0000671　11/4.12
長河志籍考十卷　(清)田雯撰　清康熙三十
七年(1698)刻本　一冊

430000－2412－0000672　11/4.13
人物誌三卷　(晋)劉邵撰　枕中書一卷
(晋)葛洪撰　佛國記一卷　(晋)釋法顯撰
明刻稗海本　二冊

430000－2412－0000673　11/4.14
小酉腴山館主人自著年譜二卷　(清)吳大廷
撰　清光緒八年(1882)刻本　二冊

430000－2412－0000674　11/4.15
同治上江兩縣志二十九卷首一卷　(清)莫祥芝
等修　(清)汪士鐸等纂　清同治十三年(1874)
刻本　一冊　存五卷(十五下至十九上)

430000－2412－0000675　11/4.16
廣陵事略七卷　(清)姚文田輯　清嘉慶十五
年(1810)刻本　一冊　存一卷(一)

430000－2412－0000676　11/4.17
堅冰志一卷光宣僉載一卷三臣傳一卷匪目記
一卷黨目記一卷　(清)魏元曠撰　清刻潛園

雜編本　一冊

430000－2412－0000677　11/4.18

蜀典十二卷　（清）張澍編輯　清光緒二年(1876)成都尊經書院刻本　四冊

430000－2412－0000678　11/4.18(1)

蜀典十二卷　（清）張澍編輯　清光緒二年(1876)成都尊經書院刻本　二冊　存六卷（四至七、十一至十二）

430000－2412－0000679　11/4.19

[乾隆]**沅州府志五十卷**　（清）璔珠修（清）朱景英等纂　清乾隆二十二年(1757)刻本　一冊　存四卷（十二至十五）

430000－2412－0000680　11/4.20

[嘉慶]**寧遠縣志十卷**　（清）曾鈺重編　清嘉慶十六年(1811)刻本　二冊　存四卷（二至五）

430000－2412－0000681　11/4.21

[道光]**銅仁府志十一卷**　（清）敬文修（清）徐如澍纂　清道光四年(1824)刻本　一冊　存二卷（七至八）

430000－2412－0000682　11/4.23

[宣統]**永綏廳志三十卷**　（清）董鴻勳修撰　清宣統元年(1909)鉛印本　一冊　存三卷（二十八至三十）

430000－2412－0000683　11/4.25

括地志八卷　（唐）李泰等撰　（清）孫星衍輯　清光緒七年(1881)重刻岱南閣叢書本　二冊

430000－2412－0000684　11/4.26

三國志六十五卷　（晉）陳壽撰　（南朝宋）裴松之註　清刻本　四冊　存十三卷（魏志三至五、三十，蜀志一、十四至十五，吳志一、四至八）

430000－2412－0000685　11/5.1

唐張中丞專祠錄五卷首一卷末一卷　（清）侯慶勳纂輯　清光緒四年(1878)浮梁侯氏寶岳齋刻本　三冊

430000－2412－0000686　11/5.2

四書釋地一卷又續一卷孟子生卒年月考一卷　（清）閻若璩撰　清乾隆東浯王氏聽雨齋刻本　二冊

430000－2412－0000687　11/5.3

天文歌略一卷　（清）葉瀾著　**地學歌略一卷**　（清）葉瀚　（清）葉瀾著　清光緒二十三年(1897)周氏刻本　一冊

430000－2412－0000688　11/5.4

皇朝經籍志六卷　（清）黃本驥編　清道光刻三長物齋叢書本　一冊　存二卷（五至六）

430000－2412－0000689　11/5.5

[同治]**黔陽縣志六十卷**　（清）陳鴻作等修（清）易燮堯　（清）楊大誦纂　清同治十三年(1874)刻本　二冊　存九卷（二十七至二十八、五十至五十六）

430000－2412－0000690　11/5.6

暌車志六卷　（宋）郭彖撰　**江隣幾雜志一卷**　（宋）江休復撰　清刻稗海本　一冊

430000－2412－0000691　11/5.7

華陽國志　（晉）常璩撰　清刻漢魏叢書本　一冊　存漢中士女志、梓潼士女志、西州後賢志、序志、序志後語、江原常氏士女志、蜀志、南中志、公孫述劉牧二志

430000－2412－0000692　11/5.8

[道光]**黎平府志四十一卷**　（清）劉宇昌總修（清）唐本洪等纂　清道光二十五年(1845)刻本　一冊　存二卷（十二至十三）

430000－2412－0000693　11/5.9

[光緒]**黎平府志八卷**　（清）俞渭修　（清）陳瑜纂　清光緒十八年(1892)刻本　五冊　存三卷（三、五上、七）

430000－2412－0000694　11/5.10

影覆宋蜀大字本爾雅三卷　（晉）郭璞注　清光緒十年(1884)遵義黎氏日本東京節署刻古逸叢書本　一冊

430000－2412－0000695　11/5.11

影舊鈔本日本國見在書目一卷　（日本）藤原佐世編　清光緒十年(1884)遵義黎氏日本東京節署刻古逸叢書本　一冊

430000－2412－0000696　11/5.11(1)

影舊鈔本日本國見在書目一卷　（日本）藤原佐世編　清光緒十年(1884)遵義黎氏日本東京節署刻古逸叢書本　一冊

430000－2412－0000697　11/5.12

影宋大字本尚書釋音二卷　（唐）陸德明撰　清光緒十年(1884)遵義黎氏日本東京節署刻古逸叢書本　一冊

430000－2412－0000698　11/5.13

南華真經注疏十卷　（晉）郭象注　（唐）成玄英疏　清光緒十年(1884)遵義黎氏日本東京節署刻古逸叢書本　一冊　存二卷(五至六)

430000－2412－0000699　11/5.14

影北宋本姓解三卷　（宋）邵思撰　清光緒十年(1884)遵義黎氏日本東京節署刻古逸叢書本　一冊

430000－2412－0000700　11/5.15

覆永禄本韻鏡一卷　（宋）張麟之撰　清光緒十年(1884)遵義黎氏日本東京節署刻古逸叢書本　一冊

430000－2412－0000701　11/5.16

影宋本太平寰宇記補闕　（宋）樂史撰　清光緒十年(1884)遵義黎氏日本東京節署刻古逸叢書本　一冊

430000－2412－0000702　11/5.17

集唐字老子道德經注二卷　（三國魏）王弼注　清光緒十年(1884)遵義黎氏日本東京節署刻古逸叢書本　一冊

430000－2412－0000703　11/5.18

影宋台州本荀子二十卷　（唐）楊倞注　清光緒十年(1884)遵義黎氏日本東京節署刻古逸叢書本　三冊

430000－2412－0000704　11/6.1

說文引經考證八卷　（清）陳瑑撰　清同治十三年(1874)湖北崇文書局刻本　二冊

430000－2412－0000705　11/6.2

申鑒五卷　（漢）荀悅撰　中論二卷　（漢）徐幹撰　清光緒元年(1875)湖北崇文書局刻本　一冊

430000－2412－0000706　11/6.3

潛夫論十卷　（漢）王符撰　（清）汪繼培箋　清刻本　一冊　存六卷(五至十)

430000－2412－0000707　11/6.5

鶡子一卷　（周）鶡熊撰　（唐）逢行珪注　計倪子一卷　（周）計然撰　於陵子一卷　（周）田仲撰　子華子二卷　（戰國）程本撰　清光緒元年(1875)湖北崇文書局刻本　一冊

430000－2412－0000708　11/6.6

劉子二卷　（北齊）劉晝撰　清光緒元年(1875)湖北崇文書局刻本　一冊

430000－2412－0000709　11/6.7

胡子知言六卷　（宋）胡宏撰　薛子道論三卷　（明）薛瑄撰　海樵子一卷　（明）王崇慶撰　清光緒元年(1875)湖北崇文書局刻本　一冊

430000－2412－0000710　11/6.8

揚子法言一卷方言十三卷　（漢）揚雄撰　清光緒元年(1875)湖北崇文書局刻本　一冊

430000－2412－0000711　11/6.9

荀子三卷　（戰國）荀況撰　（唐）楊倞注　清光緒元年(1875)湖北崇文書局刻百子全書本　二冊

430000－2412－0000712　11/6.10

孔叢子二卷　（漢）孔鮒撰　清光緒元年(1875)湖北崇文書局刻百子全書本　一冊

430000－2412－0000713　11/6.11

新語二卷　（漢）陸賈撰　清光緒元年(1875)湖北崇文書局刻百子全書本　一冊

430000－2412－0000714　11/6.12

新書十卷　（漢）賈誼撰　清光緒元年(1875)湖北崇文書局刻百子全書本　二冊

430000－2412－0000715　11/6.13

鹽鐵論二卷　（漢）桓寬撰　清光緒元年(1875)湖北崇文書局刻百子全書本　二冊

430000－2412－0000716　11/6.14

說苑二十卷　（漢）劉向撰　清光緒元年(1875)湖北崇文書局刻百子全書本　二冊　存十卷(十一至二十)

430000－2412－0000717　11/6.15

方言十三卷　（漢）揚雄撰　（晉）郭璞註　清光緒元年(1875)湖北崇文書局刻百子全書本　一冊

430000－2412－0000718　11/6.16

潛夫論十卷　（漢）王符撰　清光緒元年(1875)湖北崇文書局刻百子全書本　一冊　存四卷(一至四)

430000－2412－0000719　11/6.17

伸蒙子三卷　（唐）林慎思撰　素履子三卷　（唐）張弧撰　清光緒元年(1875)湖北崇文書局刻百子全書本　一冊

430000－2412－0000720　11/6.18

尉繚子二卷　（戰國）尉繚撰　素書一卷　（漢）黃石公撰　（宋）張商英註　心書一卷　（三國蜀）諸葛亮撰　清光緒元年(1875)湖北崇文書局刻百子全書本　一冊

430000－2412－0000721　11/6.19

韓非子二十卷　（戰國）韓非撰　清光緒元年(1875)湖北崇文書局刻百子全書本　三冊　存十五卷(六至十、十一至二十)

430000－2412－0000722　11/6.20

齊民要術十卷杂說一卷　（北魏）賈思勰撰　清光緒元年(1875)湖北崇文書局刻百子全書本　三冊　存七卷(四至十)

430000－2412－0000723　11/6.21

太玄經十卷　（漢）揚雄撰　清光緒元年(1875)湖北崇文書局刻百子全書本　二冊

430000－2412－0000724　11/6.22

焦氏易林四卷　（漢）焦贛撰　清光緒元年(1875)湖北崇文書局刻百子全書本　四冊

430000－2412－0000725　11/6.23

鶡子一卷補一卷　（周）鶡熊撰　（唐）逄行珪註　計倪子一卷　（周）計然撰　於陵子一卷　（周）田仲撰　子華子二卷　（戰國）程本撰　清光緒元年(1875)湖北崇文書局刻百子全書本　一冊

430000－2412－0000726　11/6.24

墨子十一卷　（戰國）墨翟撰　清光緒元年(1875)湖北崇文書局刻百子全書本　二冊　存六卷(六至十一)

430000－2412－0000727　11/6.25

呂氏春秋二十六卷　（戰國）呂不韋撰　清光緒元年(1875)湖北崇文書局刻百子全書本　三冊　存二十卷(七至二十六)

430000－2412－0000728　11/6.26

金樓子六卷　（南朝梁）元帝蕭繹撰　清光緒元年(1875)湖北崇文書局刻百子全書本　二冊

430000－2412－0000729　11/6.27

劉子二卷　（北齊）劉晝撰　清光緒元年(1875)湖北崇文書局刻百子全書本　一冊

430000－2412－0000730　11/6.28

論衡三十卷　（漢）王充撰　清光緒元年(1875)湖北崇文書局刻百子全書本　六冊

430000－2412－0000731　11/6.29

風俗通義十卷　（漢）應劭撰　清光緒元年(1875)湖北崇文書局刻百子全書本　二冊

430000－2412－0000732　11/6.30

牟子一卷　（漢）牟融撰　清光緒元年(1875)湖北崇文書局刻百子全書本　一冊

430000－2412－0000733　11/6.31

聲隅子歔欷瑣微論二卷　（宋）黃晞撰　嬾真子五卷　（宋）馬永卿撰　廣成子解一卷　（宋）蘇軾撰　清光緒元年(1875)湖北崇文書局刻百子全書本　一冊

430000－2412－0000734　11/6.32

叔苴子内篇六卷外篇八卷 （明）莊元臣撰
清光緒元年(1875)湖北崇文書局刻百子全書
本 二冊

430000－2412－0000735 11/6.33
鬱離子一卷 （明）劉基撰 空洞子一卷
（明）李夢陽撰 海沂子五卷 （明）王文祿撰
清光緒元年(1875)湖北崇文書局刻百子全
書本 一冊

430000－2412－0000736 11/6.34
燕丹子三卷 （清）孫星衍輯校 玉泉子一卷
（唐）□□撰 金華子雜編二卷 （五代）劉
崇遠撰 清光緒元年(1875)湖北崇文書局刻
百子全書本 一冊

430000－2412－0000737 11/6.35
山海經十八卷 （晉）郭璞傳 山海經圖贊一
卷 （明）楊慎撰 山海經補注一卷 （晉）郭
璞撰 清光緒元年(1875)湖北崇文書局刻百
子全書本 三冊

430000－2412－0000738 11/6.36
續博物志十卷 （宋）李石撰 清光緒元年
(1875)湖北崇文書局刻百子全書本 一冊

430000－2412－0000739 11/6.37
陰符經一卷 （漢）張良註 關尹子一卷
（春秋）尹喜撰 清光緒元年(1875)湖北崇文
書局刻百子全書本 一冊

430000－2412－0000740 11/6.38
中監五卷 （漢）荀悅撰 中論二卷 （漢）徐
幹撰 清光緒元年(1875)湖北崇文書局刻百
子全書本 一冊

430000－2412－0000741 11/6.39
老子道德經二卷 （春秋）李耳撰 （三國魏）
王弼註 清光緒元年(1875)湖北崇文書局刻
百子全書本 一冊

430000－2412－0000742 11/6.40
莊子南華真經三卷 （戰國）莊子撰 清光緒
元年(1875)湖北崇文書局刻百子全書本
二冊

430000－2412－0000743 11/6.41
至游子二卷 （明）□□撰 清光緒元年
(1875)湖北崇文書局刻百子全書本 一冊

430000－2412－0000744 12/1.1
鼎鍥趙田了凡袁先生編纂古本歷史大方綱鑑
補三十九卷 （明）袁黃編 御撰資治通鑑綱
目三編二十卷 （清）張廷玉撰 清光緒二十
八年(1902)務本書局刻本 二十三冊 存四
十六卷(一至七、十至十三、十五至二十一、二
十三至三十九,三編十至二十)

430000－2412－0000745 12/1.2
鼎鍥趙田了凡袁先生編纂古本歷史大方綱鑑
補三十九卷 （明）袁黃編 清刻本 二十七
冊 存三十七卷(二至三十八)

430000－2412－0000746 12/1.3
御批增補了凡綱鑑四十卷 （明）袁黃編 清
光緒二十七年(1901)上海經藝齋石印本 四
冊 存十六卷(一至四、十七至二十一、二十
六至三十二)

430000－2412－0000747 12/1.4
鼎鍥趙田了凡袁先生編纂古本歷史大方綱鑑
補三十九卷 （明）袁黃編 清刻本（文光堂
藏板） 十三冊 存二十卷(一、五至九、十二
至十三、十七至十八、二十一至二十六、二十
九、三十三至三十五)

430000－2412－0000748 12/1.5
鼎鍥趙田了凡袁先生編纂古本歷史大方綱鑑
補三十九卷 （明）袁黃編 清刻本 二冊
存四卷(七至八、三十三至三十四)

430000－2412－0000749 12/1.6
鼎鍥趙田了凡袁先生編纂古本歷史大方綱鑑
補三十九卷 （明）袁黃編 清刻本 一冊
存二卷(二十一至二十二)

430000－2412－0000750 12/1.8
蔡氏九儒書九卷首一卷 （清）蔡有鵾輯 清
蔡學蘇刻本 一冊 存二卷(一、首一卷)

430000－2412－0000751 12/2.1
律表三十八卷首一卷纂修條例表一卷 （清）

曾恒德編次　清乾隆四十五年(1780)糧署刻光緒九年(1883)貴州皇署補刻本　六冊

430000－2412－0000752　12/2.3

武進李申耆先生[兆洛]年譜三卷小德錄一卷
　(清)蔣彤編　清光緒十三年(1887)嘉興金吳瀾木活字印本　一冊

430000－2412－0000753　12/2.4

二如亭群芳譜　(明)王象晉撰　明末毛氏汲古閣刻本　十二冊　存十三卷(天一、三,歲三至四,蔬一,茶竹一,桑麻葛棉一,藥一、三,木一至二,花一至二)

430000－2412－0000754　12/2.5

麻陽段氏族譜　清京兆堂木活字印本　七冊

430000－2412－0000755　12/2.8

華野郭公[琇]年譜一卷　(清)郭廷翼編(清)柳樹芳重刊　清道光二十一年(1841)吳郡喜墨齋刻本(勝溪草堂藏板)　一冊

430000－2412－0000756　12/2.8(1)

華野郭公[琇]年譜一卷　(清)郭廷翼編(清)柳樹芳重刊　清道光二十一年(1841)吳郡喜墨齋刻本(勝溪草堂藏板)　一冊

430000－2412－0000757　12/2.9

方望溪先生[苞]年譜一卷附錄一卷　(清)蘇惇元輯　清咸豐元年(1851)刻本　一冊

430000－2412－0000758　12/2.12

文廟丁祭譜十卷　(清)藍鍾瑞等輯　清刻本(醴陵縣尊經閣藏板)　五冊　存五卷(五至六、八至十)

430000－2412－0000759　12/2.13

明李文正公[東陽]年譜七卷　(清)法式善輯(清)唐仲冕增補　清嘉慶八年(1803)刻本　一冊

430000－2412－0000760　12/2.17

陶園[張九鉞]年譜一卷墓誌一卷　(清)張家栻編次　清光緒十五年(1889)湘潭張氏刻紫峴山人全集本　一冊

430000－2412－0000761　12/2.18

燕蘭小譜五卷　(清)安樂山樵撰　**海漚小譜一卷**　(清)秋谷老人撰　清宣統三年(1911)長沙葉氏刻本　一冊

430000－2412－0000762　12/2.19

二如亭群芳譜　(明)王象晉撰　清刻本　一冊　存二卷(歲二至三)

430000－2412－0000763　12/3.1

滕氏宗譜　清道光六年(1826)刻本　一冊

430000－2412－0000764　12/3.2

傅氏新譜　傅鳳棟總纂　清光緒三十三年(1907)商霖堂木活字本　一冊

430000－2412－0000765　12/3.3

朱子年譜一卷　(清)鄭士範編集　清光緒六年(1880)周正誼堂刻本　一冊

430000－2412－0000766　12/3.4

郭氏續修族譜　清全福堂木活字印本　二冊

430000－2412－0000767　12/3.5

沅湘通藝錄八卷　(清)江標編校　清刻本三冊　存三卷(四至五、七)

430000－2412－0000768　12/3.6

沅湘通藝錄八卷四書文二卷　(清)江標編校　清光緒元和江氏湖南使院刻靈鶼閣叢書本九冊　缺一卷(沅湘通藝錄一)

430000－2412－0000769　12/3.7

黃蕘圃先生[丕烈]年譜二卷　(清)江標輯　清光緒二十三年(1897)元和江氏湖南使院刻靈鶼閣叢書本　二冊

430000－2412－0000770　12/3.8

避諱錄五卷　(清)黃本驥撰　清道光二十六年(1846)刻三長物齋叢書本(知敬學齋藏板)　一冊

430000－2412－0000771　12/3.9

御選語錄十九卷　(清)世宗胤禛輯　清刻本一冊　存二卷(四至五)

430000－2412－0000772　12/3.10

十駕齋養新錄二十卷十駕齋養新餘錄三卷　(清)錢大昕撰　清嘉慶刻本　二冊　缺十五

卷(一至十五)

430000－2412－0000773　12/3.13
留壩廳足徵錄四卷　(清)賀仲瑊輯　清道光
二十二年(1842)刻本　一冊　存三卷(二至
四)

430000－2412－0000774　12/3.14
兒笘錄四卷　(清)俞樾撰　清刻宏達堂叢書
本　一冊

430000－2412－0000775　12/3.16
松陵文錄二十四卷　(清)黎庶昌校　作者姓
氏爵里著述考一卷刊誤一卷　(清)柳兆薰補
刊　清同治十三年(1874)刻本　八冊

430000－2412－0000776　12/3.19
醒園錄一卷　(清)李化楠撰　清刻本　一冊

430000－2412－0000777　12/3.20
大瓠堂詩錄八卷　(清)孫周撰　清光緒十八
年(1892)石埭徐氏觀自得齋刻本　一冊

430000－2412－0000778　12/3.21
鄧忠武公[紹良]榮哀錄　(清)□□撰　清同
治刻本　一冊

430000－2412－0000779　12/3.23
雨窗消意錄甲部四卷　(清)牛應之撰　清刻
本　一冊　存二卷(三至四)

430000－2412－0000780　12/3.24
來瞿唐先生日錄　(明)來知德撰　清刻本
一冊　存省覺錄、省事錄

430000－2412－0000781　12/3.26
鄭學錄四卷　(清)鄭珍撰　清同治四年
(1865)刻本　一冊

430000－2412－0000782　12/3.26(1)
鄭學錄四卷　(清)鄭珍撰　清同治四年
(1865)刻本　一冊　存一卷(一)

430000－2412－0000783　12/3.27
餘冬錄六十一卷　(明)何孟春撰　清同治三
年(1864)刻本(恭壽堂藏板)　九冊　存五十
五卷(一至二十四、三十一至六十一)

430000－2412－0000784　12/4.1
樂園文鈔八卷首一卷　(清)嚴如熤撰　清道
光二十四年(1844)刻本　五冊　存三卷(三
至四、首一卷)

430000－2412－0000785　12/4.3
麓山精舍叢書　(清)陳運溶輯　清光緒、宣
統間湘西陳氏刻本　一冊　存古海國遺書鈔
至古海國沿革考

430000－2412－0000786　12/4.4
晚香堂駢文一卷　(清)劉鳳苞撰　清光緒刻
本　一冊　存十二頁(五十至六十一)

430000－2412－0000787　12/4.5
師伏堂駢文一卷　(清)皮錫瑞撰　清光緒二
十一年(1895)師伏堂刻本　一冊

430000－2412－0000788　12/4.7
影梅菴傳奇二卷　(清)彭劍南撰　清道光六
年(1826)彭氏茗雪山房刻本　一冊

430000－2412－0000789　12/4.8
魏鄭公諫續錄二卷　(元)翟思忠撰　清重刻
武英殿聚珍版書本　一冊

430000－2412－0000790　12/4.9
五子近思錄發明十四卷　(清)施璜纂註　清
光緒新繁沈氏家塾刻本　七冊　存十二卷
(一至十二)

430000－2412－0000791　12/4.10
寓意錄四卷　(清)繆曰藻撰　儀鄭堂殘稿二
卷　(清)曹埆撰　賜硯齋題畫偶錄一卷
(清)戴熙撰　清道光至同治上海徐氏寒木春
華館刻春暉堂叢書本　二冊

430000－2412－0000792　12/4.13
集古錄目五卷　(宋)歐陽棐撰　(清)黃本驥
編　清道光二十四年(1844)刻三長物齋叢書
本　二冊

430000－2412－0000793　12/4.16
集古錄跋尾十卷　(宋)歐陽修著　(清)黃本
驥校刊　清道光刻三長物齋叢書本　三冊
存七卷(一、五至十)

430000－2412－0000794　12/4.17

鳳凰縣立民眾教育館圖書目錄　稿本　五冊

430000－2412－0000795　12/4.18

三朝名臣言行後錄十四卷　（宋）朱熹撰　皇
朝名臣言行外錄十七卷　（宋）李幼武纂　清
刻本　三冊　存二十一卷（後錄六至十四、外
錄六至十七）

430000－2412－0000796　12/4.19

說文繫傳校錄三十卷　（清）王筠撰　清刻本
　一冊　存八卷（十七至二十四）

430000－2412－0000797　12/4.20

詩夢鐘聲錄一卷　（清）李嘉樂等撰　清刻本
　一冊

430000－2412－0000798　12/4.21

司馬溫公稽古錄二十卷　（宋）司馬光撰　清
同治十一年（1872）湖北崇文書局刻本　四冊

430000－2412－0000799　12/4.22

鶴山文鈔三十二卷　（宋）魏了翁撰　清望三
益齋刻本　九冊　缺三卷（二十七至二十九）

430000－2412－0000800　12/4.25

病榻夢痕錄二卷　（清）汪輝祖撰　清刻本
二冊

430000－2412－0000801　12/4.26

直齋書錄解題二十二卷　（宋）陳振孫撰　清
重刻武英殿聚珍版書本　一冊　存三卷（五
至七）

430000－2412－0000802　12/4.27

三朝名臣言行錄後集十四卷　（宋）朱熹纂
續集八卷別集二十六卷　（宋）李幼武纂　清
刻本　三冊　存二十卷（後集一至五、續集八
卷、別集七至十三）

430000－2412－0000803　12/5.1

南村草堂詩鈔二十四卷文鈔二十卷　（清）鄧
顯鶴撰　清道光九年（1829）刻本　十二冊

430000－2412－0000804　12/5.2

曉讀書齋初錄二卷二錄二卷　（清）洪亮吉著
　清光緒三年（1877）授經堂刻本　一冊

430000－2412－0000805　12/5.4

聖武記十四卷　（清）魏源撰　清刻本　一冊
存二卷（八至九）

430000－2412－0000806　12/5.5

聖武記十四卷　（清）魏源撰　清刻本　九冊
存九卷（一至九）

430000－2412－0000807　12/5.5（1）

聖武記十四卷　（清）魏源撰　清刻本　一冊
存一卷（四）

430000－2412－0000808　12/5.6

經史百家雜鈔二十六卷　（清）曾國藩纂　清
光緒二年（1876）傳忠書局刻本　一冊　存一
卷（十三）

430000－2412－0000809　12/5.7

楓窗小牘二卷　（宋）袁褧撰　耕祿稿一卷
（宋）胡錡撰　清刻稗海本　一冊

430000－2412－0000810　12/5.8

曾惠敏公使西日記二卷　（清）曾紀澤撰　清
光緒十九年（1893）江南製造總局鉛印本
一冊

430000－2412－0000811　12/5.9

廬陽三賢集　（清）張樹聲輯　清光緒元年
（1875）合肥張氏毓秀堂刻本　三冊　存九卷
（包孝肅奏議一至三，余忠宣青陽山房集三至
五、附錄一卷，周給事垂光集一卷、附錄一卷）

430000－2412－0000812　12/5.11

雲山日記二卷　（元）郭畀撰　清宣統三年
（1911）丹徒陳氏橫山草堂刻本　一冊

430000－2412－0000813　12/5.12

成唯識論述記六十卷　（唐）釋窺基撰　清光
緒二十七年（1901）金陵刻經處刻本　十八冊
存五十四卷（一至二十四、三十一至六十）

430000－2412－0000814　12/5.13

廣輿記二十四卷　（清）蔡方炳增輯　清刻本
　一冊　存二卷（八至九）

430000－2412－0000815　12/5.14

廣輿記二十四卷　（明）陸應陽輯　清刻稗海

本　一冊　存三卷(一至三)

430000 – 2412 – 0000816　12/6.2
麓山精舍叢書　(清)陳運溶輯　清光緒二十
五年(1899)湘西陳氏刻本　二冊　存二十九
種(荊湘地記二十九種)

430000 – 2412 – 0000817　12/6.3
徐霞客遊記十冊　(明)徐宏祖撰　(清)李寄
輯　游記補編一卷　(清)葉廷甲輯　清木活
字本　十五冊　缺一冊(徐霞客遊記七)

430000 – 2412 – 0000818　12/6.4
東觀奏記三卷　(唐)裴庭裕撰　大唐世說新
語十三卷　(唐)劉肅撰　清刻稗海本　一冊
缺十卷(大唐世說新語四至十三)

430000 – 2412 – 0000819　12/6.5
江甯金石記八卷待訪目二卷　(清)嚴觀輯
清宣統二年(1910)江楚編譯書局刻本　二冊

430000 – 2412 – 0000820　12/6.6
采菽堂筆記二卷　(清)杜俞撰　清光緒三十
三年(1907)姑蘇鉛印本　一冊

430000 – 2412 – 0000821　12/6.9
涑水記聞十六卷　(宋)司馬光撰　清重刻武
英殿聚珍版書本　一冊　存四卷(一至四)

430000 – 2412 – 0000822　12/6.10
涑水記聞十六卷　(宋)司馬光撰　清光緒崇
文書局刻本　三冊　存十二卷(五至十六)

430000 – 2412 – 0000823　12/6.11
太平寰宇記二百卷目錄二卷　(宋)樂史撰
清嘉慶八年(1803)刻本　二十五冊　存一百
五十二卷(一至四十四、五十二至五十八、六
十七至八十七、九十三至九十八、一百六至一
百九、一百二十四至一百三十六、一百四十四
至二百)

430000 – 2412 – 0000824　12/6.12
雍州金石記十卷　(清)朱楓撰　清道光二十
年(1840)刻惜陰軒叢書本　一冊　存五卷
(一至五)

430000 – 2412 – 0000825　12/6.16

惲子居文鈔四卷　(清)惲敬撰　清宣統二年
(1910)上海國學扶輪社石印本　二冊　存二
卷(二、四)

430000 – 2412 – 0000826　12/6.17
松柏山房駢體文鈔二卷　張其淦著　清鉛印
本　一冊

430000 – 2412 – 0000827　12/6.19
唐駢體文鈔十七卷　(清)陳均輯　清光緒二
十一年(1895)刻本　六冊

430000 – 2412 – 0000828　12/6.19(1)
唐駢體文鈔十七卷　(清)陳均輯　清光緒二
十一年(1895)刻本　一冊　存五卷(十至十
四)

430000 – 2412 – 0000829　12/6.21
唐荊川先生文選七卷　(明)唐順之撰　(清)
李祖陶評點　清道光二十五年(1845)刻本
三冊

430000 – 2412 – 0000830　12/6.22
宋景濂先生文選七卷　(明)宋濂撰　(清)李
祖陶評點　清道光二十五年(1845)刻本　二
冊　存五卷(三至七)

430000 – 2412 – 0000831　12/6.23
吳草廬先生文選六卷　(元)吳澄撰　(清)李
祖陶評點　清道光二十五年(1845)刻本
三冊

430000 – 2412 – 0000832　12/6.25
鶴山筆錄一卷　(宋)魏了翁撰　建炎筆錄三
卷辯誣筆錄一卷家訓筆錄一卷　(宋)趙鼎撰
左傳事緯四卷　(清)馬驌撰　夏小正箋一
卷　(漢)戴德傳　樂府侍兒小名二卷通詁二
卷勤說四卷　(清)李調元撰　清刻函海本
一冊

430000 – 2412 – 0000833　12/6.26
拾遺記十卷　(晉)王嘉撰　(南朝梁)蕭綺錄
清刻稗海本　一冊

430000 – 2412 – 0000834　12/6.27
拾遺記十卷　(晉)王嘉著　(清)胡鳳藻校

清刻漢魏叢書本　　一冊

430000－2412－0000835　13/1.1

大乘止觀法門四卷　（南朝陳）釋慧思撰　**法界觀一卷**　（唐）釋杜順撰　清光緒六年(1880)長沙刻經處刻本　　一冊

430000－2412－0000836　13/1.3

文選六十卷　（南朝梁）蕭統輯　（唐）李善等註　明末毛氏汲古閣刻本　　五冊　存二十五卷(一至四、十至十四、二十至二十四、三十五至三十九、四十五至五十)

430000－2412－0000837　13/1.4

湘學新報　清光緒二十三年至二十四年(1897－1898)長沙刻本　　八冊　存九卷(一至二、六至八、二十六、二十九、三十五至三十六)

430000－2412－0000838　13/1.6

擬古樂府二卷　（明）李東陽撰　（明）何孟春註釋　清光緒刻本　　一冊　存一卷(上)

430000－2412－0000839　13/1.7

蜀道驛程記二卷　（清）王士禎撰　清康熙刻本　　一冊　存一卷(上)

430000－2412－0000840　13/1.8

[同治] 即墨縣志十二卷　（清）林溥修　（清）周翕鐄纂　清同治十二年(1873)刻本　　七冊　存九卷(一至五、九至十二)

430000－2412－0000841　13/1.9

石林家訓一卷石林治生家訓要略一卷　（宋）葉夢得撰　**二弟炳文四弟默安史略一卷**　葉德輝撰　清宣統三年(1911)長沙葉氏觀古堂刻本　　一冊

430000－2412－0000842　13/1.10

[雍正] 湖廣通志一百二十卷首一卷　（清）邁柱等修　（清）夏力恕纂　清雍正十一年(1733)刻本　　一冊　存二卷(一至二)

430000－2412－0000843　13/1.11

書目答問四卷　（清）張之洞撰　清光緒二十一年(1895)上海蜚英館石印本　　一冊　存二卷(經、史)

430000－2412－0000844　13/1.12

書目答問四卷　（清）張之洞撰　清光緒二十三年(1897)新化三味堂刻本　　一冊　存二卷(經、史)

430000－2412－0000845　13/1.13

古文觀止十二卷　（清）吳乘權　（清）吳大職錄　石印本　　四冊　存八卷(五至十二)

430000－2412－0000846　13/1.15

麓雲仙館圖題詠不分卷　（清）陳守如輯　清光緒八年(1882)刻本　　一冊

430000－2412－0000847　13/1.16

增訂南詔野史二卷　（明）楊慎編輯　（清）胡蔚訂正　清光緒六年(1880)雲南書局刻本　二冊

430000－2412－0000848　13/1.17

尚書十三卷附考證　（漢）孔安國傳　（唐）陸德明音義　清刻相臺五經本　　一冊　存三卷(一至三)

430000－2412－0000849　13/1.18

隋天台智者大師別傳一卷　（清）釋灌頂撰　清光緒五年(1879)天台山真覺塔寺刻本　一冊

430000－2412－0000850　13/1.19

伸蒙子三卷　（唐）林慎思撰　**素履子三卷**　（唐）張弧撰　清光緒元年(1875)湖北崇文書局刻本　　一冊

430000－2412－0000851　13/1.20

慈悲道場懺法十卷　（南朝梁）武帝蕭衍等集　明臺南房刻本(古杭里西湖瑪瑙寺藏板)　一冊　存七卷(四至十)

430000－2412－0000852　13/1.23

天祿閣外史八卷　（漢）黃憲撰　清刻漢魏叢書本　　三冊

430000－2412－0000853　13/1.24

大清律例總類不分卷　（清）刑部撰　清刻本　七冊

430000－2412－0000854　13/1.26

尚書大傳七卷　（漢）鄭玄注　王闓運補注
清光緒十一年(1885)刻靈鶼閣叢書本　一冊

430000－2412－0000855　13/1.27

尚書大傳三卷　（漢）伏勝撰　（漢）鄭玄注
辨譌一卷　（清）陳壽祺撰　清刻古經解彙函
本　一冊　缺一卷(一)

430000－2412－0000856　13/1.28

尚書大傳四卷　（漢）伏勝撰　（漢）鄭玄註
考異一卷補遺一卷續補遺一卷　（清）盧文弨
撰　清光緒元年(1875)湖北崇文書局刻本
一冊

430000－2412－0000857　13/1.30

尚書箋三十卷　王闓運撰　清光緒二十九年
(1903)東洲刻本　三冊　存二十卷(一至二
十)

430000－2412－0000858　13/1.30(1)

尚書箋三十卷　王闓運撰　清光緒二十九年
(1903)東洲刻本　二冊　存十二卷(一至十
二)

430000－2412－0000859　13/1.31

尚書孔傳參正三十六卷　王先謙撰　清光緒
三十年(1904)虛受堂刻本　五冊　缺八卷
(七至十四)

430000－2412－0000860　13/1.32

尚書後案三十卷尚書後辨附一卷　（清）王鳴
盛撰　清刻本(頤志堂藏板)　七冊　存十六
卷(一至三、十二至二十、二十七至三十)

430000－2412－0000861　13/2.1

尚書考異六卷　（明）梅鷟撰　清光緒十八年
(1892)浙江書局刻本　三冊　缺一卷(三)

430000－2412－0000862　13/2.2

尚書離句六卷　（清）錢在培輯解　清刻本
一冊　存三卷(四至六)

430000－2412－0000863　13/2.3

尚書離句六卷　（清）錢在培輯解　清刻本
一冊　存二卷(三至四)

430000－2412－0000864　13/2.4

尚書離句六卷　（清）錢在培輯解　清刻本
一冊　存二卷(五至六)

430000－2412－0000865　13/2.5

尚書瑣記(抱𣪯山房尚書瑣記)一卷　（清）尹
恭保撰　清光緒二十二年(1896)刻本　一冊

430000－2412－0000866　13/2.6

尚書引義六卷　（清）王夫之撰　清刻船山遺
書本　二冊

430000－2412－0000867　13/2.7

古文尚書辨惑十八卷　（清）洪良品著　清光
緒十四年(1888)鉛印本　三冊　存十四卷
(一至十四)

430000－2412－0000868　13/2.8

尚書古文疏證八卷　（清）閻若璩撰　清乾隆
十年(1745)眷西堂刻同治六年(1867)錢塘汪
氏振綺堂補刻本　八冊

430000－2412－0000869　13/2.9

尚書大傳五卷　（漢）伏勝撰　（漢）鄭玄註
(清)陳壽祺輯　清道光十年(1830)廣州刻本
一冊

430000－2412－0000870　13/2.10

今文尚書經說考三十二卷首一卷　（清）陳喬
樅撰　清刻本　九冊　存二十八卷(一上、
二、三中、四至十一、十七至三十二上,首一
卷)

430000－2412－0000871　13/2.11

武英殿聚珍版書　（清）高宗弘曆輯　清刻本
五百十二冊

430000－2412－0000872　14/1.1

論語十卷　（宋）朱熹集注　清刻本　一冊
存五卷(一至五)

430000－2412－0000873　14/1.2

論語十卷　（宋）朱熹集注　清刻本　一冊
存五卷(一至五)

430000－2412－0000874　14/1.3

論語十卷　（宋）朱熹集注　清刻本　一冊

存五卷(一至五)

430000 – 2412 – 0000875   14/1.4
論語十卷　(宋)朱熹集注　清刻本　二冊

430000 – 2412 – 0000876   14/1.5
論語集解義疏十卷　(三國魏)何晏集解
(南朝梁)皇侃義疏　清光緒十五年(1889)湘
南書局刻古經解彙函本　二冊

430000 – 2412 – 0000877   14/1.6
論語　清刻本　一冊

430000 – 2412 – 0000878   14/1.7
論語後案二十卷　(清)黃式三撰　清光緒九
年(1883)浙江書局刻儆居叢書本　六冊　存
十三卷(一至二、四至五、十至十八)

430000 – 2412 – 0000879   14/1.7(1)
論語後案二十卷　(清)黃式三撰　清光緒九
年(1883)浙江書局刻儆居叢書本　九冊　缺
二卷(十五至十六)

430000 – 2412 – 0000880   14/1.9
論語筆解二卷　(唐)韓愈註　鄭志三卷
(三國魏)鄭小同撰　清光緒十五年(1889)湘
南書局刻古經解彙函本　一冊

430000 – 2412 – 0000881   14/1.10
論語筆解二卷　(唐)韓愈註　鄭志三卷
(三國魏)鄭小同撰　清同治十二年(1873)粵
東書局刻古經解彙函本　一冊

430000 – 2412 – 0000882   14/1.11
論語十卷　(宋)朱熹集注　清刻本　二冊

430000 – 2412 – 0000883   14/1.12
論語十卷孟子七卷　(宋)朱熹集注　清刻本
五冊

430000 – 2412 – 0000884   14/1.13
儀禮古今文異同五卷　(清)徐養原撰　清光
緒湖城義塾刻本　一冊

430000 – 2412 – 0000885   14/1.14
論語說二卷　(明)辛全撰　(明)韓坰錄
(清)柏森重刊　清光緒二十四年(1898)柏經
正堂刻本　二冊

430000 – 2412 – 0000886   14/1.15
癡愚老人錄朱柏廬先生治家格言　(清)朱用
純撰　(清)灼亭臨摹　抄本　一冊

430000 – 2412 – 0000887   14/1.16
人壽金鑒二十二卷　(清)程得齡輯　清刻本
一冊　存十卷(一至十)

430000 – 2412 – 0000888   14/1.18
歷代名臣傳節錄三十卷　(清)蕭培元節錄
(清)崇厚增輯　清同治九年(1870)雲蔭堂刻
本　六冊　存十八卷(一至九、十六至十八、
二十五至三十)

430000 – 2412 – 0000889   14/1.19
歷代名臣傳三十五卷續編五卷　(清)張江纂
清刻本　八冊　存二十二卷(十七至二十
一、二十四至三十五,續編五卷)

430000 – 2412 – 0000890   14/1.20
聖諭廣訓附編　清涇陽柏氏經正堂刻本
一冊

430000 – 2412 – 0000891   14/1.21
七家詩試帖　(清)張熙宇輯評　清刻本　二
冊　存二卷(修竹齋試帖一卷、簡學齋試帖一
卷)

430000 – 2412 – 0000892   14/1.22
左傳博議拾遺二卷　(清)朱元英撰　清金山
錢氏刻小萬卷樓叢書本　一冊　存一卷(下)

430000 – 2412 – 0000893   14/1.24
古刻叢鈔一卷　(元)陶宗儀撰　清光緒六年
(1880)誦芬閣刻本　一冊

430000 – 2412 – 0000894   14/1.25
史記一百三十卷　(漢)司馬遷撰　(明)徐孚
遠　(明)陳子龍測議　清刻本　一冊　存四
卷(八十三至八十六)

430000 – 2412 – 0000895   14/2.2
國語二十一卷　(三國吳)韋昭註　(宋)宋庠
補音　清刻本　一冊　存六卷(九至十四)

430000 – 2412 – 0000896   14/2.3
國語二十一卷　(三國吳)韋昭解　清刻本

（文秀堂藏板） 四册

430000－2412－0000897 14/2.4
楚史檮杌一卷晉史乘一卷竹書紀年二卷
（清）汪士漢考校 清刻秘書廿一種本 一册

430000－2412－0000898 14/2.5
通鑑觸緒十三卷 （清）易佩紳撰 清光緒二
十年（1894）刻本 二册 存五卷（一至五）

430000－2412－0000899 14/2.6
鶴林玉露十六卷補遺一卷 （宋）羅大經撰
清刻稗海本 一册

430000－2412－0000900 14/2.7
北夢瑣言二十卷 （宋）孫光憲撰 清刻稗海
本 二册

430000－2412－0000901 14/2.8
螢雪叢說二卷（宋）俞成撰 **孫公談圃三卷**
（宋）孫升撰 **許彥周詩話一卷** （宋）許顗
撰 **後山居士詩話一卷** （宋）陳師道撰 清
刻稗海本 一册

430000－2412－0000902 14/2.11
國語三君注輯存四卷國語明道本考異四卷
（清）汪遠孫撰 清道光二十六年（1846）汪氏
振綺堂刻本 二册

430000－2412－0000903 14/2.12
佐治藥言一卷續一卷 （清）汪輝祖纂 清刻
本 一册

430000－2412－0000904 14/2.13
說鈴 （清）吳震方輯 清康熙四十四年
（1705）刻本 四册 存八卷（冬夜箋記一卷、
筠廊偶筆一卷、簪雲樓雜說一卷、蚓庵瑣語一
卷、曠園雜志二卷、嶺南雜記二卷）

430000－2412－0000905 14/2.14
四魂集四卷四魂外集四卷 易順鼎撰 清光
緒二十二年（1896）刻哭盦叢書本 二册

430000－2412－0000906 14/2.15
重刻剡川姚氏本戰國策札記三卷 （清）黃丕
烈撰 清刻本 一册

430000－2412－0000907 14/2.16

禮經箋十七卷 王闓運撰 清德陽劉子雄刻
本 一册 存二卷（五至六）

430000－2412－0000908 14/2.17
少吏論辨正一卷 （清）俞正燮撰 清光緒九
年（1883）成都刻本 一册

430000－2412－0000909 14/2.18
孫壯武[開華]榮哀錄 孫道仁輯 清宣統三
年（1911）刻本 一册

430000－2412－0000910 14/2.20
洴澼百金方十四卷 （清）袁宮桂輯 清抄本
五册 存八卷（二至八、十四）

430000－2412－0000911 14/2.21
唐代叢書（唐人說薈） （清）王文誥輯 清抄
本 四册 存朝野僉載、尚書故實、記事珠至
龍城錄、湘中怨詞至比紅兒詩、夢遊錄至馮
燕傳

430000－2412－0000912 14/2.22
棣懷堂隨筆四卷 （清）李象鵾撰 清抄本
二册 存二卷（一至二）

430000－2412－0000913 14/2.23
燕園筆錄 徐兆蘭輯 清光緒三十四年
（1908）刻本 一册

430000－2412－0000914 14/2.25
倉頡篇三卷 （清）陳其榮編 清光緒十八年
（1892）石埭徐氏觀自得齋刻觀自得齋叢書本
一册

430000－2412－0000915 14/2.27
鄧忠武公[紹良]榮哀錄 （清）□□撰 清同
治刻本 一册

430000－2412－0000916 14/2.29
希賢錄二卷 （清）彭玉麟輯 清光緒九年
（1883）刻本 一册

430000－2412－0000917 14/2.30
商山[戴鹿芝]事略 （清）陳建常輯 清光緒
五年（1879）嚴陵陳建常刻本 一册

430000－2412－0000918 14/2.31
歸潛志十四卷 （元）劉祁撰 清重刻武英殿

聚珍版書本　一冊　存二卷(十三至十四)

430000 – 2412 – 0000919　14/2.32
陸清獻公日記十卷首一卷　(清)陸隴其撰
(清)柳樹芳校刊　清道光二十一年(1841)吳
江柳氏刻本　四冊

430000 – 2412 – 0000920　14/2.33
群輔錄一卷　(晉)陶潛撰　**英雄記鈔一卷**
(漢)王粲撰　**搜神記八卷**　(晉)干寶撰　**搜
神後記二卷**　(晉)陶潛撰　清刻漢魏叢書本
　一冊

430000 – 2412 – 0000921　14/2.34
晉書地理志新補正五卷　(清)畢沅撰　清光
緒會稽章氏刻本　一冊

430000 – 2412 – 0000922　14/2.35
儀禮識誤三卷　(宋)張淳撰　清重刻武英殿
聚珍版書本　一冊

430000 – 2412 – 0000923　14/2.36
十六國春秋　(北魏)崔鴻撰　清刻漢魏叢書
本　一冊　存蜀錄、前涼錄、西涼錄、北涼錄、
後涼錄、後燕錄、南涼錄、南燕錄、西秦錄、北
燕錄、夏錄

430000 – 2412 – 0000924　14/2.37
文苑英華辨證十卷首一卷　(宋)彭叔夏撰
清重刻武英殿聚珍版書本　一冊　缺六卷
(五至十)

430000 – 2412 – 0000925　14/2.38
國志蒙拾二卷　(清)郭麐鈔撮　**歲星表一卷**
(清)朱駿聲撰　**清白士集校補一卷**　(清)
蔡雲著　清光緒貴池劉氏刻聚學軒叢書本
一冊

430000 – 2412 – 0000926　14/3.1
通鑑紀事本末二百三十九卷　(宋)袁樞撰
(明)張溥論正　清刻本　四十六冊　存一百
六十七卷(三至五、十四至三十八、四十三、四
十八至四十九、五十五至六十四、七十一至七
十六、八十一至一百五十八、一百七十七至一百
七十八上、一百九十二至二百一十七、二百二十
二至二百二十七、二百三十一至二百三十七)

430000 – 2412 – 0000927　14/3.2
通鑑紀事本末二百三十九卷　(宋)袁樞撰
(明)張溥論正　清康熙二十四年(1685)刻本
　五冊　存三十一卷(一至二、九至三十七)

430000 – 2412 – 0000928　14/3.3
**潛研堂金石文跋尾又續六卷三續六卷金石文
字目錄八卷**　(清)錢大昕撰　清嘉慶十年
(1805)刻本　六冊　存十七卷(又續四至六、
三續六卷、金石文字目錄八卷)

430000 – 2412 – 0000929　14/3.4
潛研堂金石文跋尾六卷又續六卷　(清)錢大
昕撰　清嘉慶十年(1805)刻本　二冊　存六
卷(一至三、又續一至三)

430000 – 2412 – 0000930　14/3.5
獨笑齋金石考略四卷　(清)鄭業斅撰　清光
緒十三年(1887)刻本　一冊

430000 – 2412 – 0000931　14/3.8
新鐫曆法便覽象吉備要通書大全二十九卷
(清)魏鑑彙述　清刻本(文光堂藏板)　四冊
　存十一卷(一至二、六至八、十四至十五、二
十至二十三)

430000 – 2412 – 0000932　14/3.9
麓山精舍叢書　(清)陳運溶輯　清光緒、宣
統間湘西陳氏刻本　一冊　存周官總義職方
氏注一卷、晉紀一卷、歷朝傳記九種

430000 – 2412 – 0000933　14/3.10
帝王世紀十卷　(晉)皇甫謐撰　(清)宋翔鳳
集校　**帝王世紀續補一卷攷異一卷**　(清)錢
保塘撰　**意林逸文**　清光緒四年(1878)貴筑
楊氏刻訓纂堂叢書本　一冊

430000 – 2412 – 0000934　14/3.11
燕丹子三卷　(清)孫星衍校集　**玉泉子一卷**
(唐)□□撰　**金華子雜編二卷**　(五代)劉
崇遠撰　清光緒元年(1875)湖北崇文書局刻
本　一冊

430000 – 2412 – 0000935　14/3.12
增訂二論詳解四卷　(清)劉忠輯　清刻本
一冊　存二卷(三至四)

430000－2412－0000936 14/3.14
抱樸子內篇二十卷 （晉）葛洪撰 清刻本
三冊 存三卷（二至四）

430000－2412－0000937 14/3.15
歸去來辭 家榮臨摹 清抄本 一冊

430000－2412－0000938 14/3.16
識字實在易不分卷 清通記局石印本 一冊
存白話解說、文話解說

430000－2412－0000939 14/3.17
史鑑節要便讀六卷 （清）鮑東里編 清同治
七年（1868）刻本 一冊 存三卷（一至三）

430000－2412－0000940 14/3.21
皇言定聲錄八卷竟山樂錄四卷李氏學樂錄二
卷 （宋）毛奇齡稿 清刻西河合集本 三冊
存十二卷（皇言定聲錄八卷、竟山樂錄三至
四、李氏學樂錄二卷）

430000－2412－0000941 14/4.1
增訂二論詳解四卷 （清）劉忠輯 清洪江大
德堂刻本 一冊 存二卷（一至二）

430000－2412－0000942 14/4.3
伽藍記五卷 （北魏）楊衒之撰 （清）廖飛熊
校 清刻漢魏叢書本 一冊

430000－2412－0000943 14/4.4
顏氏家訓二卷 （北齊）顏之推著 清刻漢魏
叢書本 一冊 存一卷（上）

430000－2412－0000944 14/4.5
評點春秋綱目左傳句解彙雋六卷 （清）韓葵
撰 清刻本 一冊 存一卷（四）

430000－2412－0000945 14/4.6
詩品三卷 （南朝梁）鍾嶸著 **書品一卷**
（南朝梁）庾肩吾著 **尤射一卷** （三國魏）繆
襲著 清刻漢魏叢書本 一冊

430000－2412－0000946 14/4.7
堅白齋詩存三卷 （清）龍汝霖撰 清光緒七
年（1881）刻本 一冊

430000－2412－0000947 14/4.8
詩品三卷 （南朝梁）鍾嶸著 **書品一卷**

（南朝梁）庾肩吾著 **尤射一卷** （三國魏）繆
襲著 **拾遺記十卷** （晉）王嘉撰 **述異記二
卷** （南朝梁）任昉撰 **續齊諧記一卷** （南
朝梁）吳均撰 **還冤記一卷** （北齊）顏之推
撰 **神異經一卷** （漢）東方朔撰 清刻漢魏
叢書本 二冊

430000－2412－0000948 14/4.9
望雲寄廬讀史記臆說五卷帶星草堂詩鈔一卷
（清）楊琪光撰 清光緒十三年（1887）刻本
一冊

430000－2412－0000949 14/4.11
綱鑑總論二卷 （清）周道卿編 清光緒二十
八年（1902）刻本（古餘書局藏板） 一冊

430000－2412－0000950 14/4.12
劉廉舫先生吏治三書 （清）劉衡撰 **牧民忠
告二卷** （元）張養浩撰 清同治七年（1868）
江蘇書局刻本 一冊

430000－2412－0000951 14/4.13
海防錄要二卷 （清）蔣德鈞纂 清刻本 一
冊 存一卷（一）

430000－2412－0000952 14/4.15
封氏聞見記十卷 （唐）封演撰 清乾隆二十
一年（1756）德州盧氏刻雅雨堂叢書本 一冊

430000－2412－0000953 14/4.16
[道光]晃州廳志四十四卷 （清）俞克振修
（清）梅嶧纂 清道光五年（1825）刻本 三冊
存二十三卷（六至十四、三十一至四十四）

430000－2412－0000954 14/4.17
山公啓事一卷佚事一卷 （晉）山濤撰 葉德
輝輯 清光緒二十六年（1900）長沙葉氏觀古
堂刻本 一冊

430000－2412－0000955 14/4.18
天官賜福 抄本 一冊

430000－2412－0000956 14/4.19
詩廣傳五卷 （清）王夫之撰 清同治四年
（1865）金陵節署刻船山遺書本 二冊

430000－2412－0000957 14/4.19（1）

詩廣傳五卷 （清）王夫之撰 清同治四年(1865)金陵節署刻船山遺書本 二冊 缺一卷(三)

430000－2412－0000958 14/4.20

詩經稗疏四卷 （清）王夫之撰 清同治四年(1865)金陵節署刻船山遺書本 一冊 存二卷(二至三)

430000－2412－0000959 14/4.22

歷代地理沿革圖一卷 （清）李兆洛撰 清光緒十八年(1892)長沙竹素書局刻本 一冊

430000－2412－0000960 14/4.23

闕里纂要四卷 （清）孔衍晦編集 清書林環峰堂刻本 二冊

430000－2412－0000961 14/4.24

詞餘叢話三卷 （清）楊恩壽撰 清光緒三年(1877)長沙楊氏坦園刻坦園叢稿本 一冊

430000－2412－0000962 14/4.25

齊東野語二十卷 （宋）周密撰 清刻稗海本 四冊

430000－2412－0000963 14/4.26

桯史十五卷 （宋）岳珂撰 清刻稗海本 一冊 存八卷(一至八)

430000－2412－0000964 14/4.27

博異記一卷 （唐）谷神子撰 高士傳三卷（晉）皇甫謐撰 劍俠傳四卷 （唐）佚名撰 清刻秘書廿一種本 一冊

430000－2412－0000965 14/4.29

野記四卷 （明）祝允明撰 清同治十三年(1874)刻本 一冊 存二卷(三至四)

430000－2412－0000966 14/4.31

戰國策十卷 （明）葛鼒考正 明末永懷堂刻本 三冊 存七卷(一至五、八至九)

430000－2412－0000967 14/5.1

漢學商兌三卷 （清）方東樹撰 清光緒二十六年(1900)浙江書局刻本 三冊 存二卷(上、中)

430000－2412－0000968 14/5.2

朱文公校昌黎先生文集四十卷目錄一卷 （唐）韓愈撰 （宋）朱熹考異 （明）朱吾弼重編 （明）朱崇沐訂梓 明萬曆三十三年(1605)刻本(芝蘭堂藏板) 十八冊

430000－2412－0000969 14/5.3

朱文公校昌黎先生文集四十卷目錄一卷外集十卷遺文一卷 （唐）韓愈撰 （宋）朱熹考異 （明）朱吾弼重編 （明）朱崇沐訂梓 清刻本 八冊 存二十六卷(十至十二、十五至二十、二十八至四十,目錄一卷,外集一至二,遺文一卷)

430000－2412－0000970 14/5.4

冊府元龜一千卷目錄十卷 （宋）王欽若等輯 （明）文翔鳳訂正 （明）黃國琦校釋 清刻本 五冊 存二十一卷(二百三十五至二百四十四、五百三十五至五百四十一、六百二十九至六百三十二)

430000－2412－0000971 14/5.6

建文書法儗前編一卷正編二卷 （明）朱鷺撰 明萬曆二十二年(1594)刻本 一冊

430000－2412－0000972 14/5.8

宋瑣語不分卷 （清）郝懿行撰 清嘉慶刻本 三冊

430000－2412－0000973 14/5.9

博物志十卷 （晉）張華撰 桂海虞衡志一卷 （宋）范成大撰 續博物志十卷 （宋）李石撰 清刻秘書廿一種本 一冊

430000－2412－0000974 14/5.10

酉陽雜俎二十卷續集十卷 （唐）段成式撰 清光緒元年(1875)湖北崇文書局刻本 三冊 缺一卷(酉陽雜俎二十)

430000－2412－0000975 14/5.11

搜神後記十卷 （晉）陶潛撰 清光緒元年(1875)湖北崇文書局刻本 一冊

430000－2412－0000976 14/5.12

搜神記二十卷 （晉）干寶撰 清光緒元年(1875)湖北崇文書局刻本 一冊

430000 – 2412 – 0000977　14/5.16

杜陽雜編三卷　(唐)蘇鶚撰　清刻稗海本
一冊

430000 – 2412 – 0000978　14/5.18

桐城吳氏文法教科書二編　吳闓生著　清光
緒三十一年(1905)上海文明書局鉛印本
一冊

430000 – 2412 – 0000979　14/5.19

瀛壖雜志六卷　(清)王韜撰　清光緒元年
(1875)刻本　一冊　存三卷(四至六)

430000 – 2412 – 0000980　14/5.20

神仙傳十卷　(晉)葛洪撰　清刻漢魏叢書本
一冊

430000 – 2412 – 0000981　14/5.21

世說新語六卷　(南朝宋)劉義慶撰　(南朝
梁)劉孝標註　鉛印本　一冊　存一卷(四)

430000 – 2412 – 0000982　14/5.22

世說新語三卷　(南朝宋)劉義慶撰　(南朝
梁)劉孝標註　佚文一卷考證一卷校勘小識
一卷補一卷　清光緒十七年(1891)長沙思賢
講舍刻本　四冊　缺一卷(世說新語下)

430000 – 2412 – 0000983　14/5.22(1)

世說新語三卷　(南朝宋)劉義慶撰　(南朝
梁)劉孝標註　佚文一卷考證一卷校勘小識
一卷補一卷　清光緒十七年(1891)長沙思賢
講舍刻本　六冊

430000 – 2412 – 0000984　14/6.1

王竹軒稿一卷　(清)王本撰　清同治六年
(1867)刻本　一冊

430000 – 2412 – 0000985　14/6.2

對聯匯海十四卷　(清)邱日虹編輯　(清)周
茂五校刊　清刻本　二冊　存八卷(七至十
四)

430000 – 2412 – 0000986　14/6.3

楹聯叢話十二卷續話四卷　(清)梁章鉅編輯
　楹聯雜記一卷　(清)呂恩湛續輯　清光緒
二十五年(1899)湖南書局刻本　六冊

430000 – 2412 – 0000987　14/6.4

聊齋志異詳註十六卷　(清)蒲松齡撰　(清)
王士正評　(清)呂湛恩註　清刻本(三讓堂
藏板)　一冊　存一卷(一)

430000 – 2412 – 0000988　14/6.5

詳解袁先生秘傳相法全編三卷　(明)袁忠徹
撰　(清)雲林子重訂　清刻本　一冊　缺一
卷(上)

430000 – 2412 – 0000989　14/6.7

湘輶叢刻十三卷　(清)吳樹梅撰　清光緒二
十六年(1900)長沙節署刻奉鞠齋叢書本　三
冊　存七卷(一至五、八至九)

430000 – 2412 – 0000990　14/6.10

平平錄十卷　(清)楊芳撰　清道光十三年
(1833)華陽王文運潼橋刻本　一冊　存三卷
(一至三)

430000 – 2412 – 0000991　14/6.11

繪圖四書速成新體讀本　(清)王育宗　(清)
秦鍾瑞　(清)施崇恩合演校訂　清寶慶崇書
室刻本　一冊　存二卷(論語一至二)

430000 – 2412 – 0000992　14/6.12

續刊青城山記二卷　(清)彭洵編輯　清光緒
十三年(1887)刻本　一冊

430000 – 2412 – 0000993　14/6.13

郡縣分韻攷十卷　(清)黃本驥編　清刻三長
物齋叢書本　一冊　存四卷(七至十)

430000 – 2412 – 0000994　14/6.14

孝經註疏九卷　(唐)玄宗李隆基註　(唐)陸
德明音義　(宋)邢昺疏　清同治十年(1871)
鍾謙鈞刻本　一冊

430000 – 2412 – 0000995　14/6.15

唐陸宣公奏議讀本四卷首一卷　(唐)陸贄撰
　(清)汪銘謙編　(清)馬傳庚評點　清宣統
元年(1909)影印本　二冊

430000 – 2412 – 0000996　14/6.16

六朝唐賦讀本不分卷　(清)馬傳庚選註　清
同治十三年(1874)京都玉燕書巢馬氏刻本

湖南省四家收藏單位古籍普查登記目錄（湘西土家族苗族自治州）

二冊

430000－2412－0000997　14/6.17

聊齋志異評註十六卷 （清）蒲松齡撰　（清）
王士正評　（清）呂湛恩註　（清)但明倫批
清刻本　七冊　存七卷(三至四、六、八、十二
至十三、十五)

430000－2412－0000998　14/6.18

聊齋志異新評十六卷 （清）蒲松齡撰　（清）
王士正評　（清）呂湛恩註　（清)但明倫新評
　清末中新書局鉛印本　四冊　存四卷(二、
五、十、十三)

430000－2412－0000999　14/6.19

國史文苑傳二卷 （清）阮元撰　清刻本
一冊

430000－2412－0001000　14/6.20

**評註才子古文大家十七卷評註才子古文歷朝
九卷** （清）金人瑞選　（清)王之績評註　清
文成堂書坊刻鐵立居本　六冊　存十二卷
(大家一至五、歷朝三至九)

430000－2412－0001001　14/6.21

五經類編二十八卷 （清）周世樟編　清刻本
　一冊　存一卷(十六)

430000－2412－0001002　14/6.22

隸經雜著乙編二卷 （清）顧震福撰　清光緒
十八年(1892)刻本　一冊

430000－2412－0001003　14/6.23

蕭藻遺書四卷 （清）胡發琅撰　清光緒十三
年(1887)刻本　一冊

430000－2412－0001004　15/1.1

重訂唐詩別裁集二十卷 （清）沈德潛選　清
刻本(芥子園藏板)　九冊　存十八卷(一至
十二、十五至二十)

430000－2412－0001005　15/1.8

小倉山房詩集三十七卷 （清）袁枚撰　清刻
本　一冊　存四卷(一至四)

430000－2412－0001006　15/1.9

國朝文彙乙集七十卷 沈粹芬等輯　清宣統

上海國學扶輪社石印本　七冊　存十四卷
(四十三至四十八、五十一至五十六、六十五
至六十六)

430000－2412－0001007　15/1.10

欽定續文獻通考輯要二十六卷 （清）湯壽潛
輯　清末通雅堂鉛印本　十冊

430000－2412－0001008　15/1.11

皇朝文獻通考輯要二十六卷 （清）湯壽潛輯
　清末通雅堂鉛印本　十冊

430000－2412－0001009　15/1.12

評點周禮政要二卷 （清）孫詒讓撰　清光緒
三十年(1904)上海同文社鉛印本　二冊

430000－2412－0001010　15/1.13

人生要覽一卷 （□）□□撰　清刻本　一冊

430000－2412－0001011　15/1.14

畫史叢書 于安瀾編　鉛印本　八冊

430000－2412－0001012　15/1.15

欽定四庫全書簡明目錄二十卷 （清）高宗弘
曆撰　清刻本　三冊　存六卷(三至八)

430000－2412－0001013　15/2.1

史略八十七卷 （清）朱壐輯　清石印本　一
冊　存四十三卷(四十五至八十七)

430000－2412－0001014　15/2.2

讀史兵略十二卷 （清）胡林翼撰　清光緒二
十七年(1901)上海紹先書局石印本　二冊
存二卷(一、六)

430000－2412－0001015　15/2.3

咸豐十年奏稿 （清）田興恕撰　清稿本
一冊

430000－2412－0001016　15/2.4

歷代史論十二卷 （明）張溥撰　清刻本　一
冊　存二卷(五至六)

430000－2412－0001017　15/2.5

小學弦歌八卷 （清）李元度編　清光緒二十
八年(1902)經綸森寶刻本　四冊　缺一卷
(六)

430000－2412－0001018　15/2.6

史論鈎沈八卷　(清)呂景端輯　清光緒二十八年(1902)詠梅書局刻本　一冊　存二卷(一至二)

430000－2412－0001019　15/2.7

長沙方歌括六卷首一卷　(清)陳念祖著　清上海錦章書局石印本　一冊

430000－2412－0001020　15/2.8

素問靈樞類纂約註三卷　(清)汪昂纂輯　清石印本　一冊　缺一卷(下)

430000－2412－0001021　15/2.9

醫宗必讀五卷　(明)李中梓撰　清石印本　一冊　存二卷(三至四)

430000－2412－0001022　15/2.10

醫門棒喝二集傷寒論本旨九卷　(清)章楠編注　清宣統元年(1909)石印本　一冊　存二卷(四至五)

430000－2412－0001023　15/2.12

詩韻合璧五卷　(清)湯文潞編　清上海錦章書局石印本　一冊　存一卷(二)

430000－2412－0001024　15/2.13

古香齋新刻袖珍御選古文淵鑒六十四卷　(清)徐乾學等編注　清刻五色套印本　十二冊　存二十八卷(一至三、七至十一、二十二至二十四、三十二至四十一、五十四至五十五、六十至六十四)

430000－2412－0001025　15/2.14

象山先生文集三十六卷　(宋)陸九淵撰　(清)李紱點次　清宣統二年(1910)江左書林鉛印本　八冊

430000－2412－0001026　15/2.15

吳越游草一卷　(清)王文治撰　清宣統三年(1911)古吳藏書樓石印本　一冊

430000－2412－0001027　15/2.16

硃批諭旨不分卷　(清)世宗胤禛編　清朱墨石印本　三冊　存三冊(四十三至四十五)

430000－2412－0001028　15/2.17

天演論二卷　(英)赫胥黎撰　嚴復譯　清刻本　一冊　存一卷(上)

430000－2412－0001029　15/2.18

文中子中說十卷　(隋)王通撰　(宋)阮逸註　掃葉山房石印本　一冊

430000－2412－0001030　15/2.19

文子纘義十二卷　(宋)杜道堅撰　**商君書五卷**　(戰國)商鞅撰　清光緒十九年(1893)上海鴻文局石印本　一冊

430000－2412－0001031　15/2.21

揚子法言一卷尸子一卷鶡冠子一卷關尹子一卷文子纘義十二卷　清宣統元年(1909)上海育文書局石印本　一冊

430000－2412－0001032　15/2.23

聽香禪室詩集八卷　(清)釋芳圃著　清光緒二十二年(1896)刻本　二冊

430000－2412－0001033　15/2.23(1)

聽香禪室詩集八卷　(清)釋芳圃著　清光緒二十二年(1896)刻本　二冊

430000－2412－0001034　15/3.2

任彥昇集五卷　(南朝梁)任昉撰　**陳後主集二卷**　(南朝陳)陳叔寶著　清宣統三年(1911)上海文明書局鉛印本(無錫丁氏藏板)　一冊

430000－2412－0001035　15/3.3

麻科活人全書四卷　(清)謝玉瓊纂輯　**制猁多方統編一卷**　(清)王觀仁輯　清光緒二十八年(1902)太和書局刻本　四冊

430000－2412－0001036　15/3.4

國朝畫徵錄三卷續錄二卷　(清)張庚撰　清石印本　一冊　存三卷(下、續錄二卷)

430000－2412－0001037　15/3.5

畫禪室隨筆四卷　(明)董其昌撰　清石印本　一冊　存一卷(二)

430000－2412－0001038　15/3.7

三蘇策論十二卷　(宋)蘇洵等著　清刻本　一冊　存二卷(五至六)

430000－2412－0001039　15/3.8

西疆雜述詩四卷　（清）蕭雄撰　清鉛印本
四冊

430000－2412－0001040　15/3.10

欽定協紀辨方書三十六卷　（清）允祿等撰
清刻本　三冊　存六卷（八至九、三十三至三
十六）

430000－2412－0001041　15/3.11

抱樸子內篇二十卷外篇五十卷　（晉）葛洪撰
清光緒二十四年（1898）上海鴻文書局石印
本　一冊

430000－2412－0001042　15/3.14

享金簿一卷　（清）孔尚任撰　清宣統三年
（1911）上海神州國光社鉛印美術叢書本
一冊

430000－2412－0001043　15/3.16

國朝畫徵錄三卷續錄二卷　（清）張庚撰　清
光緒十九年（1893）上海積山書局石印本
二冊

430000－2412－0001044　15/3.19

南越筆記十六卷　（清）李調元輯　清石印本
一冊　存七卷（六至十二）

430000－2412－0001045　15/3.20

秦淮畫舫錄二卷　（清）捧花生撰　清廣益書
局石印本　一冊　存一卷（上）

430000－2412－0001046　15/3.22

漢魏六朝百三名家集　（明）張溥輯　清刻本
（述古山莊藏板）　七冊

430000－2412－0001047　15/3.24

新式集對七巧圖補遺一卷續編□□卷　王德
棻撰　清上海尚文書店石印本　二冊　存二
卷（補遺一卷、續編上）

430000－2412－0001048　15/3.25

博古齋庚訂燕居筆記十卷　（清）龍鍾道人編
清刻本　一冊　存二卷（三至四）

430000－2412－0001049　15/3.26

西輶日記一卷　（清）黃楙材著　清光緒二十

三年（1897）湖南新學書局刻遊記彙刊本
一冊

430000－2412－0001050　15/3.27

金軺籌筆四卷　（清）□□撰　清光緒二十三
年（1897）湖南新學書局刻遊記彙刊本　四冊

430000－2412－0001051　15/3.28

明季稗史彙編二十七卷　（清）留雲居士輯
清鉛印本　一冊　存七卷（十七至二十三）

430000－2412－0001052　15/3.29

白石道人歌曲四卷別集一卷附錄二卷　（宋）
姜夔撰　清有正書局石印本　一冊

430000－2412－0001053　15/3.34

李長吉歌詩四卷首一卷外集一卷　（唐）李賀
撰　（清）王琦編輯　清宣統元年（1909）上海
文瑞樓石印本　三冊　缺一卷（二）

430000－2412－0001054　15/3.35

皇朝駢文類苑十四卷　（清）姚燮選　清刻本
二冊　存二卷（十二至十三）

430000－2412－0001055　15/3.36

直省鄉墨萃腴不分卷　清刻本　一冊　存浙
江、福建、湖北、湖南

430000－2412－0001056　15/3.37

白石道人詩集二卷集外詩一卷附錄一卷補遺
一卷詩說一卷　（宋）姜夔撰　清同治十年
（1871）刻本　一冊

430000－2412－0001057　15/3.40

畜德錄二十卷　（清）席啟圖纂輯　清掃葉山
房石印本　一冊　存一卷（十五）

430000－2412－0001058　15/3.41

家寶二集八卷　（清）石成金撰　清刻本　一
冊　存一卷（八）

430000－2412－0001059　15/3.42

訓俗遺規四卷　（清）陳弘謀撰　補編一卷
（清）華希閎編輯　清石印本　一冊　缺二卷
（訓俗遺規一至二）

430000－2412－0001060　15/3.43

校讎通義三卷　（清）章學誠撰　清光緒二十

五年(1899)三味堂刻本　一冊

430000 - 2412 - 0001061　15/3.45

滇軺紀程一卷政書嵬遺一卷　（清）林則徐撰
　清光緒三年至五年(1877 - 1879)刻本(宣
南寓齋藏板)　一冊

430000 - 2412 - 0001062　15/3.46

鈍齋東遊日記一卷　賀綸夔編述　清宣統元
年(1909)上海商務印書館鉛印本　一冊

430000 - 2412 - 0001063　15/3.47

詞韻二卷　（清）仲恒編次　（清）王又華補切
　（清）王嗣瑠訂註　清刻本　一冊

430000 - 2412 - 0001064　15/4.1

前漢紀三十卷　（漢）荀悅撰　後漢紀三十卷
　（晉）袁宏撰　清光緒二年(1876)嶺南述古
堂刻本　四冊　存十五卷(前漢紀一至三、十
至十二、二十二至二十五,後漢紀八至十二)

430000 - 2412 - 0001065　15/4.4

金匱方歌括六卷　（清）陳念祖撰　清上海錦
章書局石印本　一冊

430000 - 2412 - 0001066　15/4.6

校正瀕湖脈學一卷奇經八脈考一卷　（明）李
時珍撰　校正圖注脈訣四卷　（晉）王叔和撰
　（明）張世賢注　清石印本　一冊

430000 - 2412 - 0001067　15/4.7

附釋音尚書註疏四卷附校勘記　（漢）孔安國
傳　（唐）孔穎達疏　清光緒二十三年(1897)
點石齋石印本　二冊

430000 - 2412 - 0001068　15/4.9

唐人說薈　（清）陳世熙輯　清掃葉山房石印
本　一冊　存一冊(八)

430000 - 2412 - 0001069　15/4.10

新刻天如張先生精選石渠紀要萬寶全書三十
卷　（清）張溥彙編　（清）蕭思訓梓行　清刻
本　一冊　存四卷(一至四)

430000 - 2412 - 0001070　15/4.11

記事珠十卷　（清）張以謙輯　（清）江壎重鑴
　（清）鄭夢明刪訂引釋　清刻本　一冊　存

二卷(一至二)

430000 - 2412 - 0001071　15/4.12

紫薇花館雜纂　（清）王廷鼎撰　清光緒十一
年(1885)刻本　一冊

430000 - 2412 - 0001072　15/4.13

脈經十卷　（晉）王叔和撰　清石印本　一冊
　存一卷(八)

430000 - 2412 - 0001073　15/4.17

李長吉集四卷外一卷　（唐）李賀撰　（明）黃
淳耀評點　（清）黎二樵批點　清掃葉山房朱
墨石印本　一冊　缺二卷(一至二)

430000 - 2412 - 0001074　15/4.17(1)

李長吉集四卷外一卷　（唐）李賀撰　（明）黃
淳耀評點　（清）黎二樵批點　清掃葉山房朱
墨石印本　一冊　缺二卷(一至二)

430000 - 2412 - 0001075　15/4.18

洴澼百金方十四卷　（清）袁宮桂輯　清抄本
　五冊　存六卷(四、九至十一、十三至十四)

430000 - 2412 - 0001076　15/4.19

詩韻集成十卷　（清）余照輯　清鉛印本　二
冊　存六卷(五至十)

430000 - 2412 - 0001077　15/4.24

玉海二百卷　（元）王應麟撰　清刻本　十九
冊　存四十一卷(二十至四十九、五十二至六
十二)

430000 - 2412 - 0001078　15/4.25

鼎鍥趙田了凡袁先生編纂古本歷史大方綱鑑
補三十九卷首一卷　（明）袁黃編　清光緒二
十九年(1903)上海博文書館石印本　四冊
存十八卷(一至四、十至二十二,首一卷)

430000 - 2412 - 0001079　15/4.26

御批通鑑輯覽合璧一百二十卷　（清）傅恒等
撰　清石印本　五冊　存二十三卷(十四至
十八、三十至三十四、五十六至五十九、六十
五至六十八、八十二至八十六)

430000 - 2412 - 0001080　15/4.27

曾文正公詩集三卷　（清）曾國藩撰　清光緒

二年(1876)傳忠書局刻本　一冊

430000－2412－0001081　15/4.28

曾文正公文集三卷　（清）曾國藩撰　清光緒二年(1876)傳忠書局刻本　二冊　存二卷(一、三)

430000－2412－0001082　15/4.29

北齊書五十卷　（唐）李百藥撰　清同治十三年(1874)金陵書局刻本　一冊　存十一卷(一至十一)

430000－2412－0001083　15/4.39

通志二百卷　（宋）鄭樵撰　清鉛印本　二冊　存九卷(一百七十二至一百八十)

430000－2412－0001084　15/4.40

通志二百卷　（宋）鄭樵撰　清石印本　五冊　存四十七卷(八至十四、四十六至六十三、九十一至九十八、一百二十至一百三十三)

430000－2412－0001085　15/4.42

寶鏡圖　清刻本　一冊　存十九頁(一至十九)

430000－2412－0001086　15/5.2

駱賓王文集十卷　（唐）駱賓王撰　清宣統三年(1911)上海文寶公司影印本　一冊　存六卷(一至六)

430000－2412－0001087　15/5.5

宮詞三種　（明）毛晉輯　清影印本　一冊

430000－2412－0001088　15/5.6

古唐詩合解十六卷　（清）王堯衢註　清石印本　一冊　存二卷(五至六)

430000－2412－0001089　15/5.8

孫子十家註十三卷　（宋）吉天保輯　（清）孫星衍等校　清石印本　一冊　存三卷(十一至十三)

430000－2412－0001090　15/5.9

鬼谷子一卷　（南朝梁）陶弘景註　孫子十家註十三卷　（宋）吉天保輯　清光緒十九年(1893)上海鴻文局石印本　一冊

430000－2412－0001091　15/5.13

醫宗金鑒七十四卷　（清）吳謙等纂　清上海廣益書局石印本　三冊　存八卷(四至七、十七至二十)

430000－2412－0001092　15/5.14

金匱要略淺註十卷　（清）陳念祖集注　清上海錦章書局石印本　一冊　存五卷(一至五)

430000－2412－0001093　15/5.15

金匱要略淺註十卷　（清）陳念祖集注　清石印本　一冊　存六卷(一至六)

430000－2412－0001094　15/5.16

補註黃帝内經素問二十四卷　（唐）王冰註　（宋）林億等校正　（宋）孫兆改誤　清育文書局石印本　一冊　存十二卷(一至十二)

430000－2412－0001095　15/5.20

洗冤錄集證彙纂六卷　（清）王又槐增輯　清刻本　二冊　存四卷(二、四至六)

430000－2412－0001096　15/5.21

清史攬要六卷　（日本）增田貢撰　清鉛印本　一冊　存三卷(四至六)

430000－2412－0001097　15/5.24

增廣尚友錄統編二十二卷　（明）廖用賢纂　清石印本　九冊　存十六卷(三至六、九至十四、十七至二十二)

430000－2412－0001098　15/5.28

西征紀程四卷　（清）鄒代鈞撰　清光緒二十三年(1897)湖南新學書局刻本　三冊

430000－2412－0001099　15/6.2

逆臣傳二卷　（清）國史館纂　清刻本　二冊

430000－2412－0001100　15/6.3

醉世錦囊對聯五卷　（清）鄒景陽訂正　清刻本　一冊　存三卷(三至五)

430000－2412－0001101　15/6.4

庚辰集五卷　（清）紀昀輯　清嘉慶元年(1796)刻本　一冊　存一卷(一)

430000－2412－0001102　15/6.8

養正遺規約鈔一卷　（清）陳宏謀原編　（清）蹇闓編　清同治十年(1871)遵義蹇氏家塾刻

四種遺規約鈔本　一冊

430000－2412－0001103　15/6.9

中州集十卷　(金)元好問撰　(日本)近藤元粹評訂　清鉛印本　五冊　存五卷(三、五至七、九)

430000－2412－0001104　15/6.13

滋蘭樹蕙山房同心錄二卷　(清)許㴊穌著　清光緒十七年(1891)石印本　一冊

430000－2412－0001105　15/6.18

四書味根錄　(清)金澂輯　清刻本　八冊　存二十九卷(論語二十卷,孟子一至三、七至八、十一至十四)

430000－2412－0001106　15/6.19

國朝文錄四十家　(清)李祖陶評點　清道光十九年(1839)瑞州鳳儀書院刻本　二十一冊

430000－2412－0001107　16/1.1

小蘇潭詞六卷　(清)蕉南舊史(謝學崇)撰　清道光十八年(1838)刻本　二冊

430000－2412－0001108　16/1.2

古今詞論一卷　(清)毛又華撰　**填詞圖譜六卷**　(清)賴以邠撰　(清)查繼超增輯　清康熙十八年(1679)刻詞學全書本　一冊　存二卷(古今詞論一卷、填詞圖譜一)

430000－2412－0001109　16/1.3

唐詩初選二卷　(清)蘄塘退士編　(清)吳宗麟重編　清同治三年(1864)可久長室刻本　一冊　存一卷(上)

430000－2412－0001110　16/1.4

詞選二卷　(清)張惠言錄　**續詞選二卷**　(清)董毅錄　清道光十年(1830)宛鄰書屋刻本　一冊　缺一卷(續詞選二)

430000－2412－0001111　16/1.5

詞選二卷茗柯詞一卷　(清)張惠言撰　**立山詞一卷**　(清)張琦撰　**續詞選二卷附錄一卷**　(清)董毅錄　清道光十年(1830)官書處刻本　二冊

430000－2412－0001112　16/1.6

寒松閣詞二卷　(清)張鳴珂撰　清光緒十年(1884)江西書局刻本　一冊

430000－2412－0001113　16/1.7

百末詞六卷　(清)尤侗撰　**性理吟一卷**　(宋)朱熹撰　**後性理吟一卷**　(清)尤侗撰　清康熙四年(1665)刻西堂全集本　二冊

430000－2412－0001114　16/1.8

美人長壽盦詞集六卷　程頌萬著　清光緒十七年(1891)羊城藥洲連理榕齋刻十髮盦類稿本　一冊　存四卷(三至六)

430000－2412－0001115　16/1.12

煙霞萬古樓詩選二卷　(清)王曇撰　**仲瞿詩錄一卷**　(清)徐渭仁輯　清道光二十年(1840)刻本,詩錄清咸豐元年(1851)刻本　一冊

430000－2412－0001116　16/1.13

詩義擇從四卷　(清)易佩紳撰　清光緒十四年(1888)刻本　一冊　存二卷(三至四)

430000－2412－0001117　16/1.16

讀雪山房唐詩三十四卷　(清)管世銘編　清光緒十二年(1886)湖北官書處刻本　五冊　存十四卷(一至二、八至十三、十八至十九、二十七至三十)

430000－2412－0001118　16/1.19

楞華室詞鈔二卷　(清)沈世良撰　清咸豐四年(1854)刻本　一冊

430000－2412－0001119　16/1.20

思益堂詩鈔六卷　(清)周壽昌撰　清光緒十四年(1888)刻本　一冊

430000－2412－0001120　16/1.21

十八家詩鈔二十八卷　(清)曾國藩纂　清同治十三年(1874)長沙傳忠書局刻本　二冊　存二卷(一至二)

430000－2412－0001121　16/1.23

湖海詩傳四十六卷　(清)王昶輯　清刻本　一冊　存二卷(三十九至四十)

430000－2412－0001122　16/1.26

景惠室詩存一卷　（清）易籛著　清光緒二十七年(1901)上湘刻本　一冊

430000 - 2412 - 0001123　16/1.27

東洲草堂詩鈔三十卷詩餘一卷　（清）何紹基撰　清同治六年(1867)長沙無園刻本　八冊

430000 - 2412 - 0001124　16/1.28

劍南詩鈔不分卷　（宋）陸游撰　（宋）楊大鶴選　清刻本　一冊　存七言古、五言律

430000 - 2412 - 0001125　16/1.30

梅墅詩鈔八卷　（清）張啟鵬撰　清道光二十八年(1848)友石山房刻本　二冊

430000 - 2412 - 0001126　16/1.31

芙蓉山館詩鈔八卷補鈔一卷詞鈔二卷　（清）楊芳燦撰　清嘉慶十二年(1807)刻本　二冊　缺四卷(五至八)

430000 - 2412 - 0001127　16/1.34

碉東詩鈔十卷　（清）歐陽輅撰　清道光十年(1830)刻本　二冊

430000 - 2412 - 0001128　16/1.35

古唐詩合解十六卷　（清）王堯衢註　清刻本　一冊　存六卷(五至十)

430000 - 2412 - 0001129　16/1.41

遜學齋詩鈔十卷詩續鈔五卷文鈔十二卷文續鈔五卷　（清）孫衣言撰　清同治三年(1864)刻本　九冊　缺八卷(詩鈔七至十,文鈔五至六、十一至十二)

430000 - 2412 - 0001130　16/2.1

文光堂古文觀止六卷　（清）吳乘權　（清）吳大職錄　清刻本　五冊　存五卷(二至六)

430000 - 2412 - 0001131　16/2.2

群經字詁七十二卷檢字一卷　（清）段諤廷撰　（清）黃本驥編訂　清道光二十九年(1849)黔陽楊氏刻本　二十冊

430000 - 2412 - 0001132　16/2.3

御選唐宋詩醇四十七卷目錄二卷　（清）高宗弘曆選　清光緒十八年(1892)學庫山房刻本　十九冊　缺九卷(九至十、二十六至二十

八、四十至四十三)

430000 - 2412 - 0001133　16/2.4

御選唐宋詩醇四十七卷目錄二卷　（清）高宗弘曆選　清刻本　六冊　存十三卷(四至六、十一至十二、三十二至三十七、四十至四十一)

430000 - 2412 - 0001134　16/2.5

御選唐宋詩醇四十七卷文醇五十八卷　（清）高宗弘曆選　清刻本　二冊　存五卷(詩醇三十四至三十五、文醇四十一至四十三)

430000 - 2412 - 0001135　16/2.6

御選唐宋詩醇四十七卷目錄二卷　（清）高宗弘曆選　清光緒七年(1881)浙江書局刻本　十二冊　缺二十六卷(四至九、十二至十五、十八至二十二、二十五至二十六、二十九至三十三、四十二至四十五)

430000 - 2412 - 0001136　16/2.7

御選唐宋文醇五十八卷　（清）高宗弘曆選　清光緒十八年(1892)學庫山房刻本　二十三冊　存五十六卷(三至五十八)

430000 - 2412 - 0001137　16/3.1

十國雜事詩十七卷　（清）饒智元撰　清光緒十七年(1891)刻竹素齋叢書本　三冊　存十五卷(一至十五)

430000 - 2412 - 0001138　16/3.2

雪琳遺詩一卷續刻雪琳遺詩一卷　（清）釋德亮撰　清嘉慶二十四年(1819)柳樹芳養餘齋刻道光元年(1821)續刻印本　一冊

430000 - 2412 - 0001139　16/3.2(1)

雪琳遺詩一卷續刻雪琳遺詩一卷　（清）釋德亮撰　清嘉慶二十四年(1819)柳樹芳養餘齋刻道光元年(1821)續刻印本　一冊

430000 - 2412 - 0001140　16/3.3

秋紅丈室遺詩一卷　（清）金禮嬴著　（清）文靜玉編　陔南池館遺集二卷　（清）喬重禧撰　清道光二十年(1840)上海徐氏刻春暉堂叢書本　一冊

430000－2412－0001141　16/3.4

游宦紀聞十卷　（宋）張世南撰　清刻稗海本
一冊

430000－2412－0001142　16/3.7

唐女郎魚玄機詩一卷附錄一卷　（唐）魚玄機
撰　清光緒二十五年(1899)長沙葉氏刻本
一冊

430000－2412－0001143　16/3.8

讀雪山房唐詩三十四卷　（清）管世銘編　清
光緒十二年(1886)湖北官書處刻本　八冊
存二十卷(六至十、十四至十五、十八至三十)

430000－2412－0001144　16/3.9

莘廬遺詩六卷遺著一卷　（清）凌泗撰　清宣
統三年至民國三年(1911－1914)刻本　二冊

430000－2412－0001145　16/3.11

消夏百一詩二卷　葉德輝撰　清光緒三十三
年(1907)鉛印本　一冊

430000－2412－0001146　16/3.13

唱經堂杜詩解四卷　（清）金人瑞撰　清宣統
二年(1910)順德鄧氏鉛印本　一冊　存二卷
(一至二)

430000－2412－0001147　16/3.14

韞真詩草一卷拾餘一卷　（清）李雲麟撰　清
光緒十年(1884)七十二泉寄齋刻本　一冊

430000－2412－0001148　16/3.15

師伏堂詩草六卷　（清）皮錫瑞撰　清光緒二
十一年(1895)刻本　一冊

430000－2412－0001149　16/3.16

船山詩草二十卷　（清）張問陶撰　清刻本
二冊　存九卷(六至十四)

430000－2412－0001150　16/3.17

船山詩草二十卷　（清）張問陶撰　清刻本
二冊　存六卷(八至十三)

430000－2412－0001151　16/3.19

黃葉山樵詩草四卷　（清）江璧撰　清咸豐、
同治間刻本　一冊

430000－2412－0001152　16/3.20

求是齋詩草二卷首一卷　（清）鄭先樸撰　清
光緒十一年(1885)刻本　一冊

430000－2412－0001153　16/3.22

芙蓉池館詩草一卷　（清）羅辰著　清道光十
八年(1838)刻本　一冊

430000－2412－0001154　16/3.23

大學引端全部一卷中庸引端全部一卷大中引
端增補燕說一卷　（清）劉忠輯　（清）劉麗中
增補　清光緒十年(1884)刻本(裕德堂藏板)
一冊

430000－2412－0001155　16/3.24

白話解說　清末刻本　一冊　存物類初編

430000－2412－0001156　16/3.25

大學章句一卷中庸章句一卷　（宋）朱熹撰
清狀元閣刻本　一冊

430000－2412－0001157　16/3.26

說文部首讀本不分卷　（清）嘯雲主人輯　清
武昌嘯雲書堂刻本　一冊

430000－2412－0001158　16/3.27

避暑錄話二卷　（宋）葉夢得撰　清刻稗海本
二冊

430000－2412－0001159　16/3.28

唐詩選十三卷　王闓運撰　清宣統三年
(1911)東洲刻本　八冊　存十一卷(二、四至
十三)

430000－2412－0001160　16/4.1

詩總聞二十卷　（宋）王質撰　清重刻武英殿
聚珍版書本　八冊

430000－2412－0001161　16/4.2

冷紅詞四卷　（清）鄭文焯撰　清光緒二十二
年(1896)耦園刻本　一冊

430000－2412－0001162　16/4.3

重訂文選集評十五卷首一卷末一卷　（清）于
光華編次　清乾隆四十三年(1778)刻本　七
冊　存八卷(七至八、十至十一、十四至十五，
首一卷,末一卷)

430000－2412－0001163　16/4.4

古詩源十四卷 （清）沈德潛選 清刻本 二
冊 存五卷（七至十一）

430000－2412－0001164 16/4.5

古詩源十四卷 （清）沈德潛選 清康熙五十
八年（1719）刻本 一冊

430000－2412－0001165 16/4.6

七家試帖輯註 （清）張熙宇輯評 清刻本
五冊 存六卷（尚絅堂試帖輯註一卷、桐雲閣
試帖輯註二卷、西漚試帖輯註二卷、檉花館試
帖輯註一卷）

430000－2412－0001166 16/4.7

八家四六文註八卷首一卷 （清）吳鼒輯
（清）許貞幹註 清光緒十七年（1891）刻本
十三冊 缺一卷（八下）

430000－2412－0001167 16/4.9

說文通訓定聲十八卷附分部檢韻一卷古今韻
準一卷補遺一卷 （清）朱駿聲撰 清同治九
年（1870）補刻本 二十一冊 缺四卷（四至
五、十一、十五）

430000－2412－0001168 16/4.10

說文聲讀表七卷 （清）苗夔撰 清同治、光
緒間福山王氏刻天壤閣叢書本 二冊

430000－2412－0001169 16/4.11

說文解字通釋四十卷 （五代）徐鍇撰 校勘
記三卷 （清）承培元撰 清道光十九年
（1839）刻本 七冊 缺五卷（一至五）

430000－2412－0001170 16/4.12

說文統釋自序一卷 （清）錢大昭撰 清光緒
八年（1882）刻本（金峨山館藏板） 一冊

430000－2412－0001171 16/4.13

說文逸字二卷附錄一卷 （清）鄭珍撰 清咸
豐八年（1858）望山堂刻本 一冊 存一卷
（上）

430000－2412－0001172 16/4.13(1)

說文逸字二卷附錄一卷 （清）鄭珍撰 清咸
豐八年（1858）望山堂刻本 二冊

430000－2412－0001173 16/4.14

說文逸字二卷附錄一卷 （清）鄭珍撰 清光
緒福山王氏刻天壤閣叢書本 一冊

430000－2412－0001174 16/4.15

說文分韻易知錄十卷 （清）許巽行編纂 清
光緒五年（1879）許嘉德刻本 二冊 存四卷
（二至五）

430000－2412－0001175 16/4.16

汲古閣說文訂一卷 （清）段玉裁撰 清刻本
一冊

430000－2412－0001176 16/4.17

說文解字十五卷 （漢）許慎撰 （宋）徐鉉等
校 清刻小學彙函本 一冊 存三卷（一至
三）

430000－2412－0001177 16/4.18

唐寫本說文解字木部箋異一卷 （清）莫友芝
撰 清同治二年（1863）刻本 一冊

430000－2412－0001178 16/5.1

說文解字十五卷 （漢）許慎撰 （宋）徐鉉等
校定 清光緒十一年（1885）蕉心室校刻本
六冊 存十二卷（一至二、五至十四上）

430000－2412－0001179 16/5.2

瑤箋四卷 （明）郁濬選 清光緒十四年
（1888）四明提署鉛印本 四冊 存四卷（一、
二至四）

430000－2412－0001180 16/5.3

八代詩選二十卷 王闓運輯 清光緒二十年
（1894）善化章氏經濟堂刻民國十二年（1923）
訂補印本 七冊 存十八卷（一至二、五至二
十）

430000－2412－0001181 16/5.3(1)

八代詩選二十卷 王闓運輯 清光緒二十年
（1894）善化章氏經濟堂刻民國十二年（1923）
訂補印本 四冊 存十一卷（一至二、八至
十、十五至二十）

430000－2412－0001182 16/5.4

詩餘偶鈔六卷 王先謙輯 清光緒十六年
（1890）長沙王氏刻本 一冊

430000 – 2412 – 0001183　16/5.5

宋四名家詩選六卷　(清)周之鱗　(清)柴升輯　清刻本　一冊　存一卷(石湖先生詩選一卷)

430000 – 2412 – 0001184　16/5.6

杜工部集二十卷附錄一卷年譜一卷諸家詩話一卷　(唐)杜甫撰　清宣統三年(1911)上海時中書局石印本　二冊　存七卷(杜工部集一至四、附錄一卷、年譜一卷、諸家詩話一卷)

430000 – 2412 – 0001185　16/5.10

哦月樓詩存三卷詩餘附一卷續附一卷　(清)儲慧著　清光緒十一年(1885)鉛印本　一冊

430000 – 2412 – 0001186　16/5.11

秋夢盦詞鈔二卷　(清)葉衍蘭撰　清光緒十六年(1890)羊城刻本　一冊

430000 – 2412 – 0001187　16/5.14

小檀欒室匯刻閨秀詞　徐乃昌輯　清光緒二十一年至二十二年(1895 – 1896)南陵徐氏刻本　十二冊

430000 – 2412 – 0001188　16/5.15

紅蕉詞一卷　(清)江標撰　**鶴緣詞一卷**　(清)呂耀斗撰　清光緒元和江氏師鄦室刻本　一冊

430000 – 2412 – 0001189　16/6.1

家庭情感教育六卷　(日本)熱田貞吉著　(清)陸懋勳譯　清光緒二十八年(1902)鉛印教科叢書本　一冊　存三卷(一至三)

430000 – 2412 – 0001190　16/6.2

史鑑節要便讀六卷　(清)鮑東里編輯　清光緒十一年(1885)刻本　一冊　存三卷(四至六)

430000 – 2412 – 0001191　16/6.3

八線備旨四卷　(美國)羅密士撰　(美國)潘慎文譯　清末刻本　一冊　存一卷(四)

430000 – 2412 – 0001192　16/6.4

疏勒望雲圖題詠五卷　(清)袁緒欽校編　清光緒十九年(1893)望雲山館刻本　一冊

430000 – 2412 – 0001193　16/6.5

約章分類輯要三十八卷首一卷　蔡乃煌等輯　清刻本　六冊　存六卷(二十九至三十一、三十五至三十六、三十八)

430000 – 2412 – 0001194　16/6.6

桯史十五卷　(宋)岳珂撰　清刻稗海本　一冊

430000 – 2412 – 0001195　16/6.7

澠水燕談錄十卷　(宋)王闢之撰　**隨隱漫錄五卷**　(宋)陳世崇撰　**楓窗小牘二卷**　(宋)百歲寓翁(袁褧)撰　(宋)袁頤續　**西溪叢語二卷**　(宋)姚寬撰　清刻稗海本　一冊

430000 – 2412 – 0001196　16/6.8

齊東野語二十卷　(宋)周密撰　**雲溪友議十二卷**　(唐)范攄撰　清刻稗海本　一冊　存二十卷(齊東野語十一至二十、雲溪友議一至十)

430000 – 2412 – 0001197　16/6.9

酉陽雜俎二十卷　(唐)段成式撰　清刻稗海本　一冊　存十九卷(一至十九)

430000 – 2412 – 0001198　16/6.10

博物志十卷　(晉)張華撰　(宋)周日用注　**續博物志十卷**　(宋)李石撰　**癸辛雜識前集一卷後集一卷**　(宋)周密撰　清刻稗海本　一冊

430000 – 2412 – 0001199　16/6.11

石林燕語十卷　(宋)葉夢得撰　清刻稗海本　一冊

430000 – 2412 – 0001200　16/6.12

游宦紀聞十卷　(宋)張世南撰　**東軒筆錄十五卷**　(宋)魏泰撰　**補筆談一卷**　(宋)沈括撰　**泊宅編三卷**　(宋)方勺撰　清刻稗海本　一冊　缺一卷(游宦紀聞一)

430000 – 2412 – 0001201　16/6.13

清波雜志三卷　(宋)周輝撰　**儒林公議二卷**　(宋)田況撰　**遂昌雜錄一卷**　(元)鄭元祐撰　**宣室志一卷**　(唐)張讀撰　清刻稗海本　一冊

430000－2412－0001202　16/6.14
東軒筆錄十五卷　（宋）魏泰撰　清刻稗海本
　一冊　存七卷(九至十五)

430000－2412－0001203　16/6.14(1)
東軒筆錄十五卷　（宋）魏泰撰　清刻稗海本
　一冊　存七卷(九至十五)

430000－2412－0001204　16/6.15
鶴林玉露十六卷補遺一卷　（宋）羅大經撰
清刻稗海本　一冊

430000－2412－0001205　16/6.16
澠水燕談錄十卷　（宋）王闢之撰　清刻稗海
本　一冊

430000－2412－0001206　16/6.17
樂善錄二卷　（宋）李昌齡撰　蠡海集一卷
（明）王逵撰　過庭錄一卷　（宋）范公偁撰
因話錄六卷　（唐）趙璘撰　玉泉子一卷
（唐）□□撰　青箱雜記十卷　（宋）吳處厚撰
　蒙齋筆談二卷　（宋）葉夢得撰　畫墁錄一
卷　（宋）張舜民撰　清刻稗海本　一冊

430000－2412－0001207　16/6.18
异聞總錄四卷　（宋）□□撰　墨客揮犀十卷
　（宋）彭乘撰　搜神記八卷　（晋）干寶撰
杜陽雜編三卷　（唐）蘇鶚撰　螢雪叢說二卷
　（宋）俞成撰　清刻稗海本　一冊

430000－2412－0001208　16/6.19
避暑錄話二卷　（宋）葉夢得撰　清刻稗海本
　一冊

430000－2412－0001209　16/6.20
冷齋夜話十卷　（宋）釋惠洪撰　清刻稗海本
　一冊

430000－2412－0001210　16/6.21
野客叢書三十卷附錄一卷　（宋）王楙撰　清
刻稗海本　二冊

430000－2412－0001211　16/6.22
嬾真子五卷　（宋）馬永卿撰　閑窗括异志一
卷　（宋）魯應龍撰　搜采异聞錄五卷　（宋）
永亨撰　學齋佔畢纂一卷　（宋）史繩祖撰

河東先生龍城錄二卷　（唐）柳宗元撰　侍兒
小名錄拾遺一卷　（宋）張邦幾撰　補侍兒小
名錄一卷　（宋）王銍撰　續補侍兒小名錄一
卷　（宋）溫豫撰　墨莊漫錄十卷　（宋）張邦
基撰　清刻稗海本　一冊

430000－2412－0001212　16/6.23
焦氏易林校略十六卷　（清）翟雲升撰　清道
光二十八年(1848)刻本　八冊

430000－2412－0001213　16/6.24
滂喜齋叢書　（清）潘祖蔭輯　清同治、光緒
間吳縣潘氏滂喜齋刻本　三冊　存十卷(百
博考一卷,陳篁齋丈筆記附手札一卷,篁齋傳
古別錄一卷,鮑臆園丈手札一卷,幽夢續影一
卷,浪齋新舊詩一卷,葵青居詩下,附錄一卷,
小草庵詩鈔一卷,日本金石年表一卷)

430000－2412－0001214　16/6.25
瘞鶴銘考一卷　（清）汪士鋐編　蘇齋唐碑選
一卷　（清）翁方綱撰　清同治、光緒間歸安
姚氏刻咫進齋叢書本　一冊

430000－2412－0001215　16/6.26
斜川集六卷　（宋）蘇過撰　清刻本　一冊
存二卷(五至六)

430000－2412－0001216　16/6.27
古文辭類纂七十四卷　（清）姚鼐纂　清合河
康氏家塾刻本　一冊　存五卷(四十六至五
十)

430000－2412－0001217　16/6.28
劉更生[向]年表一卷　（清）梅毓撰　管子義
證八卷　（清）洪頤煊撰　清光緒南陵徐氏刻
積學齋叢書本　一冊

430000－2412－0001218　16/6.29
周易考占一卷　（清）金榜撰　尚書伸孔篇一
卷　（清）焦廷琥撰　韓詩內傳徵四卷補遺一
卷　（清）宋綿初撰　清光緒南陵徐氏刻積學
齋叢書本　一冊

430000－2412－0001219　16/6.30
周禮故書考一卷　（清）程際盛撰　周官禮經
注正誤一卷　（清）張宗泰撰　冕服考四卷

（清）焦廷琥撰　清光緒南陵徐氏刻積學齋叢書本　二冊　缺一卷（冕服考四）

430000－2412－0001220　16/6.31
水經釋地八卷　（清）孔繼涵撰　清光緒南陵徐氏刻積學齋叢書本　二冊

430000－2412－0001221　17/1.2
直齋書錄解題二十二卷　（宋）陳振孫撰　清重刻武英殿聚珍版書本　二冊　存六卷（一至三、二十至二十二）

430000－2412－0001222　17/1.3
唐書直筆四卷　（宋）呂夏卿撰　清同治八年（1869）刻武英殿聚珍版書本　一冊

430000－2412－0001223　17/1.4
陶菴集二十二卷末一卷　（明）黃淳耀撰　清刻本　六冊　存二十二卷（一至六、八至二十二，末一卷）

430000－2412－0001224　17/1.5
青照堂叢書　（清）李元春輯　清道光十五年（1835）朝邑劉際清等刻本　十三冊

430000－2412－0001225　17/1.6
小萬卷樓叢書　（清）錢培名輯　清光緒十三年（1887）校刻本　十一冊　存四十二卷（左傳博議拾遺上、律呂元音一卷、豐清敏公遺事一卷、越絕書一至八、唐書直筆四卷、申鑒五卷、中論二卷、醫經正本書一卷、對數簡法一卷、元城語錄三卷、道德真經集解四卷、謝幼槃文集十卷、西渡詩集一卷）

430000－2412－0001226　17/1.7
墨子十六卷　（戰國）墨翟撰　（清）畢沅註　清刻本　一冊　存五卷（四至八）

430000－2412－0001227　17/1.8
墨子七十一篇三卷　（戰國）墨翟撰　王闓運註　清光緒三十年（1904）江西官書局刻本　二冊

430000－2412－0001228　17/2.1
蔡氏九儒書九卷首一卷　（清）蔡有鵾輯　清同治七年（1868）盱南蔡氏三餘書屋刻本　六

冊　存九卷（二至九、首一卷）

430000－2412－0001229　17/2.2
六書正譌五卷　（元）周伯琦編註　清同治五年（1866）刻惜古齋本　二冊

430000－2412－0001230　17/2.3
御纂周易述義十卷　（清）傅恒等撰　清道光十八年（1838）刻本　四冊

430000－2412－0001231　17/2.4
高等小學地理教科書四章　張國維著　文明書局編輯　清光緒三十年（1904）上海文明編譯書局鉛印本　一冊

430000－2412－0001232　17/2.5
讀書鏡八卷　（明）陳繼儒著　清光緒四年（1878）味經書院刻本　一冊　存四卷（一至四）

430000－2412－0001233　17/2.6
豐順丁氏持靜齋書目一卷　（清）丁日昌撰　清光緒二十一年（1895）刻本　一冊

430000－2412－0001234　17/2.7
荀子集解二十卷首一卷　王先謙撰　清光緒十七年（1891）刻本　六冊

430000－2412－0001235　17/2.7（1）
荀子集解二十卷首一卷　王先謙撰　清光緒十七年（1891）刻本　四冊　缺八卷（二至四、十三至十七）

430000－2412－0001236　17/2.8
鬻子二卷郭氏玄中記一卷　葉德輝校輯　清光緒十九年（1893）葉氏觀古堂刻本　一冊

430000－2412－0001237　17/2.9
行舟要覽二卷名言借鏡一卷　（清）任鶚撰　清刻本　一冊

430000－2412－0001238　17/2.10
說苑二十卷　（漢）劉向撰　清光緒元年（1875）湖北崇文書局刻本　四冊

430000－2412－0001239　17/2.11
金樓子六卷　（南朝梁）元帝蕭繹撰　清光緒元年（1875）湖北崇文書局刻本　二冊

430000－2412－0001240　17/2.12

新序十卷　(漢)劉向撰　清刻漢魏叢書本
一冊　存五卷(六至十)

430000－2412－0001241　17/2.13

說苑考異一卷　(清)盧文弨撰　(清)胡鳳丹
校補　(清)黃嗣艾纂訂　清同治十年(1871)
漢陽黃氏刻本　一冊

430000－2412－0001242　17/2.14

新序十卷　(漢)劉向撰　清光緒九年(1883)
鐵華館影宋刻本　一冊

430000－2412－0001243　17/2.15

晉宋書故一卷　(清)郝懿行撰　清嘉慶二十
一年(1816)刻本　一冊

430000－2412－0001244　17/2.16

古今偽書考　(清)姚際恒著　清光緒三年
(1877)廣漢張氏刻受經堂叢書本　一冊

430000－2412－0001245　17/2.18

農書二十二卷　(元)王禎撰　清重刻武英殿
聚珍版書本　一冊　存三卷(二十二至二十
四)

430000－2412－0001246　17/2.19

農政全書六十卷　(明)徐光啓纂輯　清道光
十七年(1837)刻本　六冊　存二十一卷(一
至二、八至十、十八至二十一、二十六至三十、
四十三至四十五、四十九至五十二)

430000－2412－0001247　17/3.1

東塾讀書記十五卷　(清)陳澧撰　清光緒二
十七年(1901)邵州勸學書舍刻本　四冊　存
十三卷(一至十二、十五)

430000－2412－0001248　17/3.3

分類字錦六十四卷　(清)何焯等撰　清康熙
內府刻本　一冊　存一卷(六十二)

430000－2412－0001249　17/3.5

御纂性理精義十二卷　(清)李光地等纂　清
刻本　二冊　存三卷(一至三)

430000－2412－0001250　17/3.6

尸子二卷　(戰國)尸佼撰　(清)孫星衍輯

清光緒十五年(1889)蔣氏求實齋刻本　一冊

430000－2412－0001251　17/3.7

古文參同契箋註集解三卷末一卷　(明)蔣一
彪輯　明末毛氏汲古閣刻本　一冊　存二卷
(下、末一卷)

430000－2412－0001252　17/3.8

浮邱子十二卷　(清)湯鵬撰　清同治四年
(1865)刻本　四冊

430000－2412－0001253　17/3.9

皇朝道學名臣言行外錄十七卷　(宋)李幼武
纂集　清刻本　一冊　存五卷(一至五)

430000－2412－0001254　17/3.10

關尹子二卷　(宋)陳顯微註　清光緒七年
(1881)刻本　一冊

430000－2412－0001255　17/3.11

關尹子二卷　(春秋)尹喜撰　清綠格鈔本
一冊

430000－2412－0001256　17/3.13

明季北略二十四卷　(清)計六奇撰　清道光
都城琉璃廠半松居士木活字本　九冊

430000－2412－0001257　17/3.14

弟子職集解一卷　(清)莊述祖輯　呂子校補
二卷　(清)梁玉繩撰　清光緒六年(1880)會
稽章氏刻本　一冊

430000－2412－0001258　17/3.15

黃書一卷　(清)王夫之撰　清光緒二十四年
(1898)豐城余氏寶墨齋刻本　一冊

430000－2412－0001259　17/3.16

六韜六卷附逸文一卷魏武帝註孫子三卷吳子
二卷司馬法三卷尸子二卷　(清)孫星衍輯
清光緒十年(1884)吳縣朱氏槐廬家塾刻平津
館叢書本　二冊

430000－2412－0001260　17/3.17

新刊纂圖類方元亨療馬集六卷　(明)喻仁
(明)喻杰撰　清刻本　二冊　存四卷(三至
六)

430000－2412－0001261　17/3.18

白虎通二卷　(漢)班固纂　(清)汪士漢校
清刻秘書廿一種本　一冊

430000－2412－0001262　17/3.19
人譜正篇一卷續篇一卷三篇一卷人譜類記增
訂六卷　(明)劉宗周撰　清鴻章書局石印本
(文瑞樓藏板)　二冊

430000－2412－0001263　17/3.20
人譜類記增訂六卷　(明)劉宗周撰　清光緒
九年(1883)陽羨蔣聯庚刻本　一冊　存三卷
(四至六)

430000－2412－0001264　17/3.21
人譜一卷人譜類記二卷　(明)劉宗周撰　清
同治八年(1869)刻本　一冊　缺一卷(人譜
類記下)

430000－2412－0001265　17/3.22
彙纂詩法度鍼三十三卷首一卷　(清)徐文弼
增釋　清刻本　六冊　存三十卷(四至三十
三)

430000－2412－0001266　17/3.23
王侍郎奏議十一卷　(清)王茂蔭撰　清光緒
十三年(1887)刻本　一冊

430000－2412－0001267　17/4.1
岩下放言三卷玉澗雜書一卷　(宋)葉夢得撰
　清光緒三十年(1904)葉氏觀古堂刻本,玉
澗雜書清宣統元年(1909)刻本　一冊

430000－2412－0001268　17/4.2
周官故書考四卷　(清)徐養原撰　清光緒湖
州湖城義塾刻湖州叢書本　一冊

430000－2412－0001269　17/4.3
猗覺寮雜記二卷　(宋)朱翌撰　清福建重刻
武英殿聚珍版書本　一冊

430000－2412－0001270　17/4.4
產後編二卷　(清)傅山撰　清刻本　一冊
存一卷(下)

430000－2412－0001271　17/4.5
醫學源流論二卷　(清)徐大椿撰　清刻本
(半松齋藏板)　一冊　存一卷(上)

430000－2412－0001272　17/4.6
黃帝素問宣明論方十五卷　(金)劉完素撰集
　(明)吳繼宗校刊　清刻本(同德堂藏板)
一冊　存六卷(一至六)

430000－2412－0001273　17/4.8
新書十卷　(漢)賈誼撰　清刻漢魏叢書本
一冊　存五卷(六至十)

430000－2412－0001274　17/4.9
四書近語六卷　(明)孫應鰲撰　清刻本　一
冊　存四卷(一至四)

430000－2412－0001275　17/4.11
持世經四卷　(後秦)釋鳩摩羅什譯　清刻本
一冊　存二卷(一至二)

430000－2412－0001276　17/4.14
仁王護國般若波羅密多經二卷　(唐)釋不空
譯　清同治九年(1870)金陵刻經處刻本
一冊

430000－2412－0001277　17/4.15
顯密圓通成佛心要集二卷　(遼)釋道殿集
清同治十一年(1872)金陵刻經處刻本　一冊

430000－2412－0001278　17/4.16
萬松老人評唱天童覺和尚頌古從容庵錄十卷
　(宋)釋正覺頌古　清光緒七年(1881)姑蘇
刻經處刻本　二冊　存七卷(一至三、七至
十)

430000－2412－0001279　17/4.17
衛道編二卷　(清)劉紹攽編註　清光緒九年
(1883)津河廣仁堂校刻本　一冊

430000－2412－0001280　17/4.19
觀音菩薩蜜多心經全集　清光緒十二年
(1886)中州信善子刻本(文華宮藏板)　一冊

430000－2412－0001281　17/4.21
夢園子不分卷　(清)方濬頤撰　清光緒十年
(1884)維揚刻本　一冊

430000－2412－0001282　17/4.22
壇經一卷　(唐)釋慧能撰　(唐)釋法海錄
清光緒七年(1881)長沙刻經處刻本　一冊

430000－2412－0001283　17/4.24

定香亭筆談四卷　（清）阮元撰　（清）吳文溥錄　清光緒二十五年(1899)浙江書局刻本　一冊

430000－2412－0001284　17/4.25

中華古今註三卷　（宋）馬縞撰　古今注三卷（晋）崔豹撰　三墳一卷　（晋）阮咸注　清刻秘書廿一種本　一冊

430000－2412－0001285　17/4.26

國朝漢學師承記八卷國朝經師經義目錄一卷（清）江藩撰　清光緒二十二年(1896)刻本（寶慶勸學書舍藏板）　四冊

430000－2412－0001286　17/4.27

涵泳篇一卷　（清）陳廣專節編　清光緒九年(1883)成都刻本　一冊

430000－2412－0001287　17/4.28

雙節堂庸訓六卷　（清）汪輝祖撰　清光緒刻本　一冊

430000－2412－0001288　17/4.29

趙文敏公松雪齋全集十卷行狀謚文一卷目錄一卷　（元）趙孟頫撰　（清）曹培廉校　清光緒八年(1882)洞庭楊氏校刻本（城書室藏板）　五冊

430000－2412－0001289　17/4.30

求闕齋日記類鈔二卷　（清）曾國藩撰　清光緒二年(1876)傳忠書局刻本　一冊

430000－2412－0001290　17/4.31

目耕齋讀本不分卷　（清）沈叔眉編　（清）徐楷評註　清光緒十四年(1888)湖南文昌書局刻本　一冊　存大學、中庸、論語

430000－2412－0001291　17/4.32

中論二卷　（漢）徐幹撰　清刻漢魏叢書本　一冊

430000－2412－0001292　17/4.33

王志二卷　陳兆奎編輯　清光緒三十三年(1907)承陽刻本　一冊

430000－2412－0001293　17/4.34

誥贈資政大夫問苑唐公遺訓一卷誥贈夫人唐母張太夫人訓女遺言一卷　唐錫晉編　汪肇甲錄　清宣統三年(1911)石印本　一冊

430000－2412－0001294　17/4.36

甌鉢羅室書畫過目考四卷附一卷　（清）李玉棻編輯　清光緒二十三年(1897)京都琉璃廠興盛齋刻本　四冊

430000－2412－0001295　17/4.37

新刊古列女傳八卷　（漢）劉向撰　清刻本　一冊　存二卷(七至八)

430000－2412－0001296　17/4.38

打馬圖經一卷　（宋）李清照撰　除紅譜一卷（宋）朱河撰　清光緒三十二年(1906)長沙葉氏刻本　一冊

430000－2412－0001297　17/4.39

思益堂日札十卷　（清）周壽昌撰　清光緒九年(1883)刻本　一冊　存三卷(八至十)

430000－2412－0001298　17/4.40

老子解二卷　（宋）葉夢得撰　清宣統元年(1909)葉氏觀古堂刻本　一冊

430000－2412－0001299　17/4.41

道德經二卷　（清）徐大椿注　清刻本（經綸森寶藏板）　一冊

430000－2412－0001300　17/4.43

儒林公議二卷　（宋）□□撰　清刻稗海本　一冊

430000－2412－0001301　17/4.44

窊言二卷　（清）趙曾望纂　清光緒十八年(1892)石印本　一冊

430000－2412－0001302　17/4.45

靈樞經□□卷　（清）張志聰集註　清刻本　四冊　存四卷(二、四至五、十)

430000－2412－0001303　17/4.46

黃帝內經素問九卷　（清）張志聰集註　清刻本　二冊　存一卷(八中、下)

430000－2412－0001304　17/4.47

素問靈樞類纂約註三卷　（清）汪昂著輯　清

刻本　一册　存一卷(下)

430000 – 2412 – 0001305　17/4.48
醫方歌略　(清)陳明曦訂正　清光緒二十一
年(1895)刻本　二册

430000 – 2412 – 0001306　17/4.49
删註脉訣規正二卷　(清)沈鏡删註　清光緒
二十年(1894)澹雅書局刻本　一册　存一卷
(上)

430000 – 2412 – 0001307　17/4.50
洄溪醫案一卷　(清)徐大椿著　(清)王士雄
編　清咸豐五年(1855)刻本　一册

430000 – 2412 – 0001308　17/4.51
讀書錄十一卷續錄十二卷　(明)薛瑄撰　清
乾隆刻本　四册

430000 – 2412 – 0001309　17/5.1
兵法入門集要三卷　(清)知非子輯　清末望
雲草廬刻本　一册

430000 – 2412 – 0001310　17/5.2
西學通考三十六卷　(清)胡兆鸞輯　清刻本
一册　存二卷(十五至十六)

430000 – 2412 – 0001311　17/5.3
紀文達公文集十六卷　(清)紀昀撰　(清)紀
樹馨編校　清刻本　二册　存七卷(六至七、
十至十四)

430000 – 2412 – 0001312　17/5.10
字學三書　(清)□□輯　清道光二十一年
(1841)楊需刻本(十芝堂藏板)　二册

430000 – 2412 – 0001313　17/5.11
溫病條辨六卷　(清)吳瑭撰　清刻本　二册
存二卷(二中、三下)

430000 – 2412 – 0001314　17/5.12
梅村詩集箋註十八卷　(清)吳偉業撰　(清)
吳翌鳳箋註　清刻本　四册　存六卷(五至
七、十、十七至十八)

430000 – 2412 – 0001315　17/5.13
石林詩話三卷　(宋)葉夢得撰　清光緒三十
四年(1908)長沙葉氏刻本　一册

430000 – 2412 – 0001316　17/5.16
欽頒州縣事宜一卷　(清)田文鏡撰　**保甲書
輯要四卷**　(清)徐棟原編　(清)丁日昌重校
清同治七年(1868)江蘇書局刻本　一册

430000 – 2412 – 0001317　17/5.17
呻吟語節要六卷　(明)呂坤著　(清)江忠濟
校刊　清刻本　一册　存三卷(三至五)

430000 – 2412 – 0001318　17/5.20
隸續二十一卷　(宋)洪适撰　清同治十年
(1871)皖南洪氏晦木齋刻本　二册　存十九
卷(一至八、十一至二十一)

430000 – 2412 – 0001319　17/5.21
四裔編年表四卷　(美國)林樂知　(清)嚴良
勳譯　(清)李鳳苞彙編　清末刻本　四册

430000 – 2412 – 0001320　17/5.22
瀛環志略十卷　(清)徐繼畬撰　清刻本　一
册　存二卷(四至五)

430000 – 2412 – 0001321　17/5.24
道南源委六卷　(明)朱衡撰　(清)張伯行輯
(清)楊浚重輯　清同治五年(1866)福州正
誼堂刻本　二册　存四卷(一至二、五至六)

430000 – 2412 – 0001322　17/5.25
伊洛淵源錄十四卷　(宋)朱熹撰　(清)張伯
行輯　(清)楊浚重輯　清同治五年(1866)福
州正誼堂刻本　二册　存十卷(五至十四)

430000 – 2412 – 0001323　17/5.26
濂洛關閩書十九卷　(清)張伯行輯并注　清
同治五年(1866)福州正誼堂刻本　五册

430000 – 2412 – 0001324　17/5.27
薛文清公讀書錄八卷　(明)薛瑄撰　(清)張
伯行輯　(清)楊浚重輯　清同治五年(1866)
福州正誼堂刻本　二册

430000 – 2412 – 0001325　17/5.28
二程文集十二卷　(宋)程顥　(宋)程頤撰
(清)張伯行輯　(清)楊浚重輯　清同治五年
(1866)福州正誼堂刻本　二册　存八卷(一
至三、八至十二)

430000－2412－0001326　17/5.29

文山先生文集二卷　（宋）文天祥撰　（清）張
伯行輯　（清）楊浚重輯　清同治五年(1866)
福州正誼堂刻本　一冊　存一卷(上)

430000－2412－0001327　17/5.30

朱子學的二卷　（明）丘濬　（清）張伯行輯
（清）楊浚重輯　清同治五年(1866)福州正誼
堂刻本　一冊　存一卷(下)

430000－2412－0001328　17/5.31

許魯齋先生集六卷　（宋）許衡撰　（清）張伯
行輯　（清）楊浚重輯　清同治五年(1866)福
州正誼堂刻本　一冊

430000－2412－0001329　17/5.32

廣近思錄十四卷　（宋）朱熹　（宋）呂祖謙輯
（清）張伯行集解　清同治五年(1866)福州
正誼堂刻本　三冊

430000－2412－0001330　17/5.33

廣近思錄十四卷　（宋）朱熹　（宋）呂祖謙輯
（清）張伯行集解　清同治五年(1866)福州
正誼堂刻本　五冊

430000－2412－0001331　17/5.33(1)

廣近思錄十四卷　（宋）朱熹　（宋）呂祖謙輯
（清）張伯行集解　清同治五年(1866)福州
正誼堂刻本　二冊　存十卷(五至十四)

430000－2412－0001332　17/5.34

周濂溪先生全集十三卷　（宋）周敦頤撰
（清）張伯行輯　（清）楊浚重輯　清同治五年
(1866)福州正誼堂刻本　四冊

430000－2412－0001333　17/5.35

唐陸宣公文集四卷　（唐）陸贄撰　（清）張
伯行輯　（清）楊浚重輯　清同治五年(1866)福
州正誼堂刻本　二冊

430000－2412－0001334　17/5.36

魏莊渠集二卷　（明）魏校撰　（清）張伯行輯
（清）楊浚重輯　清同治五年(1866)福州正
誼堂刻本　一冊

430000－2412－0001335　17/5.37

朱子文集十八卷　（宋）朱熹撰　（清）張伯行
輯　（清）楊浚重輯　清同治五年(1866)福州
正誼堂刻本　十二冊

430000－2412－0001336　17/5.38

朱子語類輯略八卷　（宋）朱熹撰　（清）張伯
行輯　（清）楊浚重輯　清同治五年(1866)福
州正誼堂刻本　四冊

430000－2412－0001337　17/5.39

唐宋八大家文鈔十九卷　（清）張伯行輯
（清）楊浚重輯　清同治五年(1866)福州正誼
堂刻本　六冊

430000－2412－0001338　17/6.1

羅豫章集十卷　（宋）羅從彥撰　（清）張伯行
輯　（清）楊浚重輯　清同治五年(1866)福州
正誼堂刻本　一冊　存四卷(一至四)

430000－2412－0001339　17/6.2

尹和靖集一卷　（宋）尹焞撰　（清）張伯行輯
（清）楊浚重輯　清同治五年(1866)福州正
誼堂刻本　一冊

430000－2412－0001340　17/6.3

王學質疑五卷附錄一卷　（清）張烈撰　（清）
張伯行輯　（清）楊浚重輯　清同治五年
(1866)福州正誼堂刻本　一冊

430000－2412－0001341　17/6.4

養正類編十三卷　（清）張伯行撰　清同治五
年(1866)福州正誼堂刻本　二冊

430000－2412－0001342　17/6.5

濂洛風雅九卷　（清）張伯行輯　清同治五年
(1866)福州正誼堂刻本　二冊

430000－2412－0001343　17/6.6

吳朝宗先生聞過齋集四卷　　（元）吳海撰
（清）張伯行輯　（清）楊浚重輯　清同治五年
(1866)福州正誼堂刻本　一冊

430000－2412－0001344　17/6.7

正誼堂文集十二卷　（清）張伯行輯　（清）楊
浚重輯　清同治五年(1866)福州正誼堂刻本
一冊

430000－2412－0001345　　17/6.8

正誼堂續集八卷　（清）張伯行輯　（清）楊浚
重輯　清同治五年(1866)福州正誼堂刻本
二冊

430000－2412－0001346　　17/6.9

正誼堂文集十二卷　（清）張伯行輯　（清）楊
浚重輯　清同治五年(1866)福州正誼堂刻本
二冊

430000－2412－0001347　　17/6.10

文山先生文集二卷　（宋）文天祥撰　（清）張
伯行輯　（清）楊浚重輯　清同治五年(1866)
福州正誼堂刻本　一冊　存一卷(下)

430000－2412－0001348　　17/6.11

諸葛武侯文集四卷　（三國蜀）諸葛亮撰
（清）張伯行輯　（清）楊浚重輯　清同治五年
(1866)福州正誼堂刻本　一冊

430000－2412－0001349　　17/6.12

讀朱隨筆四卷　（清）陸隴其撰　（清）張伯行
輯　（清）楊浚重輯　清同治五年(1866)福州
正誼堂刻本　一冊　存二卷(三至四)

430000－2412－0001350　　17/6.13

學規類編二十卷　（清）張伯行輯　（清）楊浚
重輯　清同治五年(1866)福州正誼堂刻本
五冊　缺六卷(一至六)

430000－2412－0001351　　17/6.14

讀禮志疑六卷　（清）陸隴其撰　（清）張伯行
輯　（清）楊浚重輯　清同治五年(1866)福州
正誼堂刻本　二冊

430000－2412－0001352　　17/6.15

小學集解六卷　（清）張伯行撰　清同治五年
(1866)福州正誼堂刻本　二冊

430000－2412－0001353　　17/6.16

上蔡先生語錄三卷　（宋）謝良佐撰　（清）張
伯行輯　（清）楊浚重輯　清同治五年(1866)
福州正誼堂刻本　一冊

430000－2412－0001354　　17/6.17

胡敬齋先生文集三卷　（明）胡居仁撰　（清）

張伯行輯　（清）楊浚重輯　清同治五年
(1866)福州正誼堂刻本　二冊

430000－2412－0001355　　17/6.17(1)

胡敬齋先生文集三卷　（明）胡居仁撰　（清）
張伯行輯　（清）楊浚重輯　清同治五年
(1866)福州正誼堂刻本　二冊

430000－2412－0001356　　17/6.18

胡敬齋先生居業錄八卷　（明）胡居仁撰
（清）張伯行輯　（清）楊浚重輯　清同治五年
(1866)福州正誼堂刻本　二冊

430000－2412－0001357　　17/6.19

道統錄二卷附錄一卷　（清）張伯行撰　清同
治五年(1866)福州正誼堂刻本　一冊　存一
卷(上)

430000－2412－0001358　　17/6.20

湯潛庵先生集二卷　（清）湯斌撰　（清）張伯
行輯　（清）楊浚重輯　清同治五年(1866)福
州正誼堂刻本　一冊

430000－2412－0001359　　17/6.21

陳克齋先生集五卷　（宋）陳文蔚撰　（清）張
伯行輯　（清）楊浚重輯　清同治五年(1866)
福州正誼堂刻本　二冊

430000－2412－0001360　　17/6.22

張南軒先生文集七卷　（宋）張栻撰　（清）張
伯行輯　（清）楊浚重輯　清同治五年(1866)
福州正誼堂刻本　二冊　存五卷(三至七)

430000－2412－0001361　　17/6.23

黃勉齋先生文集八卷　（宋）黃幹撰　（清）張
伯行輯　（清）楊浚重輯　清同治五年(1866)
福州正誼堂刻本　四冊

430000－2412－0001362　　17/6.24

熊勿齋先生文集六卷　（宋）熊禾撰　（清）張
伯行輯　（清）楊浚重輯　清同治五年(1866)
福州正誼堂刻本　一冊

430000－2412－0001363　　17/6.24(1)

熊勿齋先生文集六卷　（宋）熊禾撰　（清）張
伯行輯　（清）楊浚重輯　清同治五年(1866)

福州正誼堂刻本　一冊

430000－2412－0001364　17/6.25

張陽和文選三卷　（明）張元忭撰　（清）張伯行輯　（清）楊浚重輯　清同治五年(1866)福州正誼堂刻本　一冊

430000－2412－0001365　17/6.26

薛敬軒先生文集十卷　（明）薛瑄撰　（清）張伯行輯　（清）楊浚重輯　清同治五年(1866)福州正誼堂刻本　三冊

430000－2412－0001366　17/6.27

楊龜山先生集六卷　（宋）楊時撰　（清）張伯行輯　（清）楊浚重輯　清同治五年(1866)福州正誼堂刻本　二冊

430000－2412－0001367　17/6.28

韓魏公文集二十卷　（宋）韓琦撰　（清）張伯行輯　（清）楊浚重輯　清同治五年(1866)福州正誼堂刻本　五冊　存十二卷

430000－2412－0001368　17/6.29

真西山先生集八卷　（宋）真德秀撰　（清）張伯行輯　（清）楊浚重輯　清同治五年(1866)福州正誼堂刻本　二冊

430000－2412－0001369　17/6.29(1)

真西山先生集八卷　（宋）真德秀撰　（清）張伯行輯　（清）楊浚重輯　清同治五年(1866)福州正誼堂刻本　二冊

430000－2412－0001370　17/6.30

張橫渠先生文集十二卷　（宋）張載撰　（清）張伯行輯　（清）楊浚重輯　清同治五年(1866)福州正誼堂刻本　三冊

430000－2412－0001371　17/6.31

方正學先生學集　（明）方孝孺撰　（清）張伯行輯　（清）楊浚重輯　清同治五年(1866)福州正誼堂刻本　二冊　存五卷(三至七)

430000－2412－0001372　17/6.32

陳剩夫集四卷　（明）陳真晟撰　（清）張伯行輯　（清）楊浚重輯　清同治五年(1866)福州正誼堂刻本　一冊

430000－2412－0001373　17/6.33

居濟一得八卷　（清）張伯行撰　清同治五年(1866)福州正誼堂刻本　二冊

430000－2412－0001374　17/6.34

程氏家塾讀書分年日程三卷　（元）程端禮撰　（清）張伯行輯　（清）楊浚重輯　清同治五年(1866)福州正誼堂刻本　一冊　存二卷(一至二)

430000－2412－0001375　17/6.35

羅整庵先生困知記四卷　（明）羅欽順撰　（清）張伯行輯　（清）楊浚重輯　清同治五年(1866)福州正誼堂刻本　一冊

430000－2412－0001376　17/6.36

楊樹山集二卷　（宋）楊時撰　（清）張伯行輯　（清）楊浚重輯　清同治五年(1866)福州正誼堂刻本　一冊

430000－2412－0001377　17/6.37

司馬溫公文集十四卷　（宋）司馬光撰　（清）張伯行輯　（清）楊浚重輯　清同治五年(1866)福州正誼堂刻本　五冊

430000－2412－0001378　18/1.1

彭剛直公詩集八卷　（清）彭玉麟撰　清光緒十七年(1891)吳下刻本　二冊

430000－2412－0001379　18/1.1(1)

彭剛直公詩集八卷　（清）彭玉麟撰　清光緒十七年(1891)吳下刻本　一冊　存二卷(一至二)

430000－2412－0001380　18/1.1(2)

彭剛直公詩集八卷　（清）彭玉麟撰　清光緒十七年(1891)吳下刻本　一冊　存四卷(五至八)

430000－2412－0001381　18/1.2

彭剛直公奏稿八卷　（清）彭玉麟撰　清光緒十七年(1891)吳下刻本　五冊　存五卷(二至三、五至七)

430000－2412－0001382　18/1.5

醉墨軒畫稿四卷　胡廷廉撰　清石印本　二

冊　存二卷(三至四)

430000－2412－0001383　18/1.6
丁文誠公奏稿二十六卷　(清)丁寶楨撰　清光緒刻本　六冊　存六卷(一、三至七)

430000－2412－0001384　18/1.7
寶韋齋類稿一百卷　(清)李桓撰　清光緒六年(1880)武林趙寶墨齋刻本　二十一冊　存六十三卷(一至四、八至二十二、二十六至二十八、三十二至五十、五十五至七十六)

430000－2412－0001385　18/1.8
駱文忠公奏議十六卷奏稿十一卷　(清)駱秉章撰　清光緒四年(1878)刻本　二十三冊　缺二卷(駱文忠公奏議一、十一)

430000－2412－0001386　18/1.12
元豐類稿五十卷首一卷　(宋)曾鞏撰　(清)曾國光重修　清刻本　一冊　存四卷(四十三至四十六)

430000－2412－0001387　18/1.15
蘭修館叢稿不分卷　(清)顧元熙撰　清刻本　一冊

430000－2412－0001388　18/2.1
陔餘叢考四十三卷　(清)趙翼撰　清末刻本　十三冊　存三十一卷(一至二、七至十七、二十一至二十六、三十至三十八、四十一至四十三)

430000－2412－0001389　18/2.2
文獻通考正續合編三十二卷首一卷　(清)盧宣旬編　清嘉慶十年(1805)刻本(棣花軒藏板)　二冊　存三卷(一至二、首一卷)

430000－2412－0001390　18/2.3
欽定授時通考七十八卷　(清)鄂爾泰等撰　清刻本　十三冊　存四十二卷(十五至二十五、三十五至三十九、四十五至五十一、五十三至六十八、七十六至七十八)

430000－2412－0001391　18/2.4
鼎鍥趙田了凡袁先生編纂古本歷史大方綱鑑補三十九卷首一卷　(明)袁黃編　御撰資治

128

通鑑綱目三編二十卷　(清)張廷玉撰　清光緒二十四年(1898)益元書局刻本　二十九冊

430000－2412－0001392　18/2.5
鼎鍥趙田了凡袁先生編纂古本歷史大方綱鑑補三十九卷首一卷　(明)袁黃編　清刻本　十八冊

430000－2412－0001393　18/3.1
歷代名臣奏議三百五十卷目錄二卷　(明)黃淮等輯　(明)張溥刪正　明崇禎八年(1635)刻本(菁華樓發兌)　六十七冊

430000－2412－0001394　18/4.1
冊府元龜一千卷目錄十卷　(宋)王欽若等輯　(明)文翔鳳訂正　清刻本　八十冊

430000－2412－0001395　18/5.1
隸辨八卷　(清)顧藹吉撰　清刻本　七冊　存七卷(二至八)

430000－2412－0001396　18/5.1(1)
隸辨八卷　(清)顧藹吉撰　清刻本　四冊　存四卷(二至四、八)

430000－2412－0001397　18/5.2
欽定中樞政考四十卷續纂四卷　(清)納蘇泰等纂　清刻本　三十六冊　存三十六卷(一至三、五至十七、十九至三十一、三十三至三十四、三十六至四十)

430000－2412－0001398　18/6.1
明賢名翰合冊　(明)祝允明等書　清光緒三十四年(1908)上海國學保存會影印明代名人尺牘本　一冊

430000－2412－0001399　18/6.3
文字發凡四卷　(清)龍志澤編輯　清光緒廣智書局鉛印本　一冊

430000－2412－0001400　18/6.5
南軒先生論語解十卷　(宋)張栻撰　清咸豐四年(1854)綿邑南軒祠刻本　一冊　存五卷(一至五)

430000－2412－0001401　18/6.6
四書恒解　(清)劉沅輯注　清光緒十年

(1884)豫誠堂刻本　十冊

430000－2412－0001402　18/6.8

大學堂章程不分卷　(清)張百熙撰　清末湖北學務處刻本　一冊

430000－2412－0001403　18/6.14

鹽鐵論十二卷　(漢)桓寬撰　(明)張之象註　清刻漢魏叢書本　一冊

430000－2412－0001404　18/6.15

擬古樂府二卷　(明)李東陽撰　(明)何孟春註釋　清刻本　一冊　存一卷(下)

430000－2412－0001405　18/6.16

高等小學讀本□□卷　清光緒二十八年(1902)教育世界社石印本　一冊　存一卷(一)

430000－2412－0001406　18/6.17

培遠堂手札節存三卷　(清)陳宏謀撰　清道光三年(1823)刻本　一冊

430000－2412－0001407　18/6.18

達生編二卷　清光緒三十年(1904)同德堂刻本　一冊

430000－2412－0001408　18/6.20

筆算一卷今有術一卷分法一卷開方一卷　(清)吳嘉善撰　清同治十一年(1872)長沙古荷花池精舍刻白芙堂算學叢書本　一冊

430000－2412－0001409　18/6.21

句股算術細草一卷　(清)李銳撰　清同治十一年(1872)長沙古荷花池精舍刻白芙堂算學叢書本　一冊

430000－2412－0001410　18/6.23

文心雕龍十卷　(南朝梁)劉勰撰　(清)黃叔琳註　(清)紀昀評　清刻本　一冊　存二卷(三至四)

430000－2412－0001411　18/6.24

浙紹奎照樓書莊精校新增繪圖幼學故事瓊林四卷　(清)鄒聖脈增補　石印本　一冊　存一卷(一)

430000－2412－0001412　18/6.25

鶡冠子十九篇　王闓運撰　清宣統三年(1911)安仁刻本　一冊

430000－2412－0001413　18/6.25(1)

鶡冠子十九篇　王闓運撰　清宣統三年(1911)安仁刻本　一冊

430000－2412－0001414　18/6.26

讀通鑑論三十卷末一卷　(清)王夫之撰　清同治四年(1865)湘鄉曾氏金陵節署刻船山遺書本　九冊　存二十一卷(一至三、六至七、十至十二、十七至二十二、二十五至三十,末一卷)

430000－2412－0001415　18/6.27

薑齋文集十卷五十自定稿一卷六十自定稿一卷夕堂戲墨七卷嶽餘集一卷鼓棹初集一卷二集一卷薑齋詩話二卷　(清)王夫之撰　清同治四年(1865)湘鄉曾氏金陵節署刻船山遺書本　四冊　缺六卷(薑齋文集七至十、夕堂戲墨一、薑齋詩話二)

430000－2412－0001416　18/6.28

讀四書大全說十卷　(清)王夫之撰　清同治四年(1865)湘鄉曾氏金陵節署刻船山遺書本　六冊　存六卷(五至十)

430000－2412－0001417　19/1.1

左文襄公書牘二十六卷　(清)左宗棠撰　清光緒刻左文襄公全集本　一冊　存一卷(七)

430000－2412－0001418　19/1.2

玉池老人自叙一卷　(清)郭嵩燾撰　清光緒十九年(1893)養知書屋刻本　一冊

430000－2412－0001419　19/1.3

國朝駢體正宗十二卷　(清)曾燠輯　清同治十三年(1874)刻本(聚賢堂藏板)　六冊

430000－2412－0001420　19/1.5

石林燕語十卷　(宋)葉夢得撰　(宋)宇文紹奕考異　清光緒三十三年(1907)長沙葉氏郎園刻本　二冊

430000－2412－0001421　19/1.6

新刻來瞿唐先生易註十五卷首一卷末一卷

(明)來智德撰　(清)凌夫純圈點　(清)高喬映校讐　清朝爽堂刻本　一冊　存二卷(一至二)

430000－2412－0001422　19/1.10

有恒心齋駢體文六卷詩餘二卷詞餘一卷先德記二卷附一卷　(清)程鴻詔撰　清刻本　二冊　缺三卷(有恒心齋駢體文一至三)

430000－2412－0001423　19/1.11

高等國文讀本四卷　唐文治講授　清宣統元年(1909)上海文明書局鉛印本　一冊　存一卷(二)

430000－2412－0001424　19/1.12

前出師表一卷後出師表一卷　(三國蜀)諸葛亮撰　清石印本　一冊

430000－2412－0001425　19/1.13

讀通鑑論三十卷末一卷　(清)王夫之撰　清同治四年(1865)湘鄉曾氏金陵節署刻船山遺書本　四冊　存九卷(一至七、十四至十五)

430000－2412－0001426　19/1.14

刻天仙正理直論增註一卷　(明)伍守陽撰并註　(明)伍守虛註　清刻本　一冊

430000－2412－0001427　19/1.15

復莊駢儷文榷八卷　(清)姚燮撰　清咸豐四年(1854)大梅山館刻本　一冊　存四卷(一至四)

430000－2412－0001428　19/1.16

龍文鞭影三卷　(明)蕭良有著　清光緒二十七年(1901)刻本(聚賢齋藏板)　三冊

430000－2412－0001429　19/1.17

聖域述聞二十八卷　(清)黃本驥輯　清道光二十六年(1846)寧鄉黃氏刻三長物齋叢書本　六冊

430000－2412－0001430　19/1.18

重刻來瞿唐先生日錄內篇六卷外篇七卷　(明)來知德撰　清刻本　五冊　缺四卷(內篇二至五)

430000－2412－0001431　19/1.19

蜀碑記十卷　(宋)王象之撰　**蜀碑記補十卷**　(清)李調元撰　清刻函海本　一冊

430000－2412－0001432　19/1.20

歷代職官表六卷　(清)黃本驥校　清華陽馮氏刻本　二冊

430000－2412－0001433　19/1.21

新論十卷　(南朝梁)劉勰撰　(清)程遵岳校　清刻漢魏叢書本　一冊

430000－2412－0001434　19/1.22

聖諭廣訓　清刻本　一冊

430000－2412－0001435　19/1.23

易堂問目四卷　(清)吳鼎輯　清乾隆三十七年(1772)刻本　一冊

430000－2412－0001436　19/1.26

紀元編三卷　(清)李兆洛撰　清光緒十八年(1892)長沙竹素書局刻李氏五種本　一冊　存一卷(中)

430000－2412－0001437　19/1.27

詩緣前編續四卷正編續十卷　(清)王增祺(聊園老樵)撰　清光緒二十六年(1900)刻本　二冊　缺七卷(正編續一至三、七至十)

430000－2412－0001438　19/1.28

古誌石華三十卷　(清)黃本驥撰　清道光二十七年(1847)寧鄉黃氏三長物齋刻本　七冊　存二十七卷(四至三十)

430000－2412－0001439　19/1.28(1)

古誌石華三十卷　(清)黃本驥撰　清道光二十七年(1847)寧鄉黃氏三長物齋刻本　一冊　存三卷(八至十)

430000－2412－0001440　19/1.29

明尺牘墨華三卷　(清)黃本驥編　(清)蔣瓛校　清道光二十七年(1847)刻本　一冊

430000－2412－0001441　19/2.1

周官精義十二卷　(清)連斗山撰　清光緒十三年(1887)刻本　五冊　缺二卷(十至十一)

430000－2412－0001442　19/2.4

大文堂重訂古文釋義新編八卷　(清)余誠評

註　清刻本　一冊　存二卷(五至六)

430000－2412－0001443　19/2.5
千字文釋義一卷　(清)汪嘯尹纂輯　(清)孫謙益注　清尚德堂刻本　一冊

430000－2412－0001444　19/2.6
廣訓衍義不分卷　清柏經正堂刻本　二冊

430000－2412－0001445　19/2.7
常德文徵九卷首一卷　(清)應先烈輯　(清)陳楷禮彙稿　清嘉慶十八年(1813)刻本　三冊

430000－2412－0001446　19/2.8
董翼卿暨德配李夫人誄詞　清稿本　一冊

430000－2412－0001447　19/2.10
測量高遠術一卷衰分一卷盈不足一卷方程一卷天元一術釋例一卷天元名式釋例一卷　(清)吳嘉善撰　清同治十一年(1872)長沙古荷花池精舍刻白芙堂算學叢書本　一冊

430000－2412－0001448　19/2.12
讀四書大全說十卷　(清)王夫之撰　清同治四年(1865)湘鄉曾氏金陵節署刻船山遺書本　六冊　存四卷(一至四)

430000－2412－0001449　19/2.13
文中子中說十卷　(隋)王通撰　(宋)阮逸註　清光緒二年(1876)浙江書局刻本　一冊　存五卷(六至十)

430000－2412－0001450　19/2.14
學治臆說二卷續說一卷說贅一卷　(清)汪輝祖纂　清光緒江蘇書局刻龍莊遺書本　一冊

430000－2412－0001451　19/2.15
開方說三卷　(清)李銳撰　(清)黎應南補　清同治十二年(1873)長沙刻本　一冊　存二卷(上、中)

430000－2412－0001452　19/2.16
燕蘭小譜五卷　(清)安樂山樵撰　**海漚小譜一卷**　(清)秋古老人撰　清宣統三年(1911)長沙葉氏刻本　一冊

430000－2412－0001453　19/2.17

廣陵事略七卷　(清)姚文田輯　清刻本　一冊　存二卷(四至五)

430000－2412－0001454　19/2.19
嶰山甜雪十二卷　(清)黃本驥撰　清道光二十七年(1847)寧鄉黃氏三長物齋刻本　三冊　存九卷(一至三、七至十二)

430000－2412－0001455　19/2.20
三志合編七卷　(清)黃本驥輯　清道光二十七年(1847)寧鄉黃氏三長物齋刻本　一冊　存四卷(一至四)

430000－2412－0001456　19/2.21
舊史內篇八卷　(清)楊世猷撰　清光緒二十八年(1902)刻本　六冊

430000－2412－0001457　19/2.22
退補齋文存十二卷詩存十六卷首一卷　(清)胡鳳丹撰　清同治十二年(1873)鄂州寓廬刻本　八冊

430000－2412－0001458　19/2.23
縵雅堂駢體文八卷　(清)王詒壽撰　清光緒六年(1880)刻本　二冊

430000－2412－0001459　19/2.26
產科心法　(清)汪喆撰　清同治十二年(1873)刻本　一冊

430000－2412－0001460　19/2.27
男科二卷女科二卷　(清)傅山撰　清刻本　二冊　存二卷(男科下、女科下)

430000－2412－0001461　19/2.28
樂府傳聲一卷陰符經一卷洄溪道情一卷　(清)徐大椿撰　清道光四年(1824)刻本　一冊

430000－2412－0001462　19/2.29
鞿詞彙編三卷　(清)郭焯瑩輯　清光緒十九年(1893)養知書屋刻本　一冊

430000－2412－0001463　19/2.30
經典釋文三十卷　(唐)陸德明撰　**考證三十卷**　(清)盧文弨撰　清同治十年(1871)粵秀山文瀾閣刻本　九冊　存四十四卷(經典釋文一至

二、六至九、十二至十七、二十一至三十,考證一至二、六至九、十二至十七、二十一至三十)

430000 - 2412 - 0001464 19/2.31
家居誦持簡易科儀 清張伯良刻本 一冊

430000 - 2412 - 0001465 19/2.32
湘學報二十九冊 蔡鍾濬總理 清光緒刻本 一冊

430000 - 2412 - 0001466 19/2.33
國朝十家四六文鈔 王先謙輯 清光緒十五年(1889)長沙王氏刻本 四冊

430000 - 2412 - 0001467 19/2.34
輿地圖一卷 (清)李兆洛撰 清光緒十八年(1892)長沙竹素書局刻李氏五種本 一冊

430000 - 2412 - 0001468 19/3.1
歷代地理志韵編今釋二十卷皇朝輿地韵編二卷 (清)李兆洛輯 清光緒十八年(1892)長沙竹素書局刻李氏五種本 十二冊 存二十卷(歷代地理志韵編今釋一至三、六至七、八下至二十,皇朝輿地韵編二卷)

430000 - 2412 - 0001469 19/3.2
讀史膡言四卷 (清)秦篤輝撰 **伸顧一卷**(清)易本烺撰 **江漢叢談二卷** (明)陳士元撰 清光緒十七年(1891)三餘草堂刻湖北叢書本 一冊

430000 - 2412 - 0001470 19/3.4
書古微十二卷 (清)魏源撰 清刻本 二冊 存六卷(七至十二)

430000 - 2412 - 0001471 19/3.5
金陵通傳四十五卷補遺四卷 (清)陳作霖纂述 清光緒三十年(1904)瑞華館刻本 一冊 存五卷(金陵通傳一至五)

430000 - 2412 - 0001472 19/3.6
誠齋易傳二十卷 (宋)楊萬里撰 清刻本 六冊 存十五卷(三至八、十二至二十)

430000 - 2412 - 0001473 19/3.7
詩經補箋二十卷 王闓運撰 清光緒刻本 五冊 存十四卷(三至五、九至十七、十九至二十)

430000 - 2412 - 0001474 19/3.8
楊忠愍公集五卷首一卷末一卷 (明)楊繼盛撰 清光緒二十三年(1897)湘南書局刻本 一冊 存四卷(一至三、首一卷)

430000 - 2412 - 0001475 19/3.9
楊忠愍公集五卷首一卷末一卷 (明)楊繼盛撰 清同治七年(1868)楚醴景萊書室校刻本 一冊 存三卷(一至二、首一卷)

430000 - 2412 - 0001476 19/3.10
七家試帖輯註 (清)張熙宇輯評 清刻本 一冊 存一卷(桐雲閣試帖輯註下)

430000 - 2412 - 0001477 19/3.12
考古質疑六卷 (宋)葉大慶撰 清浙江重刻武英殿聚珍版書本 二冊

430000 - 2412 - 0001478 19/3.13
考古質疑六卷 (宋)葉大慶撰 清福建重刻武英殿聚珍版書本 二冊

430000 - 2412 - 0001479 19/3.14
邵亭遺文八卷 (清)莫友芝撰 清刻本 一冊

430000 - 2412 - 0001480 19/3.15
鳴原堂論文二卷 (清)曾國藩選 (清)曾國荃審訂 清同治十二年(1873)勵志齋刻本 一冊

430000 - 2412 - 0001481 19/3.19
新雕校正增釋合併麻衣先生人相編五卷 (明)陸位編 清刻本 一冊 存三卷(三至五)

430000 - 2412 - 0001482 19/3.21
范式碑 清影印本 一冊

430000 - 2412 - 0001483 19/3.22
釋名八卷 (漢)劉熙撰 清刻小學彙函本 一冊

430000 - 2412 - 0001484 19/3.23
易釋五卷 (清)易順豫述 清末刻本 一冊 存二卷(四至五)

430000 - 2412 - 0001485 19/3.25

齊民要術十卷　（北魏）賈思勰撰　清光緒元年(1875)湖北崇文書局刻本　四冊

430000－2412－0001486　19/3.30

產後編二卷補集一卷　（清）傅山撰　清刻本　一冊

430000－2412－0001487　19/3.31

歷代名儒傳八卷　（清）李清植纂　歷代循吏傳八卷　（清）張福昶纂　歷代名臣傳三十五卷　（清）張江纂　清光緒二十一年(1895)江蘇書局刻本　七冊　存十五卷(名儒傳八卷、循吏傳三至四、名臣傳十二至十六)

430000－2412－0001488　19/3.32

焦氏易林四卷　（漢）焦贛撰　清刻漢魏叢書本　二冊　存二卷(二、四)

430000－2412－0001489　19/3.33

焦氏易林四卷　（漢）焦贛撰　清光緒元年(1875)湖北崇文書局刻本　一冊　存一卷(一)

430000－2412－0001490　19/3.33(1)

焦氏易林四卷　（漢）焦贛撰　清光緒元年(1875)湖北崇文書局刻本　三冊　存三卷(二至四)

430000－2412－0001491　19/4.1

欽定周官義疏四十八卷首一卷　（清）允祿等撰　清刻本　一冊　存二卷(二至三)

430000－2412－0001492　19/4.2

欽定周官義疏四十八卷首一卷　（清）允祿等撰　清道光十八年(1838)刻本　四冊　存十卷(十五至十九、二十四至二十七,首一卷)

430000－2412－0001493　19/4.3

廣雅疏證十卷　（清）王念孫撰　博雅音十卷　（隋）曹憲撰　（清）王念孫校　清光緒五年(1879)淮南書局刻本　七冊　缺一卷(廣雅疏證四)

430000－2412－0001494　19/4.4

學齋佔畢纂一卷　（宋）沈括撰　儲華谷袪疑說纂一卷　（宋）儲泳撰　墨莊漫錄十卷　（宋）張邦基撰　侍兒小名錄拾遺一卷　（宋）張邦幾撰　補侍兒小名錄一卷　（宋）王銍撰　續補侍兒小名錄一卷　（宋）溫豫撰　清刻稗海本　二冊

430000－2412－0001495　19/4.5

忠介遺事一卷　（明）周順昌撰　清光緒二十九年(1903)唐文治刻本　一冊

430000－2412－0001496　19/4.7

青照堂叢書　（清）李元春輯　清道光十五年(1835)朝邑劉際清等刻本　七冊　存次編

430000－2412－0001497　19/4.8

元文類七十卷目錄三卷　（元）蘇天爵輯　清光緒十五年(1889)江蘇書局刻本　十冊

430000－2412－0001498　19/5.1

讀史兵略四十六卷　（清）胡林翼撰　清刻本　十三冊　存三十八卷(三至二十二、二十五至三十、三十二至四十三)

430000－2412－0001499　19/5.1(1)

讀史兵略四十六卷　（清）胡林翼撰　清刻本　六冊　存十七卷(十二至二十、二十九至三十一、三十四至三十六、四十三至四十四)

430000－2412－0001500　19/5.2

大佛頂如來密因修證了義諸菩薩萬行首楞嚴經合轍十卷　（明）釋通潤撰　清刻本　六冊　存六卷(一至四、七、十)

430000－2412－0001501　19/5.4

廣韻五卷　（宋）陳彭年等撰　清刻本　一冊　存一卷(五)

430000－2412－0001502　19/5.5

西溪叢語二卷　（宋）姚寬著　清刻稗海本　一冊

430000－2412－0001503　19/5.6

明本釋三卷　（宋）劉荀撰　清福建重刻武英殿聚珍版書本　一冊

430000－2412－0001504　19/5.7

海東金石苑一卷　（清）劉喜海撰　清同治十二年(1873)歙鮑氏觀古閣刻本　一冊

430000－2412－0001505　19/5.8

古泉雜詠四卷　葉德輝撰並注　清光緒二十七年(1901)刻本　一冊　存二卷(一至二)

430000－2412－0001506　19/5.10

晉泰始笛律匡謬一卷　(清)凌廷堪撰　清光緒貴池劉氏刻聚學軒叢書本　一冊

430000－2412－0001507　19/5.12

借閑生詩三卷詞一卷　(清)汪遠孫撰　清道光二十年(1840)錢塘振綺堂刻本　一冊

430000－2412－0001508　19/5.13

五軍道里表不分卷　(清)□□編　清刻本　一冊

430000－2412－0001509　19/5.14

鄭氏周易注三卷　(元)王應麟集　(清)惠棟增補　(清)孫堂重校　**陸氏周易述一卷**　(三國吳)陸績撰　(明)姚士粦輯　(清)孫堂增補　清刻古經解彙函本　一冊

430000－2412－0001510　19/5.15

楞嚴正脈事義九卷懸示一卷　(清)釋淨昇集　清刻本　一冊

430000－2412－0001511　19/5.16

明覺聰禪師語錄十六卷附一卷　(清)釋性聰撰述　(清)釋寂空等編　清康熙九年(1670)刻本　四冊

430000－2412－0001512　19/6.3

虎鈐經二十卷　(宋)許洞撰　清蔭庭抄本　一冊　存七卷(十四至二十)

430000－2412－0001513　19/6.4

龍城錄一卷鶴林玉露一卷集異記一卷志怪錄一卷高力士傳一卷　清蔭庭抄本　三冊

430000－2412－0001514　19/6.5

駐春園　(清)吳航野客撰　清抄本　一冊

430000－2412－0001515　19/6.6

湘西竹枝詞　(□)□□撰　清抄本　一冊

430000－2412－0001516　19/6.7

清道光咸豐同治間有關苗疆奏議匯鈔　清抄本　一冊

430000－2412－0001517　19/6.8

[光緒]鳳凰縣志　清光緒底稿本　一冊

430000－2412－0001518　19/6.10

洴澼百金方十四卷　(清)袁宮桂輯　清抄本　一冊

430000－2412－0001519　19/6.13

甌北詩鈔補遺　(清)趙翼撰　清抄本　二冊

430000－2412－0001520　19/6.14

名賢手札不分卷　(清)郭慶藩輯　清光緒十年(1884)湘陰郭氏岵瞻堂摹刻本　二冊

430000－2412－0001521　19/6.16

慎一廬藏書目錄　吳典五編　清抄本　五冊

430000－2412－0001522　19/6.19

江忠義等致貴州提督田興恕手札　清稿本　十四冊

430000－2412－0001523　19/6.23

國文述要　周祺撰　清稿本　一冊

430000－2412－0001524　20/1.1

康熙字典十二集附備考一卷補遺一卷　(清)張玉書等撰　清刻本　三十三冊

430000－2412－0001525　20/1.2

康熙字典十二集附備考一卷補遺一卷　(清)張玉書等撰　清刻本　三十一冊

430000－2412－0001526　20/2.1

天元一草一卷天元問答一卷方程天元合釋一卷四元名式釋例一卷四元草一卷　(清)吳嘉善撰　清同治十一年(1872)長沙古荷花池精舍刻白芙堂算學叢書本　一冊

430000－2412－0001527　20/2.2

古文雅正十四卷　(清)蔡世遠選評　清刻本　一冊　存二卷(九至十)

430000－2412－0001528　20/2.3

嶺外雜言一卷　(清)黃桐孫撰　清光緒十七年(1891)四明黃氏補不足齋校刻本　一冊

430000－2412－0001529　20/2.4

綱鑑會纂三十九卷　(明)王世貞編　清刻本

十九冊　存二十卷(二、四、六、八至九、十二、十四至十五、十七至十八、二十三至二十四、二十七、二十九、三十三至三十四、三十六至三十九)

430000－2412－0001530　20/2.5
綱鑑總論二卷　(清)□□撰　清刻本　一冊
存一卷(下)

430000－2412－0001531　20/2.6
袁王綱鑑合編三十九卷御撰明紀綱目二十卷
(明)袁黃輯　(明)王世貞編　清光緒三十年(1904)上海商務印書館鉛印本　十四冊
缺七卷(十七至二十三)

430000－2412－0001532　20/2.7
刻天仙正理直論增註一卷　(明)伍守陽撰并註　(明)伍守虛註　清嘉慶二十四年(1819)刻本(泰和堂發兌)　一冊

430000－2412－0001533　20/2.8
御選語錄十九卷　(清)世宗胤禎輯　清光緒四年(1878)金陵刻經處刻本　十三冊　缺四卷(四至七)

430000－2412－0001534　20/2.9
歷代職官表六卷　(清)黃本驥校　清道光二十六年(1846)寧鄉黃氏三長物齋刻本　三冊

430000－2412－0001535　20/2.11
歷代紀元表一卷年號分韻錄一卷　(清)黃本驥編　清道光二十八年(1848)穀詒堂刻本
一冊

430000－2412－0001536　20/2.12
歷代統系錄六卷　(清)黃本驥編　清道光二十八年(1848)穀詒堂刻本　一冊

430000－2412－0001537　20/2.14
郡縣分韻攷十卷　(清)黃本驥編　清道光二十七年(1847)寧鄉黃氏三長物齋刻本　二冊
存六卷(一至六)

430000－2412－0001538　20/2.15
姓氏解紛十卷　(清)黃本驥撰　清道光二十六年(1846)寧鄉黃氏三長物齋刻本　二冊

430000－2412－0001539　20/3.1
紀元編三卷末一卷　(清)李兆洛撰　清光緒十八年(1892)長沙竹素書局刻李氏五種本
三冊

430000－2412－0001540　20/3.2
急就篇四卷　(元)王應麟補注　清同治十二年(1873)粵東書局刻小學彙函本　二冊

430000－2412－0001541　20/3.3
急就篇四卷　(元)王應麟補注　清光緒十五年(1889)湘南書局刻小學彙函本　二冊

430000－2412－0001542　20/3.5
海岳軒叢刻　(清)杜俞撰　清光緒三十三年(1907)姑蘇鉛印本　六冊

430000－2412－0001543　20/3.7
通鑑釋文辨誤十二卷　(元)胡三省撰　清刻本　一冊　存六卷(七至十二)

430000－2412－0001544　20/3.8
聖諭廣訓附編十六條　清涇陽柏氏經正堂刻本　三冊

430000－2412－0001545　20/3.10
隸釋二十七卷　(宋)洪适撰　清刻本　四冊
存十七卷(一至七、十七至二十六)

430000－2412－0001546　20/3.12
讀四書大全說十卷　(清)王夫之撰　清同治四年(1865)湘鄉曾氏金陵節署刻船山遺書本
七冊　存七卷(一、三至四、六至七、九至十)

430000－2412－0001547　20/3.13
四書稗疏一卷考異一卷　(清)王夫之撰　清同治四年(1865)湘鄉曾氏金陵書局刻本
一冊

430000－2412－0001548　20/3.14
國朝詞綜四十八卷　(清)王昶纂　清刻本
八冊　存三十九卷(一至八、十三至二十六、三十二至四十八)

430000－2412－0001549　20/3.15
國朝詩選十四卷　(清)彭廷梅選　清乾隆十

四年(1749)刻本 一册 存一卷(十二)

430000－2412－0001550 20/3.16

三省邊防備覽十四卷 (清)嚴如熤輯 清刻本 四册 存八卷(五至十、十三至十四)

430000－2412－0001551 20/3.16(1)

三省邊防備覽十四卷 (清)嚴如熤輯 清刻本 四册 存十一卷(一至五、八至十三)

430000－2412－0001552 20/3.17

六書分類十二卷 (清)傅世堯輯 (清)傅世磊參訂 清聽松閣刻本 七册 存七卷(二、六至八、十至十二)

430000－2412－0001553 20/3.18

黎文肅公遺書 (清)黎培敬撰 清光緒十七年(1891)湘潭黎氏刻本 七册 存二十六卷(年譜一卷、奏議十六卷、公牘六至十、書札四至六、首一卷)

430000－2412－0001554 20/4.1

史通削繁四卷 (清)紀昀撰 清光緒二十一年(1895)寶慶澹雅書局刻本 四册

430000－2412－0001555 20/4.1(1)

史通削繁四卷 (清)紀昀撰 清光緒二十一年(1895)寶慶澹雅書局刻本 三册 存三卷(一至二、四)

430000－2412－0001556 20/4.2

莊子內篇二卷 王闓運注 清同治八年(1869)刻本 二册

430000－2412－0001557 20/4.2(1)

莊子內篇二卷 王闓運注 清同治八年(1869)刻本 二册

430000－2412－0001558 20/4.2(2)

莊子內篇二卷 王闓運注 清同治八年(1869)刻本 一册 存一卷(一)

430000－2412－0001559 20/4.5

歷代帝王法帖釋文十卷 (清)徐朝弼集釋 清嘉慶十七年(1812)刻本 一册

430000－2412－0001560 20/4.6

諮議局章程 (清)奕劻等撰 清末鉛印本

一册

430000－2412－0001561 20/4.8

龔定菴說文段注札記一卷徐星伯說文段注札記一卷 (清)劉肇隅編校 清光緒二十八年(1902)長沙葉氏刻本 一册

430000－2412－0001562 20/4.9

勝溪竹枝詞一卷 (清)柳樹芳撰 清道光四年(1824)刻本 一册

430000－2412－0001563 20/4.9(1)

勝溪竹枝詞一卷 (清)柳樹芳撰 清道光四年(1824)刻本 一册

430000－2412－0001564 20/4.10

國語補音三卷札記一卷 (宋)宋庠撰 (清)錢保塘記 清光緒八年(1882)刻本 一册

430000－2412－0001565 20/4.11

小滄浪筆談四卷 (清)阮元撰 清光緒二十六年(1900)江蘇書局刻本 一册 存二卷(一至二)

430000－2412－0001566 20/4.12

雲左山房詩鈔八卷附一卷 (清)林則徐撰 清光緒十二年(1886)福州林氏刻本 二册

430000－2412－0001567 20/4.12(1)

雲左山房詩鈔八卷附一卷 (清)林則徐撰 清光緒十二年(1886)福州林氏刻本 一册 存四卷(一至四)

430000－2412－0001568 20/4.13

周官箋六卷 王闓運撰 清光緒二十二年(1896)東洲講舍刻本 一册 存一卷(二)

430000－2412－0001569 20/4.14

明宮雜詠二十卷 (清)饒智元輯 清末刻本 六册

430000－2412－0001570 20/4.14(1)

明宮雜詠二十卷 (清)饒智元輯 清末刻本 五册 存十六卷(一至六、十一至二十)

430000－2412－0001571 20/4.16

小腆紀年附考二十卷 (清)徐鼒撰 清刻本 五册 存十二卷(四至八、十一至十四、十

八至二十)

430000－2412－0001572　20/4.17

玉篇三卷　(南朝梁)顧野王撰　清刻小學彙
函本　二冊　缺一卷(下)

430000－2412－0001573　20/4.18

大唐新語十三卷　(唐)劉肅撰　清刻稗海本
二冊　存十卷(四至十三)

430000－2412－0001574　20/5.1

儀禮鄭註句讀十七卷　(清)張爾岐撰　清光
緒二十六年(1900)新化三味書室刻本　四冊
存九卷(五至十三)

430000－2412－0001575　20/5.2

儀禮鄭註句讀十七卷　(清)張爾岐撰　清刻
本　一冊　存三卷(六至八)

430000－2412－0001576　20/5.3

省軒考古類編十二卷　(清)柴紹炳篡　清刻
本　二冊　存六卷(七至十二)

430000－2412－0001577　20/5.4

江楚會奏變法摺三卷　(清)劉坤一　(清)張
之洞撰　清光緒二十七年(1901)兩湖書院刻
本　二冊　存二卷(二至三)

430000－2412－0001578　20/5.5

治河奏疏二卷五峰遺文一卷　(明)周堪賡撰
清光緒十八年(1892)潙水校經書院刻本
一冊

430000－2412－0001579　20/5.6

鞸言錄一卷附駱文忠公行狀神道碑銘一卷
清同治十年(1871)刻本(文石堂藏板)　一冊

430000－2412－0001580　20/5.7

宋元學案一百卷首一卷　(清)黃宗義撰
(清)全祖望補　(清)何紹基校刊　清末刻本
一冊　存三卷(八十八至九十)

430000－2412－0001581　20/5.8

唐詩三百首註釋六卷　(清)孫洙編選　清刻
本　一冊　存一卷(三)

430000－2412－0001582　20/5.9

浙東紀游草一卷　(清)沈錫爵撰　清道光二

年(1822)刻本　一冊

430000－2412－0001583　20/5.11

四六叢話三十三卷　(清)孫梅輯　清刻本
二冊　存六卷(十七至二十、三十一至三十
二)

430000－2412－0001584　20/5.12

塞上吟四卷　(清)方聯甲編　清同治十二年
(1873)武昌郡廨刻本　一冊

430000－2412－0001585　20/5.14

河東家乘二卷續編二卷　(清)柳樹芳　(清)
柳兆薰輯　清光緒八年(1882)刻本　二冊

430000－2412－0001586　20/5.15

三長物齋文略六卷　(清)黃本驥撰　清道光
二十七年(1847)寧鄉黃氏三長物齋刻本　一
冊　存三卷(四至六)

430000－2412－0001587　20/5.16

書目答問四卷　(清)張之洞撰　清刻本
三冊

430000－2412－0001588　20/5.17

輶軒語一卷書目答問四卷　(清)張之洞撰
清刻本　一冊　存一卷(輶軒語一卷)

430000－2412－0001589　20/5.18

兩當軒集考異二卷附錄四卷　(清)黃景仁撰
清刻本　一冊　缺一卷(附錄一)

430000－2412－0001590　20/5.19

趙忠定奏議四卷　(宋)趙汝愚撰　葉德輝輯
清宣統二年(1910)葉氏觀古堂刻本　二冊

430000－2412－0001591　20/5.20

句溪雜著四卷　(清)陳立撰　清光緒十六年
(1890)長沙思賢講舍刻本　一冊

430000－2412－0001592　20/5.21

誌銘廣例二卷　(清)梁玉繩撰　金石例補二
卷　(清)郭麐撰　清光緒四年(1878)會稽章
氏刻本　一冊

430000－2412－0001593　20/5.22

大學一卷中庸一卷　(宋)朱熹章句　清光緒
十二年(1886)湖北官書處刻本　一冊

430000－2412－0001594　20/5.23

洪廬江祀典徵實二卷　（清）章世溶編　清末
刻本　一冊

430000－2412－0001595　20/5.24

牧民忠告二卷風憲忠告一卷廟堂忠告一卷
（元）張養浩撰　清刻本　一冊

430000－2412－0001596　20/5.25

湖南釐務彙纂十八卷首一卷　（清）但湘良纂
清光緒十五年(1889)刻本　十四冊　存十
四卷(一、三至六、八、十一至十三、十五至十
八,首一卷)

430000－2412－0001597　20/5.26

秘傳花鏡六卷　（清）陳淏子輯　清刻本　二
冊　存二卷(三至四)

430000－2412－0001598　20/5.27

秘傳花鏡六卷　（清）陳淏子輯　清刻本
二冊

430000－2412－0001599　20/5.27(1)

秘傳花鏡六卷　（清）陳淏子輯　清刻本　一
冊　存二卷(一至二)

430000－2412－0001600　20/5.28

楷體蒙求八卷　（清）劉廷玉編　清同治十年
(1871)刻本(常郡一枝山房藏板)　五冊

430000－2412－0001601　20/5.29

國語發正二十一卷　（清）汪遠孫撰　清道光
二十六年(1846)錢塘汪氏振綺堂刻本　一冊
存六卷(十六至二十一)

430000－2412－0001602　20/5.30

覆瓿草一卷附賦一卷　（清）郭新楷著　清光
緒十二年(1886)刻本　一冊

430000－2412－0001603　20/5.32

文選六十卷　（南朝梁）蕭統輯　（唐）李善等
註　清光緒元年(1875)刻本(尊經書院藏板)
六冊　存三十卷(一至三十)

430000－2412－0001604　20/6.1

何博士備論二卷　（宋）何去非撰　清同治二
年(1863)長沙余肇鈞明辨齋刻本　一冊

430000－2412－0001605　20/6.2

牧令書輯要十卷　（清）徐棟編　（清）丁日昌
選評　清刻本　二冊　存二卷(四、九)

430000－2412－0001606　20/6.3

牧令書輯要十卷　（清）徐棟編　（清）丁日昌
選評　清刻本　五冊　存五卷(二、六至九)

430000－2412－0001607　20/6.4

西堂剩稿二卷西堂秋夢錄一卷西堂小草一卷
論語詩一卷右北平集一卷　（清）尤侗撰　清
刻本　二冊

430000－2412－0001608　20/6.5

齊魯游草一卷　（清）李嘉樂撰　清刻本
一冊

430000－2412－0001609　20/6.6

宦游紀略二卷　（清）高廷瑤撰　清光緒九年
(1883)資中官廨刻本　一冊

430000－2412－0001610　20/6.7

曾文正公文集四卷　（清）曾國藩撰　清刻本
三冊

430000－2412－0001611　20/6.8

金史一百三十五卷　（元）脫脫等撰　清石印
本　一冊　存四卷(四至七)

430000－2412－0001612　20/6.11

詩經八卷　（宋）朱熹集傳　清刻本　一冊
存二卷(七至八)

430000－2412－0001613　20/6.14

春秋年表一卷春秋提要一卷春秋諸國興廢說
一卷春秋名號歸一圖二卷　清刻本　一冊

430000－2412－0001614　20/6.15

左傳句解彙雋六卷　（清）韓葵撰　清刻本
一冊　存一卷(三)

430000－2412－0001615　20/6.16

詩經八卷　（宋）朱熹集傳　清刻本　一冊
存二卷(七至八)

430000－2412－0001616　20/6.17

詩經八卷　（宋）朱熹集傳　清刻本　一冊
存一卷(三)

430000－2412－0001617　20/6.18

茗柯文三編一卷四編一卷　（清）張惠言撰
清刻本　一冊

430000－2412－0001618　20/6.19

說文解字　（漢）許慎撰　（宋）徐鉉等校定
清刻本　一冊　存一卷(四篇下)

430000－2412－0001619　20/6.20

詩經體註大全合參八卷　（清）沈世楷輯　清
刻本　一冊　存三卷(六至八)

430000－2412－0001620　20/6.21

詩經體註大全合參八卷　（清）沈世楷輯　清
刻本　一冊　存三卷(六至八)

430000－2412－0001621　20/6.22

書經體註大全合參六卷　（清）錢希祥纂輯
清刻本　一冊　存一卷(四)

430000－2412－0001622　20/6.23

四書體註　清刻本　一冊　存五卷(論語六
至十)

430000－2412－0001623　20/6.24

周易四卷　（宋）朱熹本義　清刻本　一冊
存一卷(一)

430000－2412－0001624　20/6.25

周易四卷　（宋）朱熹本義　清刻本　一冊
存一卷(二)

430000－2412－0001625　20/6.26

四書　（宋）朱熹集註　清刻本　一冊　存
下論

430000－2412－0001626　20/6.27

漱芳軒合纂禮記體註四卷　（清）范翔輯　清
刻本　一冊　存一卷(三)

430000－2412－0001627　20/6.28

全本禮記體註大全合參十卷　（清）范翔輯
（清）徐瑄補輯　清刻本　一冊　存一卷(五)

430000－2412－0001628　20/6.29

禮記二十卷　（漢）鄭玄註　清刻本　一冊
存一卷(六)

430000－2412－0001629　20/6.30

資治通鑑二百九十四卷　（宋）司馬光撰
(元)胡三省音註　**續資治通鑑二百二十卷**
（清）畢沅撰　清石印本　十冊　存六十卷
(二十八至四十七、八十一至八十七、九十五
至九十八、一百六十二至一百六十七、二百二
十二至二百二十六、二百三十三至二百三十
八、二百五十七至二百六十二,續一百五十八
至一百六十三)

430000－2412－0001630　20/6.31

皇清經解　（清）阮元輯　清道光九年(1829)
廣東學海堂刻咸豐十年(1860)補刻本　二十
五冊　存九十九卷(七十二至七十五、一百四
十六至一百五十、一百八十三至一百八十九、
一百九十九至二百、二百五至二百七、二百十
九至二百二十一、二百五十六至二百六十、四
百十六至四百十八、五百六十四、五百七十一
至五百九十九、八百二十六至八百三十二、一
千十六至一千二十、一千五十九至一千六十
八、一千三百二十三至一千三百二十七、一千
三百三十六至一千三百四十五)

430000－2412－0001631　21/1.2

周禮集傳六卷　（清）李文炤撰　清康熙刻本
(四爲堂藏板)　六冊

430000－2412－0001632　21/1.3

讀史方輿紀要十卷　（清）顧祖禹撰　清刻本
七冊　存九卷(二至十)

430000－2412－0001633　21/1.4

讀史方輿紀要十卷　（清）顧祖禹撰　清刻本
六冊　存八卷(二至三、五至十)

430000－2412－0001634　21/1.5

讀史方輿紀要十卷　（清）顧祖禹撰　清道光
三十年(1850)長沙黃氏刻本　一冊　存一卷
(一)

430000－2412－0001635　21/1.6

讀史方輿紀要十卷　（清）顧祖禹撰　清光緒
二十八年(1902)湖南書局刻本　八冊

430000－2412－0001636　21/1.7

欒城集五十卷後集二十四卷第三集十卷
(宋)蘇轍撰　清道光十二年(1832)眉州三蘇
祠刻本　四冊　存三十六卷(欒城集三十八
至四十五、後集七至二十四、第三集十卷)

430000－2412－0001637　21/1.7(1)

欒城集五十卷後集二十四卷應詔集十二卷
(宋)蘇轍撰　清道光十二年(1832)眉州三蘇
祠刻本　四冊　存十五卷(欒城集二十二至
二十八、後集九至十二、應詔集一至四)

430000－2412－0001638　21/1.8

鉅鹿東觀集十卷補遺一卷　(宋)魏野撰　清
宣統三年(1911)趙氏峭帆樓刻本　一冊

430000－2412－0001639　21/1.8(1)

鉅鹿東觀集十卷補遺一卷　(宋)魏野撰　清
宣統三年(1911)趙氏峭帆樓刻本　一冊

430000－2412－0001640　21/1.11

毛詩通考三十卷　(清)林伯桐撰　清同治二
年(1863)南海伍氏刻本　一冊

430000－2412－0001641　21/1.12

毛詩識小三十卷　(清)林伯桐撰　虞書命羲
和章解一卷　(清)曾釗撰　清同治二年
(1863)南海伍氏刻本　二冊

430000－2412－0001642　21/1.13

毛詩補疏五卷　(清)焦循撰　清刻本　一冊

430000－2412－0001643　21/1.14

毛詩二十卷附考證　(漢)毛亨傳　(漢)鄭玄
箋　(唐)陸德明音義　清刻相臺五經本
八冊

430000－2412－0001644　21/1.15

毛詩草木鳥獸蟲魚疏二卷　(三國吳)陸璣撰
　清刻古經解彙函本　一冊

430000－2412－0001645　21/1.16

毛詩草木鳥獸蟲魚疏校正二卷　(清)趙佑
撰　清光緒貴池劉世珩刻聚學軒叢書本
一冊

430000－2412－0001646　21/2.1

廣事類賦四十卷　(清)華希閔撰　清刻本

五冊　存二十八卷(八至十六、二十二至四
十)

430000－2412－0001647　21/2.2

東井詩鈔文鈔二卷　(清)黃定文撰　清光緒
十六年(1890)四明黃氏補不足齋刻本　二冊

430000－2412－0001648　21/2.3

附鮚軒詩八卷　(清)洪亮吉撰　清乾隆六十
年(1795)貴陽節署刻本　二冊

430000－2412－0001649　21/2.4

玉芝堂文集六卷詩集三卷　(清)邵齊燾撰
清光緒五年(1879)湘南節署刻本　四冊

430000－2412－0001650　21/2.6

澄懷堂詩集十四卷　(清)陳裴之撰　清道光
九年(1829)刻本　四冊

430000－2412－0001651　21/2.8

徐迪功詩集四卷附錄一卷　(明)徐禎卿撰
重選徐迪功外集三卷談藝錄一卷　(明)徐禎
卿撰　(明)傅光宅選　清光緒二十一年
(1895)長沙張氏湘雨樓刻本　二冊

430000－2412－0001652　21/2.10

香銷酒醒詞一卷附曲一卷　(清)趙慶熺撰
清光緒十一年(1885)仁和許氏碧聲吟館刻本
一冊

430000－2412－0001653　21/2.12

圭盦詩錄一卷　(清)吳觀禮撰　清光緒五年
(1879)賁齋刻本　一冊

430000－2412－0001654　21/2.13

憶雲詞甲稿一卷乙稿一卷丙稿一卷丁稿一卷
刪存附補遺一卷　(清)項廷紀撰　清光緒二
十五年(1899)湖南思賢書局刻本　一冊

430000－2412－0001655　21/2.14

蜀詩十五卷　(明)費經虞輯　(清)孫澍校訂
清道光十三年(1833)鵝溪村舍孫氏刻古棠
書屋叢書本　一冊

430000－2412－0001656　21/2.16

惲子居文鈔四卷　(清)惲敬撰　清國學扶輪
社石印本　一冊　存一卷(三)

430000－2412－0001657　21/2.17

賈鳧西鼓詞一卷　（清）賈鳧西著　**萬古愁曲一卷**　（清）歸莊撰　**乾嘉詩壇點將錄一卷**（清）舒位撰　清光緒三十三年(1907)葉氏觀古堂刻本　一冊

430000－2412－0001658　21/2.18

擬明史樂府一卷外國竹枝詞一卷　（清）尤侗撰　清刻本　一冊

430000－2412－0001659　21/2.20

三家詩拾遺十卷夏小正輯註四卷　（清）范家相輯　清光緒十三年(1887)墨潤堂重修本（會稽范氏藏板）　二冊

430000－2412－0001660　21/2.21

重刊五百家註音辯昌黎先生文集四十卷（唐）韓愈撰　（宋）魏仲舉輯註　清刻本　八冊　存三十四卷(一至二十、二十四至二十七、三十一至四十)

430000－2412－0001661　21/2.21(1)

重刊五百家註音辯昌黎先生文集四十卷（唐）韓愈撰　（宋）魏仲舉輯註　清刻本　二冊　存十卷(十八至二十、二十七至三十三)

430000－2412－0001662　21/2.22

三輔黃圖六卷補遺一卷　清光緒十七年(1891)思賢講舍刻本　一冊

430000－2412－0001663　21/2.23

江刻書目三種　（清）江標輯　清光緒元和江氏靈鶼閣刻蘇州振新書社印本　三冊　存二種(鐵琴銅劍樓藏宋元本書目、海源閣藏書目)

430000－2412－0001664　21/3.1

溫飛卿詩集九卷　（唐）溫庭筠撰　（明）曾益註　（清）顧予咸補註　（清）顧嗣立續註　清宣統二年(1910)廣益書局石印本　二冊　存四卷(一至二、六至七)

430000－2412－0001665　21/3.2

溫飛卿詩集七卷別集一卷集外詩一卷　（唐）溫庭筠撰　（明）曾益註　（清）顧予咸補註　（清）顧嗣立續註　清康熙三十六年(1697)顧

氏秀野草堂刻本　二冊

430000－2412－0001666　21/3.3

學易集八卷　（宋）劉跂撰　清重刻武英殿聚珍版書本　二冊

430000－2412－0001667　21/3.4

學易集八卷　（宋）劉跂撰　清福建重刻武英殿聚珍版書本　二冊

430000－2412－0001668　21/3.4(1)

學易集八卷　（宋）劉跂撰　清福建重刻武英殿聚珍版書本　一冊　存三卷(六至八)

430000－2412－0001669　21/3.5

管子二十四卷　（春秋）管仲撰　（唐）房玄齡註　清光緒三年(1877)浙江書局刻本　八冊

430000－2412－0001670　21/3.6

管子校正二十四卷　（清）戴望撰　清同治十一年(1872)刻本　三冊　存十八卷(一至六、十三至二十四)

430000－2412－0001671　21/3.7

管子二十四卷　（春秋）管仲撰　（唐）房玄齡註　清光緒元年(1875)湖北崇文書局刻本　三冊　存十八卷(一至五、十二至二十四)

430000－2412－0001672　21/3.8

中說十卷　（隋）王通著　清刻漢魏叢書本　一冊

430000－2412－0001673　21/3.9

孔叢二卷　（漢）孔鮒撰　清刻漢魏叢書本　一冊

430000－2412－0001674　21/3.9(1)

孔叢二卷　（漢）孔鮒撰　清刻漢魏叢書本　一冊

430000－2412－0001675　21/3.10

集語二卷　（宋）薛據輯　清光緒元年(1875)湖北崇文書局刻本　一冊

430000－2412－0001676　21/3.11

課子隨筆節鈔六卷　（清）張師載輯　（清）徐桐節抄　清同治十年(1871)刻本　二冊　存四卷(一至二、五至六)

430000－2412－0001677　21/3.12

爾雅疏十卷　（宋）邢昺撰　清道光六年
(1826)江西南昌府學刻本　一冊　存三卷
(一至三)

430000－2412－0001678　21/3.13

栩園藏稿二十二卷　（清）陳鼎熙撰　清光緒
三十二年(1906)木活字印本　四冊

430000－2412－0001679　21/3.15

柳文四十三卷　（唐）柳宗元撰　（唐）劉禹錫
編　（清）楊季鸞重刻　清同治七年(1868)楊
氏春星閣刻本　一冊　存七卷(一至七)

430000－2412－0001680　21/3.16

陶園文集八卷詩集二十四卷　（清）張九鉞撰
清道光七年(1827)賜錦樓刻本　七冊　存二十
一卷(文集八卷,詩集五至九、十三至二十)

430000－2412－0001681　21/3.17

顏氏學記十卷　（清）戴望述　清刻本　二冊
存五卷(三至七)

430000－2412－0001682　21/3.18

衡門芹一卷　（明）辛全撰　（清）柏森校刊
清光緒二十五年(1899)柏經正堂刻本　一冊

430000－2412－0001683　21/3.19

日知錄三十二卷日知錄之餘四卷　（清）顧炎
武撰　清刻本　二冊　存四卷(日知錄六至
七、日知錄之餘一至二)

430000－2412－0001684　21/3.20

放翁題跋六卷家訓一卷　（宋）陸游撰　清光
緒四年(1878)仁和葛氏刻本(嘯閣藏板)
二冊

430000－2412－0001685　21/3.21

王右丞集四卷　（唐）王維著　清宣統三年
(1911)上海掃葉山房石印本　一冊

430000－2412－0001686　21/3.22

歷朝名人詞選十三卷　（清）夏秉衡選　上海
掃葉山房石印本　二冊　存四卷(六至七、十
至十一)

430000－2412－0001687　21/3.24

禪關策進不分卷　（明）釋袾宏輯　清刻本
一冊

430000－2412－0001688　21/3.25

林間錄二卷後集一卷　（宋）釋德洪集　清刻
本　二冊

430000－2412－0001689　21/3.26

嬾真子五卷　（宋）馬永卿撰　清刻稗海本
一冊

430000－2412－0001690　21/4.1

明季南略十八卷　（清）計六奇編輯　清道光
都城琉璃廠半松居士木活字本　七冊

430000－2412－0001691　21/4.2

移芝室古文讀本十三卷詩鈔三卷尺牘二卷外
集一卷試帖一卷律賦一卷賦一卷芟餘草一卷
思舊集一卷時文一卷會試硃卷一卷朝考卷一
卷　（清）楊彝珍撰　（清）閻鎮珩輯　清光緒
十二年(1886)刻本　九冊

430000－2412－0001692　21/4.3

宋五子書　（清）李文炤撰　清雍正十二年
(1734)刻本(四為堂藏板)　六冊

430000－2412－0001693　21/4.4

黎文肅公書札三十卷公牘十卷　（清）黎培敬
撰　清光緒十七年(1891)湘潭黎氏刻本　九
冊　存二十九卷(黎文肅公書札一至三、七至
二十七,公牘一至五)

430000－2412－0001694　21/4.4(1)

黎文肅公書札三十卷公牘十卷　（清）黎培敬
撰　清光緒十七年(1891)湘潭黎氏刻本　三
冊　存九卷(黎文肅公書札十九至二十一、二
十五至三十)

430000－2412－0001695　21/4.5

王陽明先生全集十六卷　（明）王守仁撰　清
刻本　九冊　存九卷(二至三、五至七、十、十
二至十四)

430000－2412－0001696　21/4.6

王陽明先生全集十六卷　（明）王守仁撰　清
道光六年(1826)刻本(文德堂藏板)　九冊

存九卷(一、三、六至十、十二、十四)

430000－2412－0001697　21/4.6(1)

王陽明先生全集十六卷　（明）王守仁撰　清道光六年(1826)刻本　八冊　存十一卷(一、三、六至七、九至十四、十六)

430000－2412－0001698　21/4.7

王陽明先生文選七卷　（明）王守仁撰　清道光二十五年(1845)刻本　二冊　存五卷(三至七)

430000－2412－0001699　21/4.8

黔書二卷　（清）田雯稿　清刻本　一冊

430000－2412－0001700　21/4.9

[光緒]添修莫愁湖志二卷　（清）醉吟館主人續纂　清光緒十五年(1889)金陵修竹齋刻本　二冊

430000－2412－0001701　21/4.10

儲遯菴文集十二卷　（清）諸方慶著　清刻本　二冊　存六卷(三至八)

430000－2412－0001702　21/4.11

法言十卷　（漢）揚雄撰　（清）潘焯校　清刻漢魏叢書本　一冊

430000－2412－0001703　21/4.12

惜分詞二卷　（清）于培元撰　清光緒三十二年(1906)于廷榮刻本　一冊

430000－2412－0001704　21/4.13

三家宮詞二家宮詞　（明）毛晉輯　清同治十二年(1873)淮南書局刻本　一冊

430000－2412－0001705　21/4.14

慎盦文鈔二卷詩鈔二卷　（清）左宗植撰　清光緒元年(1875)左氏刻本　二冊　存二卷(慎盦文鈔下、詩鈔下)

430000－2412－0001706　21/4.15

鈞天樂三十二齣　（清）尤侗撰　清康熙四年(1665)刻本　一冊

430000－2412－0001707　21/4.17

鴛鴦宜福館吹月詞二卷　（清）陳元鼎撰　清同治元年(1862)錢唐陳氏刻光緒十六年

(1890)小羽琌山館補修本　一冊

430000－2412－0001708　21/4.18

蘭芷零香錄三卷　（清）蓬道人編　清光緒楊氏坦園刻本　一冊

430000－2412－0001709　21/4.19

璧合珠聯集二卷　（清）翰緣齋主人輯　清光緒二十三年(1897)長沙刻本　一冊

430000－2412－0001710　21/4.20

息柯雜箸三卷白牋八卷　（清）楊翰撰　清同治十二年(1873)羊城九曜山房刻本　二冊　缺五卷(白牋一至二、六至八)

430000－2412－0001711　21/5.1

小知錄十二卷　（清）陸鳳藻輯　清同治十二年(1873)淮南書局刻本　四冊

430000－2412－0001712　21/5.2

紹陶錄二卷　（宋）王質著　**漢丞相諸葛忠武侯傳一卷**　（宋）張栻撰　清光緒歸安陸氏刻十萬卷樓叢書本　一冊

430000－2412－0001713　21/5.3

論衡三十卷　（漢）王充撰　清光緒元年(1875)湖北崇文書局刻本　六冊

430000－2412－0001714　21/5.4

湖南苗防屯政考十五卷　（清）但湘良纂　清光緒九年(1883)蒲圻但氏刻本　十三冊　存十三卷(一至七、十至十五)

430000－2412－0001715　21/5.4(1)

湖南苗防屯政考十五卷　（清）但湘良纂　清光緒九年(1883)蒲圻但氏刻本　八冊　存八卷(一、三至六、十一、十四至十五)

430000－2412－0001716　21/5.4(2)

湖南苗防屯政考十五卷　（清）但湘良纂　清光緒九年(1883)蒲圻但氏刻本　一冊　存一卷(六)

430000－2412－0001717　21/5.5

風俗通義四卷　（漢）應劭撰　**列仙傳二卷**（漢）劉向撰　**集異記一卷**　（唐）薛用弱撰　**續齊諧記一卷**　（南朝梁）吳均撰　清刻秘書

廿一種本　一册

430000－2412－0001718　21/5.6

群輔錄一卷　（晉）陶潛撰　（清）章文在校

英雄記鈔一卷　（漢）王粲撰　（清）包棻校

清刻漢魏叢書本　一册

430000－2412－0001719　21/5.7

留青日札三十五卷　（明）田藝衡撰　明萬曆
元年(1573)刻本　四册　存三十卷(一至三
十)

430000－2412－0001720　21/5.8

欽定儀禮義疏四十八卷首二卷　（清）允祿等
撰　清刻本　二册　存四卷(二十一至二十
二、首二卷)

430000－2412－0001721　21/5.9

欽定周官義疏四十八卷首一卷　（清）允祿等
撰　清刻本　六册　存十一卷(一至九、十三
至十四)

430000－2412－0001722　21/5.10

欽定禮記義疏八十二卷首一卷　（清）允祿等
撰　清刻本　十六册　存三十六卷(一、四至
五、九至二十五、四十四至四十六、四十九至
五十、七十三至八十二,首一卷)

430000－2412－0001723　22/1.1

東坡先生全集七十五卷　（宋）蘇軾撰　明刻
本　二十四册　存三十九卷(十二至二十三、
三十至三十一、四十九至六十二、六十五至七
十五)

430000－2412－0001724　22/1.2

讀書雜志八十二卷餘編二卷　（清）王念孫撰
清同治九年(1870)金陵書局刻本　二十册
缺九卷(戰國策雜志三卷、淮南内篇雜志五
至十)

430000－2412－0001725　22/1.3

乖崖集存六卷　（宋）張詠撰　清光緒十五年
(1889)鉛印本　一册

430000－2412－0001726　22/1.5

女四書四卷　（清）王相箋註　（清）鄭漢校梓

清刻本(同文堂藏板)　一册

430000－2412－0001727　22/1.6

元穆文鈔一卷日記三卷　（清）杜俞撰　清光
緒十二年至十四年(1886－1888)成都刻本
一册

430000－2412－0001728　22/1.7

松陽講義十二卷　（清）陸隴其撰　清康熙二
十九年(1690)刻本　四册

430000－2412－0001729　22/1.8

元穆文鈔二卷　（清）杜俞撰　清光緒三十三
年(1907)姑蘇鉛印本　一册

430000－2412－0001730　22/1.9

元憲集三十六卷　（宋）宋庠撰　清福建重刻
武英殿聚珍版書本　一册　存四卷(一至四)

430000－2412－0001731　22/1.10

釋禪波羅蜜次第法門十卷　（隋）釋智顗撰
（隋）釋法慎記　（隋）釋灌頂再治　清末刻經
處刻本　五册

430000－2412－0001732　22/1.10(1)

釋禪波羅蜜次第法門十卷　（隋）釋智顗撰
（隋）釋法慎記　（隋）釋灌頂再治　清末刻經
處刻本　二册　存四卷(一至二、五至六)

430000－2412－0001733　22/2.1

北戶錄三卷　（唐）段公路纂　（唐）崔龜圖注
清光緒六年(1880)吳興陸氏十萬卷樓刻本
一册

430000－2412－0001734　22/2.2

竇氏聯珠集一卷　（唐）竇常等撰　影印本
一册

430000－2412－0001735　22/2.3

龍筋鳳髓判四卷附錄一卷　（唐）唐臨撰
（明）劉允鵬註　（清）陳春補正　清嘉慶十六
年(1811)蕭山陳氏湖海樓刻本　一册

430000－2412－0001736　22/2.4

播雅二十四卷　（清）鄭珍輯　清貴陽文通書
局鉛印本　一册　存七卷(五至六、十一至十
二、十九至二十、二十四)

430000 – 2412 – 0001737　22/2.6

三統術詳說四卷　（清）陳澧撰　清光緒刻本
　一冊

430000 – 2412 – 0001738　22/2.7

焦氏易林四卷　（漢）焦贛撰　述異記二卷
（南朝梁）任昉撰　續齊諧記一卷　（南朝梁）
吳均撰　枕中書一卷　（晋）葛江撰　佛國記
一卷　（晋）釋法顯撰　三輔黃圖六卷　（漢）
□□撰　風俗通義十卷　（漢）應劭撰　參同
契一卷　（漢）魏伯陽撰　陰符經一卷　（漢）
張良等注　風後握奇經一卷　（漢）公孫弘解
　素書一卷　（漢）黃石公撰　（宋）張商英注
　心書一卷　（三國蜀）諸葛亮撰　高士傳三
卷　（晋）皇甫謐撰　蓮社高賢傳一卷　（晋）
□□撰　搜神記八卷　（晋）干寶撰　搜神後
記二卷　（晋）陶潛撰　星經二卷　（漢）甘公
（漢）石申撰　清刻漢魏叢書本　十冊

430000 – 2412 – 0001739　22/2.8

寧都三魏集　（清）林時益輯　清道光二十五
年（1845）寧都謝庭綏綏園書塾刻本　十五冊
　存二十七卷（魏叔子日錄三卷、詩集八卷，
魏季子文集十六卷）

430000 – 2412 – 0001740　22/2.8(1)

寧都三魏集　（清）林時益輯　清道光二十五
年（1845）寧都謝庭綏綏園書塾刻本　五冊
存十三卷（魏叔子日錄一、詩集一至四,魏昭
士文集三至十）

430000 – 2412 – 0001741　22/3.1

博約堂文鈔十一卷　（清）楊琪光撰　清光緒
刻本　六冊

430000 – 2412 – 0001742　22/3.2

躬恥齋文鈔二十卷後編六卷　（清）宗稷辰撰
　清咸豐越峴山館刻本　十四冊　存二十一
卷（躬恥齋文鈔三至十四、十六、十八至二十,
後編一至五上）

430000 – 2412 – 0001743　22/3.2(1)

躬恥齋文鈔二十卷　（清）宗稷辰撰　清咸豐
越峴山館刻本　一冊　存二卷（十九至二十）

430000 – 2412 – 0001744　22/3.3

盋山文錄八卷詩錄二卷　（清）顧雲編　清光
緒十五年（1889）刻本　四冊

430000 – 2412 – 0001745　22/3.4

養餘齋詩集初集四卷二集四卷三集六卷
（清）柳樹芳撰　清道光二十七年（1847）勝谿
草堂刻本　四冊

430000 – 2412 – 0001746　22/3.4(1)

養餘齋詩集初集四卷二集四卷三集六卷
（清）柳樹芳撰　清道光二十七年（1847）勝谿
草堂刻本　四冊

430000 – 2412 – 0001747　22/3.6

醫時六言四卷　（清）翁傳照輯　清光緒二十
一年（1895）刻本　一冊

430000 – 2412 – 0001748　22/3.7

太公兵法逸文一卷　（清）汪宗沂輯編　清光
緒五年（1879）桐廬袁氏漸西村舍刻本　一冊

430000 – 2412 – 0001749　22/3.8

紀效新書十八卷首一卷　（明）戚繼光撰　清
咸豐邵綏名湖南邵陽刻本　四冊

430000 – 2412 – 0001750　22/3.9

武備志二百四十卷　（明）茅元儀輯　清木活
字印本　三冊　存十四卷（三至七、十二至二
十）

430000 – 2412 – 0001751　22/3.10

百子辨正二卷　（清）楊琪光撰　清光緒刻本
　二冊

430000 – 2412 – 0001752　22/3.11

墨子閒詁十五卷附錄一卷墨子後語二卷
（清）孫詒讓撰　清掃葉山房石印本　六冊

430000 – 2412 – 0001753　22/3.12

列子八卷　（戰國）列禦寇撰　（晋）張湛注
清光緒二年（1876）浙江書局刻本　一冊　存
四卷（一至四）

430000 – 2412 – 0001754　22/3.13

韓非子二十卷　（戰國）韓非撰　清刻本　一
冊　存四卷（九至十二）

430000－2412－0001755　22/3.14

韓非子二十卷　（戰國）韓非撰　清掃葉山房石印本　一冊　存六卷(一至六)

430000－2412－0001756　22/3.15

韓非子二十卷　（戰國）韓非撰　韓非子識誤三卷　（清）顧廣圻撰　清光緒元年(1875)浙江書局刻本　八冊　存十卷(韓非子一至二、七至十、十三,韓非子識誤三卷)

430000－2412－0001757　22/3.16

韓非子集解二十卷　（清）王先慎撰　清光緒二十二年(1896)刻本　一冊　存十六卷(一至十六)

430000－2412－0001758　22/3.17

韓非子二十卷　（戰國）韓非撰　清光緒元年(1875)湖北崇文書局刻本　二冊　存十卷(六至十、十六至二十)

430000－2412－0001759　22/3.18

雙樹生詩草一卷　（清）林鎬撰　紀半樵詩一卷　（清）紀大復撰　思適齋集十八卷　（清）顧廣圻撰　清道光、咸豐間上海徐氏刻春暉堂叢書本　六冊

430000－2412－0001760　22/3.19

全謝山文鈔十六卷　（清）全祖望撰　清宣統二年(1910)上海國學扶輪社鉛印本　八冊

430000－2412－0001761　22/3.20

守默齋詩稿一卷雜著一卷　（清）何應祺撰　清同治十年(1871)刻本　四冊

430000－2412－0001762　22/3.21

損齋文鈔十五卷首一卷外集鈔一卷語錄鈔三卷附錄一卷　（清）楊樹椿撰　清光緒十九年(1893)涇陽柏氏柏經正堂刻本　七冊　缺十卷(損齋文鈔六至十五)

430000－2412－0001763　22/4.1

文心雕龍十卷　（南朝梁）劉勰撰　（清）黃叔琳註　清乾隆黃氏養素堂刻本　二冊　存二卷(三、五)

430000－2412－0001764　22/4.2

文心雕龍十卷　（南朝梁）劉勰撰　（清）黃叔琳註　（清）紀昀評　清光緒二十一年(1895)學庫山房刻本　三冊　存八卷(一至二、五至十)

430000－2412－0001765　22/4.3

新刻幼學須知直解二卷　（清）程登吉著　清刻本　一冊　存一卷(上)

430000－2412－0001766　22/4.4

蜀秀集九卷　（清）譚宗濬編　清光緒五年(1879)成都試院刻本　七冊　存八卷(一至四、六至九)

430000－2412－0001767　22/4.6

詰墨一卷　（漢）孔鮒撰　新語二卷　（漢）陸賈撰　獨斷一卷　（漢）蔡邕撰　忠經一卷　(漢)馬融撰　孝傳一卷　（晉）陶潛撰　小爾雅一卷　（漢）孔鮒撰　清刻漢魏叢書本　一冊

430000－2412－0001768　22/4.7

樊南文集詳註八卷　（唐）李商隱撰　（清）馮浩編訂　清德聚堂刻本　三冊　存六卷(一至六)

430000－2412－0001769　22/4.8

三才發秘　（清）陳雯撰　清康熙三十六年(1697)刻本　二冊　存一卷(天部一)

430000－2412－0001770　22/4.9

吳學士文集四卷詩集五卷　（清）吳蕡撰　（清）梁肇煌　（清）薛時雨編訂　清光緒八年(1882)江甯藩署刻本　六冊

430000－2412－0001771　22/4.10

李空同詩集三十三卷附錄一卷　（明）李夢陽撰　清光緒二十一年(1895)長沙張氏湘雨樓刻弘正四杰詩集本　五冊　缺五卷(二十四至二十八)

430000－2412－0001772　22/4.15

清儀閣金石題識四卷　（清）張廷濟撰　（清）陳其榮編輯　清光緒二十年(1894)石埭徐觀自得齋刻本　一冊　存一卷(一)

430000 – 2412 – 0001773　22/4.16

魏書官氏志疏證一卷　（清）陳毅撰　清光緒
二十三年(1897)刻本　一冊

430000 – 2412 – 0001774　22/4.20

濂亭文集八卷　（清）張裕釗撰　清光緒八年
(1882)查氏木漸齋蘇州刻本　二冊

430000 – 2412 – 0001775　22/4.21

述祖詩一卷于京集五卷　（清）尤侗撰　清刻
本　二冊

430000 – 2412 – 0001776　22/4.22

兩當軒集二十二卷　（清）黃景仁撰　清光緒
二年(1876)家塾刻本　二冊　存六卷(一至
三、十一至十三)

430000 – 2412 – 0001777　22/4.23

補輯朱子大學講義二卷　（清）何桂珍錄　清
光緒十年(1884)六安求我齋刻何文貞公遺書
本　一冊

430000 – 2412 – 0001778　22/4.25

讒書五卷　（唐）羅隱撰　清嘉慶十二年
(1807)海昌吳氏刻本　一冊

430000 – 2412 – 0001779　22/4.26

**經籍舉要一卷家塾課程一卷中江講院添設季
課示一卷**　（清）龍啟瑞撰　清光緒十九年
(1893)中江講院刻本　一冊

430000 – 2412 – 0001780　22/4.28

八史經籍志　清光緒八年至九年（1882 –
1883)鎮海張壽榮刻本　六冊　存二十三卷
(前漢書藝文志一卷、隋書經籍志四卷、舊唐
書經籍志二卷、唐書藝文志四卷、宋史藝文志
八卷、元史藝文志四卷)

430000 – 2412 – 0001781　22/4.30

例限彙編二卷　（清）郎汝琳增輯　清刻本
一冊

430000 – 2412 – 0001782　22/5.2

天台四教儀集註十卷　（元）釋蒙潤集　清刻
本　一冊　存三卷(四至六)

430000 – 2412 – 0001783　22/5.3

野客叢書三十卷附野老紀聞一卷　（宋）王楙
撰　明嘉靖刻本　三冊　缺七卷(一至七)

430000 – 2412 – 0001784　22/5.4

補筆談一卷　（宋）沈括撰　清刻稗海本
一冊

430000 – 2412 – 0001785　22/5.5

護法論一卷　（宋）張商英撰　清光緒九年
(1883)長沙刻經處刻本　一冊

430000 – 2412 – 0001786　22/5.6

南本大般涅槃經三十六卷　（北魏）釋曇無讖
譯　（宋）釋慧觀等再治　清刻本　一冊　存
四卷(五至八)

430000 – 2412 – 0001787　22/5.8

能改齋漫錄十八卷　（宋）吳曾撰　清重刻武
英殿聚珍版書本　八冊

430000 – 2412 – 0001788　22/5.10

解深密經五卷　（唐）釋玄奘譯　清同治十年
(1871)金陵刻經處刻本　一冊

430000 – 2412 – 0001789　22/5.11

浪迹續談八卷　（清）梁章鉅撰　清道光二十
八年(1848)亦東園刻本　一冊　存一卷(一)

430000 – 2412 – 0001790　22/5.12

湖海文傳七十五卷詩傳四十六卷　（清）王昶
輯　清同治四年(1865)刻本(亦西齋藏板)
十六冊　存七十八卷(湖海文傳四至十、二十
五至三十一、五十六至七十五,詩傳一至三十
八、四十一至四十六)

430000 – 2412 – 0001791　22/5.13

俞氏叢書　（清）俞樾撰　清光緒二十五年
(1899)刻本　三十一冊　存一百六十三卷
(諸子平議一至十六、二十一至三十五,湖樓
筆談一至七,曲園襍纂一至五十,俞樓襍纂一
至十七、二十五至二十九、三十五至五十,春
在堂襍文一至二,襍文續編一至五,襍文三編
一至四,詩編一至五,尺牘一至五,楹聯錄上、
中、下,金剛波羅蜜經上、下,茶香室叢鈔五至
十五)

430000 – 2412 – 0001792　22/5.13（1）

俞氏叢書　（清）俞樾撰　清光緒二十五年（1899）刻本　一冊　存二十五卷（俞樓襍纂二十六至五十）

430000 – 2412 – 0001793　23/1.1

嵇中散集十卷　（三國魏）嵇康撰　（明）張溥閱　明刻漢魏六朝百三名家集本　二冊

430000 – 2412 – 0001794　23/1.3

樛華館駢體文四卷　（清）董基誠　（清）董祐誠撰　清咸豐九年（1859）刻本（蓉城藏板）　二冊

430000 – 2412 – 0001795　23/1.4

臥知齋駢體文初稿一卷　（清）涂景濤撰　清光緒五年（1879）刻本　一冊

430000 – 2412 – 0001796　23/1.4（1）

臥知齋駢體文初稿一卷　（清）涂景濤撰　清光緒五年（1879）刻本　一冊

430000 – 2412 – 0001797　23/1.5

林文忠公政書三十七卷　（清）林則徐撰　清光緒刻本　十二冊　存二十三卷（江蘇三至四、湖廣四至五、使粵一至八、兩廣三至四、陝甘一、雲貴三至十）

430000 – 2412 – 0001798　23/1.7

望溪先生文集十八卷集外文十卷　（清）方苞撰　（清）戴鈞衡編　清咸豐元年（1851）刻本　十二冊　存二十四卷（望溪先生文集一、五至十八，集外文一至四、六至十）

430000 – 2412 – 0001799　23/1.8

宋元名家詞　（清）江標輯　清光緒二十一年（1895）湖南思賢書局刻本　四冊

430000 – 2412 – 0001800　23/1.9

寒松堂全集十二卷寒松老人年譜一卷　（清）魏象樞撰　清嘉慶十六年（1811）刻本　十三冊

430000 – 2412 – 0001801　23/1.10

孔子家語疏證十卷　（清）陳士珂輯　清光緒十七年（1891）三餘草堂刻湖北叢書本　二冊

430000 – 2412 – 0001802　23/1.11

同人集十二卷　（清）冒襄輯　清咸豐水繪庵木活字印本　七冊　存七卷（一至六、九）

430000 – 2412 – 0001803　23/1.12

寄愚室文鈔一卷詩鈔六卷　（清）黃錫熹撰　清光緒十一年（1885）刻本　二冊　缺三卷（詩鈔四至六）

430000 – 2412 – 0001804　23/2.1

重刊五百家註音辯昌黎先生文集四十卷　（唐）韓愈撰　（宋）魏仲舉輯註　清刻本　十冊　存三十六卷（二至八、十二至四十）

430000 – 2412 – 0001805　23/2.2

次園詩存六卷　蔣彬若撰　清光緒十一年（1885）鉛印本　一冊

430000 – 2412 – 0001806　23/2.2（1）

次園詩存六卷　蔣彬若撰　清光緒十一年（1885）鉛印本　一冊

430000 – 2412 – 0001807　23/2.5

紫峴山人文集十二卷首一卷詩集二十六卷首一卷詩餘二卷　（清）張九鉞撰　（清）張家杙重刊　清咸豐元年（1851）刻本（賜錦樓藏板）　十冊　缺五卷（詩集五至九）

430000 – 2412 – 0001808　23/2.6

三十家詩鈔六卷　（清）曾國藩編　（清）王定安增輯　清同治十三年（1874）傳忠書局刻本　六冊

430000 – 2412 – 0001809　23/2.7

王忠文公集二十卷　（明）王禕撰　（清）胡鳳丹校梓　清同治九年（1870）胡氏退補齋課金華叢書本　十冊

430000 – 2412 – 0001810　23/2.9

桐華舸詩鈔八卷末一卷續鈔八卷末一卷明季詠史詩鈔一卷褒忠詩鈔一卷　（清）鮑瑞駿撰　清同治三年至光緒三年（1864 – 1877）歙縣鮑氏刻本　九冊

430000 – 2412 – 0001811　23/2.10

新刻出相音注勸善目連救母行孝戲文三卷

(明)鄭之珍編　富春堂梓　清謝懷德堂刻本
　二冊　缺一卷(下)

430000－2412－0001812　23/2.11

湘社集四卷　易順鼎　程頌萬編　清光緒十
七年(1891)長沙蛻園刻本　二冊

430000－2412－0001813　23/2.12

更生齋乙集四卷　(清)洪亮吉撰　清光緒善
化章氏經濟堂刻本　一冊

430000－2412－0001814　23/2.13

更生齋甲集四卷詩六卷　(清)洪亮吉撰　清
刻本　四冊

430000－2412－0001815　23/2.14

尊經書院初集十二卷　王闓運輯　清光緒十
一年(1885)刻本　七冊　存七卷(一、六至十
一)

430000－2412－0001816　23/2.15

古文筆法百篇二十卷首一卷　(清)李扶九輯
　(清)黃仁黼註　清刻本　一冊　存五卷
(四至八)

430000－2412－0001817　23/2.16

傅鶉觚集五卷　(晉)傅玄撰　(清)方濬師校
集　清光緒二年(1876)廣州書局刻本　一冊

430000－2412－0001818　23/3.2

天岳山館文鈔四十卷　(清)李元度撰　清刻
本　十六冊　存三十四卷(二至十四、十七至
十九、二十一至三十二、三十五至四十)

430000－2412－0001819　23/3.5

周忠介公燼餘集三卷　(明)周順昌撰　周吏
部年譜一卷　(明)殷獻臣撰　清光緒二十九
年(1903)太倉唐文治刻本　一冊

430000－2412－0001820　23/3.6

平津館文稿二卷　(清)孫星衍撰　清刻平津
館叢書本　二冊

430000－2412－0001821　23/3.8

詩緣正編十卷　(清)蜀西樵也輯　清光緒十
七年(1891)刻本　三冊

430000－2412－0001822　23/3.9

觀劇絕句三卷　(清)金德瑛等撰　木皮散人
鼓詞一卷　(明)賈鳬西著　萬古愁曲一卷
(清)歸莊撰　清光緒三十三年至三十四年
(1907－1908)長沙葉氏觀古堂刻本　一冊

430000－2412－0001823　23/3.9(1)

觀劇絕句三卷　(清)金德瑛等撰　木皮散人
鼓詞一卷　(明)賈鳬西著　萬古愁曲一卷
(清)歸莊撰　清光緒三十三年至三十四年
(1907－1908)長沙葉氏觀古堂刻本　一冊

430000－2412－0001824　23/3.9(2)

觀劇絕句三卷　(清)金德瑛等撰　清光緒三
十四年(1908)長沙葉氏觀古堂刻本　一冊

430000－2412－0001825　23/3.10

靈芬館詞四種　(清)許增輯　清光緒五年
(1879)娛園刻本　二冊

430000－2412－0001826　23/3.12

小蓬萊謠一卷　(清)俞樾撰　清光緒十二年
(1886)刻本　一冊

430000－2412－0001827　23/3.13

漁洋山人精華錄箋註十二卷年譜一卷　(清)
王士禛撰　(清)金榮註　(清)徐淮輯　清刻
本(寶華順藏板)　五冊　存九卷(一至四、六
至七、十至十一,年譜一卷)

430000－2412－0001828　23/3.14

學海堂四集二十八卷　(清)金錫齡編　清光
緒十二年(1886)廣東啟秀山房刻本　一冊
存四卷(十六至十八、二十一)

430000－2412－0001829　23/3.16

潛穎詩十卷文四卷　(清)何維棣撰　清光緒
二十七年(1901)刻本　四冊

430000－2412－0001830　23/3.17

西垣詩鈔二卷西垣黔苗竹枝詞一卷　(清)毛
貴銘撰　清光緒十年(1884)長沙王氏刻本
一冊

430000－2412－0001831　23/3.18

大佛頂首楞嚴經疏解蒙鈔六十卷首一卷
(清)錢謙益編　清刻本　十七冊　存五十卷

（一、六至十四、十六至四十五、四十九至五十七，首一卷）

430000－2412－0001832　23/3.19

刊謬正俗八卷　（唐）顏師古撰　清光緒三年（1877）湖北崇文書局刻本　一冊

430000－2412－0001833　23/4.1

經訓比義三卷　（清）黃以周撰　清光緒二十二年（1896）南菁講舍刻本　三冊

430000－2412－0001834　23/4.2

五均論二卷　（清）鄒漢勛撰　清光緒刻鄒叔子遺書本　一冊　存一卷（上）

430000－2412－0001835　23/4.3

輶軒使者絕代語釋別國方言十三卷校正補遺一卷　（漢）揚雄撰　（晉）郭璞註　清同治十二年（1873）粵東書局刻小學彙函本　一冊

430000－2412－0001836　23/4.4

方言十三卷　（漢）揚雄撰　清刻漢魏叢書本　一冊

430000－2412－0001837　23/4.5

輶軒使者絕代語釋別國方言十三卷校正補遺一卷　（漢）揚雄撰　（晉）郭璞註　清光緒十五年（1889）湘南書局刻小學彙函本　一冊

430000－2412－0001838　23/4.6

太玄十卷　（宋）司馬光撰　清光緒元年（1875）湖北崇文書局刻本　二冊

430000－2412－0001839　23/4.7

六書通十卷　（明）閔齊伋撰　（清）畢弘述篆訂　清光緒四年（1878）繡谷留耕堂刻本　五冊　存八卷（一至八）

430000－2412－0001840　23/4.11

干祿字書一卷　（唐）顏元孫撰　五經文字三卷　（唐）張參撰　清光緒十五年（1889）湘南書局刻小學彙函本　一冊

430000－2412－0001841　23/4.12

干祿字書一卷　（唐）顏元孫撰　五經文字三卷　（唐）張參撰　新加九經字樣一卷　（唐）唐玄度撰　清同治十二年（1873）粵東書局刻

小學彙函本　一冊

430000－2412－0001842　23/4.13

宋黃文節公文集正集三十二卷首四卷外集二十四卷首一卷別集十九卷首一卷　（宋）黃庭堅撰　清光緒二十年（1894）義寧州署刻本　八冊　存四十二卷（正集一至三、外集一至五、十一至二十四，別集十九卷首一卷）

430000－2412－0001843　23/4.14

有恒心齋駢體文六卷　（清）程鴻詔撰　清同治刻本　一冊　存二卷（一至二）

430000－2412－0001844　23/4.15

禮耕堂叢說一卷史論五答一卷吉貝居暇唱一卷　（清）施國祁撰　清道光二十五年（1845）刻本　一冊

430000－2412－0001845　23/4.16

禮記章句四十九卷　（清）王夫之撰　十二冊　存三十六卷（一至八、十一至二十八、三十二至四十一）

430000－2412－0001846　23/4.16（1）

禮記章句四十九卷　（清）王夫之撰　清刻本　三冊　存十六卷（二十五至三十一、四十一至四十九）

430000－2412－0001847　23/4.17

孟子集註七卷　（宋）朱熹撰　清刻本　三冊

430000－2412－0001848　23/4.18

南軒先生孟子說七卷　（宋）張栻撰　清咸豐四年（1854）綿邑南軒祠刻本　二冊　存五卷（一至五）

430000－2412－0001849　23/4.19

大宋重修廣韻五卷　（宋）陳彭年等撰　清光緒十五年（1889）湘南書局刻小學彙函本　四冊　存四卷（二至五）

430000－2412－0001850　23/4.20

廣韻五卷　（宋）陳彭年等撰　清光緒十五年（1889）湘南書局刻小學彙函本　二冊　存二卷（一、五）

430000－2412－0001851　23/4.21

廣雅十卷　（三國魏）張揖撰　（隋）曹憲音釋
　　清同治十二年(1873)粵東書局刻小學彙函
本　一冊

430000－2412－0001852　23/4.22

大宋重修廣韻五卷　（宋）陳彭年等撰　清同
治十二年(1873)粵東書局刻小學彙函本　四
冊　存四卷(一至三、五)

430000－2412－0001853　23/4.23

廣韻五卷　（宋）陳彭年等撰　清同治十二年
(1873)粵東書局刻小學彙函本　二冊　存二
卷(一、三)

430000－2412－0001854　23/4.24

四禮翼不分卷　（明）呂坤撰　清光緒二十三
年(1897)昆明何氏刻本　一冊

430000－2412－0001855　23/4.25

字說一卷　（清）吳大澂撰　清光緒十九年
(1893)思賢講舍刻本　一冊

430000－2412－0001856　23/4.25(1)

字說一卷　（清）吳大澂撰　清光緒十九年
(1893)思賢講舍刻本　一冊

430000－2412－0001857　23/4.26

釋名八卷　（漢）劉熙撰　清同治十二年
(1873)粵東書局刻小學彙函本　一冊

430000－2412－0001858　23/4.27

孟子□□卷　（宋）朱熹集註　清刻本　二冊
　　存五卷(一至五)

430000－2412－0001859　23/5.1

宋黃文節公文集　（宋）黃庭堅撰　清同治八
年(1869)刻本　十七冊

430000－2412－0001860　23/5.2

宗忠簡公集七卷　（宋）宗澤撰　（清）胡鳳丹
校梓　清同治八年(1869)永康胡氏退補齋刻
金華文萃本　二冊

430000－2412－0001861　23/5.3

九靈山房集三十卷補編二卷　（元）戴良撰
（清）胡鳳丹校梓　清同治九年(1870)永康胡
氏退補齋刻金華文萃本　五冊　存十六卷

（一至三、七至十九）

430000－2412－0001862　23/5.4

增修東萊書說三十五卷　（宋）呂祖謙撰　清
同治八年(1869)永康胡氏退補齋刻金華文萃
本　六冊　存二十八卷(三至六、十二至三十
五)

430000－2412－0001863　23/5.5

詩集傳名物鈔八卷　（元）許謙撰　清同治八
年(1869)永康胡氏退補齋刻金華文萃本　五
冊　缺二卷(二、四)

430000－2412－0001864　23/5.6

大學衍義四十三卷　（宋）真德秀彙輯　清光
緒二十二年(1896)新化三味堂刻本　八冊

430000－2412－0001865　23/5.6(1)

大學衍義四十三卷　（宋）真德秀彙輯　清光
緒二十二年(1896)新化三味堂刻本　七冊
存三十七卷(一至十一、十八至四十三)

430000－2412－0001866　23/5.7

國朝先正事略六十卷　（清）李元度纂　清循
陔草堂刻本　二十冊　存四十五卷(一至八、
十八至二十五、三十二至六十)

430000－2412－0001867　23/5.8

國朝先正事略六十卷　（清）李元度纂　清光
緒二十二年(1896)上洋文盛書局石印本　六
冊　存四十七卷(一至二十、三十四至六十)

430000－2412－0001868　23/5.9

國朝先正事略六十卷　（清）李元度纂　清光
緒二十五年(1899)石印本　三冊　存三十四
卷(一至八、十七至二十四、四十三至六十)

430000－2412－0001869　23/5.10

國朝先正事略六十卷　（清）李元度纂　清光
緒十五年(1889)上海廣百宋齋鉛印本　五冊
　　存二十七卷(一至四、十四至二十一、三十
二至四十六)

430000－2412－0001870　23/5.11

國朝先正事略續編三十卷　（清）朱孔彰撰
清光緒二十六年(1900)石印本　二冊　存四

卷(一至四)

430000－2412－0001871　23/6.1

國朝先正事略六十卷　(清)李元度纂　清刻本　二十一冊　存五十三卷(二至十三、十六至四十、四十五至六十)

430000－2412－0001872　23/6.2

大學衍義補一百六十卷　(明)丘濬撰　(明)陳仁錫評閱　清刻本　二冊　存八卷(六十八至七十一、九十二至九十五)

430000－2412－0001873　23/6.3

大學衍義補一百六十卷　(明)丘濬撰　(明)陳仁錫評閱　清刻本　三十二冊　存一百二十七卷(八至三十九、四十五至七十、七十五至八十七、九十六至一百四十七、一百五十三至一百五十六)

430000－2412－0001874　23/6.4

賢母錄四卷旌節錄一卷　(清)黃本驥述　清道光二十八年(1848)刻三長物齋叢書本(穀詒堂藏板)　二冊

430000－2412－0001875　23/6.5

蜀輶日記四卷　(清)陶澍撰　清光緒七年(1881)江州官舍刻本　二冊

430000－2412－0001876　23/6.6

毛詩寫官記四卷　(清)毛奇齡撰　清刻西河合集本　二冊

430000－2412－0001877　23/6.7

西京雜記六卷　(漢)劉歆撰　**荊楚歲時記一卷**　(漢)宗懍撰　**南方草木狀三卷**　(晉)嵇含撰　**竹譜一卷**　(晉)戴凱之撰　**禽經一卷**　(晉)張華注　**鼎錄一卷**　(南朝梁)虞荔纂　**古今刀劍錄一卷**　(南朝梁)陶弘景纂　清刻漢魏叢書本　一冊

430000－2412－0001878　23/6.8

西京雜記六卷　(漢)劉歆撰　清刻漢魏叢書本　一冊

430000－2412－0001879　23/6.9

喪禮吾說篇十卷　(宋)毛奇齡稿　清刻西河

合集本　一冊　存五卷(一至五)

430000－2412－0001880　23/6.10

玉篇校刊札記一卷　(清)鄧顯鶴撰　清刻本　一冊

430000－2412－0001881　24/1.1

儀鄭堂駢儷文三卷　(清)孔廣森撰　清光緒二十二年(1896)善化章氏經濟堂刻本　一冊

430000－2412－0001882　24/1.2

太師誠意伯劉文成公集二十卷首一卷　(明)劉基撰　清光緒二十六年(1900)浙江書局刻民國五年(1916)補刻本　十冊

430000－2412－0001883　24/1.3

宋李忠定文集三十九卷　(宋)李綱撰　清光緒三十四年(1908)湘鄉愛日堂校刻本　八冊

430000－2412－0001884　24/1.4

山谷詩集註二十卷外集詩註十七卷別集詩註二卷　(宋)黃庭堅撰　(宋)任淵等註　清重刻武英殿聚珍版書本　十三冊

430000－2412－0001885　24/1.5

宋李忠定奏議六十九卷首一卷擬撰表本一卷靖康擬詔書一卷建炎擬詔一卷擬制詔四卷年譜一卷　(宋)李綱撰　清光緒二十九年(1903)湖南愛日堂刻本　二十冊

430000－2412－0001886　24/1.6

朱子集一百四卷目錄二卷　(宋)朱熹撰　清咸豐十年(1860)紫霞洲祠堂刻本　二十九冊　存七十二卷(八至十二、十九至二十七、三十二至五十一、五十五至六十四、六十七至七十一、七十七至九十三、九十六至九十九,目錄二卷)

430000－2412－0001887　24/2.1

朱子集一百四卷目錄二卷　(宋)朱熹撰　清咸豐十年(1860)紫霞洲祠堂刻本　三冊　存八卷(五至七、四十四至四十六、九十三至九十四)

430000－2412－0001888　24/2.2

朱子語類一百四十卷　(宋)朱熹撰　(宋)黎

靖德輯　清同治刻本　三十冊　存一百十一卷(八至三十四、三十七至六十七、七十一至七十三、七十八至八十二、八十七至一百一、一百八至一百十七、一百二十一至一百四十)

430000－2412－0001889　24/2.9
思誠堂集六卷詩集二卷　(清)張鏞撰　清光緒十三年(1887)刻本　四冊

430000－2412－0001890　24/2.9(1)
思誠堂集六卷　(清)張鏞撰　清光緒十三年(1887)刻本　二冊　存四卷(三至六)

430000－2412－0001891　24/2.10
楚辭十七卷　(漢)劉向集　(漢)王逸章句　(宋)洪興祖補註　清光緒九年(1883)長沙書堂山館刻本　六冊

430000－2412－0001892　24/2.11
楚辭十七卷　(漢)劉向集　(漢)王逸章句　(宋)洪興祖補註　清刻本　一冊　存五卷(一至五)

430000－2412－0001893　24/2.12
歐陽文忠公全集一百五十三卷首一卷附錄五卷　(宋)歐陽修撰　清光緒十九年(1893)澹雅書局刻本　五冊　存二十五卷(一百四至一百十八、一百五十至一百五十三,首一卷,附錄五卷)

430000－2412－0001894　24/3.1
佩文韻府一百六卷　(清)張玉書等輯　**韻府拾遺一百六卷**　(清)張廷玉等輯　清石印本　七十八冊　存一百五十九卷(一至二、四上、五至十三、十五、十七至二十上、二十一至二十二中、二十三上、二十四下至二十六上、二十七至三十七上、三十七下至五十二、五十五、五十九至六十九、七十三至七十六上、七十七至八十三、九十五至九十九上、一百、一百二上、一百三、一百六,拾遺五至十、十七至二十六、三十六至八十八、九十九至一百六)

430000－2412－0001895　24/4.1
小學集解六卷附文公朱子年譜一卷童蒙須知一卷訓子從學帖一卷朱子白鹿洞書院揭示一

卷朱子論定程董學則一卷　(清)張伯行輯注　清刻本(新繁沈氏家塾藏板)　四冊

430000－2412－0001896　24/4.2
樂園文鈔八卷　(清)嚴如熤撰　清刻本　一冊　存一卷(二漢南感舊集)

430000－2412－0001897　24/4.4
呂氏春秋二十六卷　(戰國)呂不韋撰　清光緒元年(1875)湖北崇文書局刻本　一冊　存八卷(七至十四)

430000－2412－0001898　24/4.5
玉谿生詩詳註三卷樊南文集詳註八卷年譜一卷詩話一卷　(唐)李商隱撰　(清)馮浩編訂　清乾隆四十五年(1780)德聚堂刻本　七冊　缺二卷(文集二至三)

430000－2412－0001899　24/4.5(1)
玉谿生詩詳註三卷年譜一卷詩話一卷　(唐)李商隱撰　(清)馮浩編訂　清乾隆四十五年(1780)德聚堂刻本　三冊　缺一卷(玉谿生詩詳註一)

430000－2412－0001900　24/5.1
淵鑒類函四百五十卷　(清)張英等輯　清刻本　一百十三冊　存三百二十一卷(六至十四、十九至二十、二十六、九十九至一百十四、一百十八至一百二十二、一百二十五至一百二十九、一百三十八至一百四十九、一百五十六至一百五十八、一百六十二至一百八十、一百八十四至二百六十、二百六十五至二百九十八、三百二至三百十五、三百十八至三百二十六、三百三十至三百四十六、三百五十至四百三十一、四百三十五至四百五十)

430000－2412－0001901　24/6.2
三魚堂文集十二卷附錄一卷外集六卷附錄一卷　(清)陸隴其撰　清康熙四十年(1701)琴川書屋刻本　五冊　缺三卷(文集四至六)

430000－2412－0001902　24/6.3
有正味齋詩集十六卷續集八卷駢體文二十四卷續集八卷　(清)吳錫麒撰　清刻本　六冊　存二十四卷(詩集一至八、十三至十六,續

集一至四,駢體文九至十二、續集一至四)

430000－2412－0001903　24/6.3(1)

有正味齋詩集十六卷續集八卷詞集八卷
(清)吳錫麒撰　清刻本(同人堂藏板)　八冊

430000－2412－0001904　24/6.4

唐詩合選詳解十二卷　(清)劉文蔚註釋　清
光緒二十四年(1898)曉雲山房刻本　一冊
存一卷(一)

430000－2412－0001905　24/6.5

唐詩三百首註疏六卷　(清)孫洙編選　(清)
章燮註　清刻本　一冊　存一卷(六)

430000－2412－0001906　24/6.6

唐詩三百首註疏六卷　(清)孫洙編選　(清)
章燮註　(清)孫孝根校正　清刻本　一冊
存二卷(三至四)

430000－2412－0001907　24/6.7

南宋雜事詩七卷　(清)沈嘉轍等撰　清同治
十一年(1872)淮南書局刻本　二冊

430000－2412－0001908　24/6.9

漢魏六朝百三名家集　(明)張溥輯　明刻本
　七冊　存魏武帝集、馮曲陽集、班蘭臺集、
漢蘭臺令李伯仁集、東漢馬季長集、王左丞
集、陸太常集、劉戶曹集、王詹事集、劉庶子
集、庾度之集

430000－2412－0001909　24/6.10

絕妙好詞箋七卷　(宋)周密輯　(清)查爲仁
(清)厲鶚箋註　清刻本　一冊　存二卷
(五至六)

430000－2412－0001910　24/6.11

採輯歷朝詩話一卷辨譌考異四種　(清)胡鳳
丹編纂　清同治九年(1870)永康胡氏退補齋
刻六朝四家全集本　一冊

430000－2412－0001911　24/6.13

名疑集四卷劄記一卷　(明)陳士元著　清光
緒十七年(1891)三餘草堂刻湖北叢書本
一冊

430000－2412－0001912　24/6.14

四書逸箋六卷　(清)程大中撰　**讀書說四卷**
附錄一卷　(清)胡承諾著　清光緒十七年
(1891)三餘草堂刻湖北叢書本　一冊

430000－2412－0001913　24/6.15

繹志十九卷　(清)胡承諾著　清光緒十七年
(1891)三餘草堂刻湖北叢書本　二冊

430000－2412－0001914　24/6.20

楚寶四十卷　(明)周聖楷纂　清道光九年
(1829)刻本　一冊　存二卷(三十五至三十
六)

430000－2412－0001915　24/6.21

元豐類稿五十卷　(宋)曾鞏撰　清康熙四十
九年(1710)曾國光刻本　八冊　存四十二卷
(一至四十二)

430000－2412－0001916　24/6.22

元豐類稿五十卷首一卷　(宋)曾鞏撰　清乾
隆二十八年(1763)刻本(查溪藏板)　二冊
存七卷(一、二十至二十五)

430000－2412－0001917

益州名畫錄三卷　(宋)黃休復纂　**韓氏山水
純全集一卷**　(宋)韓拙撰　**月波洞中記一卷**
(三國吳)張仲遠傳本　清刻函海本　一冊

430000－2412－0001918　3A/2/2.1

小倉山房文集三十五卷　(清)袁枚撰　清同
治五年(1866)刻本(三讓睦記藏板)　九冊
存二十四卷(一至二、十至二十九、三十一至
三十二)

430000－2412－0001919　3A/2/2.2

小倉山房詩集三十五卷　(清)袁枚撰　清同
治五年(1866)刻本(三讓睦記藏板)　七冊
存十八卷(八至二十五)

430000－2412－0001920　3A/2/2.3

國朝文匯甲集六十卷　國學扶輪社編　清宣
統上海國學扶輪社石印本　一冊　存二卷
(七至八)

430000－2412－0001921　3A/2/2.4

左太沖集一卷　(晉)左思撰　**潘安仁集五卷**

（晉）潘岳撰　清宣統三年(1911)上海文明
書局鉛印本　一冊

430000－2412－0001922　3A/2/2.4(1)
左太沖集一卷　（晉）左思撰　**潘安仁集五卷**
　（晉）潘岳撰　清宣統三年(1911)上海文明
書局鉛印本　一冊

430000－2412－0001923　3A/2/2.6
韋蘇州集十卷　（唐）韋應物撰　清掃葉山房
石印本　二冊

430000－2412－0001924　3A/2/2.9
菊潭集三卷　（清）姚旭著　清光緒十五年
(1889)刻本　一冊

430000－2412－0001925　3A/2/2.12
魏文帝集六卷　（三國魏）曹丕撰　清宣統三
年(1911)上海文明書局鉛印本　一冊

430000－2412－0001926　3A/2/2.13
嵇叔夜集七卷　（三國魏）嵇康撰　清宣統三
年(1911)上海文明書局鉛印本　一冊

430000－2412－0001927　3A/2/2.14
阮嗣宗集四卷　（三國魏）阮籍撰　清宣統三
年(1911)上海文明書局鉛印本　一冊

430000－2412－0001928　3A/2/2.15
鮑明遠集三卷　（南朝宋）鮑照撰　清宣統三
年(1911)上海文明書局鉛印本　一冊

430000－2412－0001929　3A/2/2.16
隋煬帝集五卷　（隋）楊廣撰　清宣統三年
(1911)上海文明書局鉛印本　一冊

430000－2412－0001930　3A/2/2.17
梁元帝集五卷　（南朝梁）元帝蕭繹撰　清宣
統三年(1911)上海文明書局鉛印本　一冊

430000－2412－0001931　3A/2/2.25
唐人三家集　（清）秦恩復編　清影印本　五
冊　存十七卷(李元賓文集六卷;駱賓王文集
七至十、考異一卷;呂衡州文集三至五、九至
十,考證一卷)

430000－2412－0001932　3A/2/2.26
甫田集三十五卷附錄一卷　（明）文徵明撰

清宣統三年(1911)上海千頃堂書莊鉛印本
八冊　存二十八卷(一至十九、二十三至二十
七、三十三至三十六)

430000－2412－0001933　3A/2/2.28
謝法曹集二卷　（南朝宋）謝惠連撰　**謝希逸
集三卷**　（南朝宋）謝莊撰　清宣統三年
(1911)上海文明書局鉛印本　一冊

430000－2412－0001934　3A/2/2.29
陸士龍集十卷　（晉）陸雲撰　清宣統三年
(1911)上海文明書局鉛印本　一冊

430000－2412－0001935　3A/2/2.32
曹子建集十卷逸文一卷年譜一卷　（三國魏）
曹植撰　清宣統三年(1911)上海文明書局鉛
印本　一冊

430000－2412－0001936　3A/3/1.1
新增說文韻府群玉二十卷　（元）陰時夫編
（元）陰中夫註　清刻本(富春堂藏板)　十五
冊　存十五卷(一至四、六至九、十二、十四至
十八、二十)

430000－2412－0001937　3A/3/1.2
船山史論　（清）王夫之撰　清光緒二十七年
(1901)湖南書局刻本　十三冊　存二十六卷
(讀通鑑論一至六、十四至十五、十九至二十、
二十五至三十,末;宋論四至五;春秋世論五
卷;續春秋左氏傳博議二卷)

430000－2412－0001938　3A/3/1.4
思問錄內篇一卷外篇一卷　（清）王夫之撰
清刻船山遺書本　一冊

430000－2412－0001939　3A/3/1.6
康熙字典十二集　（清）張玉書等撰　清刻本
　二十六冊

430000－2412－0001940　3A/3/1.7
康熙字典十二集　（清）張玉書等撰　清刻本
　十八冊

430000－2412－0001941　3A/3/1.8
康熙字典十二集　（清）張玉書等撰　清刻本
　十冊

430000－2412－0001942　3A/3/1.9

康熙字典十二集　（清）張玉書等撰　清上海錦章圖書局石印本　二冊　存二集(丑、卯)

430000－2412－0001943　3A/3/1.10

康熙字典十二集　（清）張玉書等撰　清鴻寶齋書局石印本　一冊　存三集(寅、卯、辰)

430000－2412－0001944　3A/3/1.11

康熙字典十二集附備考一卷補遺一卷　（清）張玉書等撰　（清）毛承基補纂　清上海鴻寶書局石印本　三冊　存一集二卷(亥、備考一卷、補遺一卷)

430000－2412－0001945　3A/3/1.12

康熙字典十二集　（清）張玉書等撰　清石印本　一冊　存二集(巳、未)

430000－2412－0001946　3A/3/2.1

神農本草經讀四卷　（清）陳念祖著　清光緒三十二年(1906)吳閩醫學書會石印南雅堂醫書全集本　一冊

430000－2412－0001947　3A/3/2.3

御纂醫宗金鑒七十四卷　（清）吳謙等纂　清石印本　二冊　存十卷(四十五至五十、五十五至五十八)

430000－2412－0001948　3A/3/2.4

御纂醫宗金鑒七十四卷　（清）吳謙等纂　清有益齋石印本　一冊　存四卷(五十五至五十八)

430000－2412－0001949　3A/3/2.5

歷代帝王年表三卷　（清）齊召南編　清光緒二十八年(1902)長沙省菴刻本　三冊

430000－2412－0001950　3A/3/2.7

晉書一百三十卷　（唐）房玄齡等撰　清石印本　二十冊

430000－2412－0001951　3A/3/2.9

千金裘二十七卷二集二十六卷　（清）蔣義彬纂　清同治四年(1865)刻本(三多齋藏板)　九冊

430000－2412－0001952　3A/3/2.13

史記一百三十卷　（漢）司馬遷撰　（南朝宋）裴駰集解　（唐）司馬貞索隱　（唐）張守節正義　清刻本　二冊　存八卷(十五至十六、一百十二至一百十七)

430000－2412－0001953　3A/3/2.14

目耕齋初刻不分卷　（清）沈叔眉編　（清）徐楷評註　清刻本　一冊　存下論、孟子

430000－2412－0001954　3A/3/2.15

目耕齋小題不分卷　（清）沈叔眉編　（清）徐楷評註　清刻本　一冊　存論語、孟子

430000－2412－0001955　3A/3/2.16

前漢紀三十卷　（漢）荀悅撰　清光緒二年(1876)嶺南述古堂刻本　一冊　存三卷(七至九)

430000－2412－0001956　3A/3/2.20

後漢書一百二十卷　（南朝宋）范曄撰　（唐）李賢註　清光緒十年(1884)上海同文書局石印本　二十冊　存九十七卷(一、六至四十、四十七至五十二、五十八至九十六、一百二至一百五、一百九至一百二十)

430000－2412－0001957　3A/3/2.23

後漢書一百二十卷　（南朝宋）范曄撰　（唐）李賢註　清石印本　一冊　存九卷(八十六至九十四)

430000－2412－0001958　3A/3/2.24

東漢會要四十卷　（宋）徐天麟撰　清光緒五年(1879)嶺南學海堂刻本　八冊

430000－2412－0001959　3A/3/2.25

史記一百三十卷　（漢）司馬遷撰　（南朝宋）裴駰集解　（唐）司馬貞索隱　（唐）張守節正義　清刻本　十五冊　存七十八卷(六至十七、二十一至五十五、六十七至七十一、九十六至一百四、一百十至一百二十六)

430000－2412－0001960　3A/3/2.26

西漢會要七十卷　（宋）徐天麟撰　清光緒五年(1879)嶺南學海堂刻本　六冊　存四十一卷(一至五、十四至二十八、五十至七十)

430000－2412－0001961　3A/3/2.27

父師善誘法二卷讀書作文譜十二卷　（清）唐彪輯著　清寶華樓刻本　一冊　缺七卷（讀書作文譜六至十二）

430000－2412－0001962　3A/3/2.28

酒令叢鈔四卷　（清）俞敦培輯　清光緒刻本　一冊　存一卷（二）

430000－2412－0001963　3A/3/2.29

蒙學讀本全書四編　清刻本　一冊

430000－2412－0001964　3A/3/2.30

述庵詩零一卷　（清）林崧祁撰　清宣統元年（1909）鉛印本　一冊

430000－2412－0001965　3A/2/3.2

柏梘山房文集十六卷詩集十卷詩續集二卷（清）梅曾亮撰　清宣統二年（1910）上海國學扶輪社石印本　六冊　缺四卷（詩集一至四）

430000－2412－0001966　3A/2/3.5

楊忠烈公文集五卷　（明）楊漣著　清宣統三年（1911）文盛書局石印本　二冊　存二卷（一至二）

430000－2412－0001967　3A/2/3.6

可之先生文集二卷　（唐）孫樵撰　清宣統二年（1910）上海會文堂粹記石印本　一冊

430000－2412－0001968　3A/2/3.8

疑雲集四卷　（明）王彥泓撰　清末石印本　一冊　存二卷（一至二）

430000－2412－0001969　3A/2/3.9

筱雲詩集二卷　（清）陸應宿撰　清刻本（隨園藏板）　一冊

430000－2412－0001970　3A/2/3.11

四憶堂詩集六卷遺稿一卷　（清）侯方域撰　清掃葉山房石印本　一冊　缺三卷（一至三）

430000－2412－0001971　3A/2/3.16

校訂定盦全集十卷　（清）龔自珍撰　清宣統二年（1910）上海時中書局鉛印本　七冊　缺一卷（三）

430000－2412－0001972　3A/2/3.18

王臨川全集二十四卷　（宋）王安石撰　清宣統三年（1911）掃葉山房石印本　六冊　存十卷（一至二、五至七、十二至十四、二十三至二十四）

430000－2412－0001973　3A/2/3.19

懷星堂全集三十卷　（明）祝允明著　清宣統二年（1910）中國書畫會鉛印本　八冊

430000－2412－0001974　3A/2/3.20

陶淵明集八卷首一卷末一卷　（晉）陶潛撰　清宣統三年（1911）上海文明書局鉛印本　一冊

430000－2412－0001975　3A/2/3.21

陶淵明文集十卷　（晉）陶潛撰　清宣統二年（1910）上海著易堂書局石印本　二冊

430000－2412－0001976　3A/2/3.22

詩韻集成十卷　（清）余照輯　清刻本　一冊

430000－2412－0001977　3A/2/3.23

詩韻集成十卷　（清）余照輯　清江南李光明莊刻本　五冊

430000－2412－0001978　3A/3/3.1

重訂事類賦三十卷　（宋）吳淑撰註　清同治七年（1868）刻本（經綸堂藏板）　四冊　存二十一卷（一至九、十三至二十四）

430000－2412－0001979　3A/3/3.2

事類賦補遺十四卷　（清）張均編撰　清刻本（經綸堂藏板）　三冊　存十一卷（一至十一）

430000－2412－0001980　3A/3/3.3

重訂廣事類賦四十卷　（清）華希閔撰　清同治七年（1868）刻本（經綸堂藏板）　八冊　存三十三卷（一至九、十七至四十）

430000－2412－0001981　3A/3/3.4

續廣事類賦三十卷　（清）王鳳喈撰註　清經綸堂刻本　九冊　存二十五卷（一至七、九、十五、二十至三十）

430000－2412－0001982　3A/3/3.5

廣廣事類賦三十二卷　（清）吳世旃撰註　清經綸堂刻本　五冊　存二十三卷（五至二十

二、二十八至三十二)

430000 – 2412 – 0001983　3A/3/3.6

重訂廣事類賦四十卷　(清)華希閔撰　清刻本　一冊　存五卷(二十一至二十五)

430000 – 2412 – 0001984　3A/3/3.7

重訂事類賦三十卷　(宋)吳淑撰註　清刻本　一冊　存八卷(二十三至三十)

430000 – 2412 – 0001985　3A/3/3.8

欽定四庫全書簡明目錄二十卷職名一卷總目一卷　(清)高宗弘曆撰　清刻本　二冊　缺十八卷(一至十八)

430000 – 2412 – 0001986　3A/3/3.9

欽定四庫全書簡明目錄二十卷　(清)高宗弘曆撰　清刻本　六冊　存十卷(九至十一、十四至二十)

430000 – 2412 – 0001987　3A/3/3.10

戰國策□□卷　清刻本　三冊　存三卷(四、七至八)

430000 – 2412 – 0001988　3A/3/3.11

戰國策補注三十三卷　(漢)高誘註　吳曾祺補注　清宣統二年(1910)商務印書館鉛印本　三冊　存二十五卷(一至十七、二十六至三十三)

430000 – 2412 – 0001989　3A/3/3.12

紅樓夢一百二十回　(清)曹雪芹撰　清刻本　一冊　存五回(五十至五十四)

430000 – 2412 – 0001990　3A/3/3.13

南田畫跋一卷　(清)惲格撰　清光緒四年(1878)仁和葛氏刻本(嘯園藏板)　一冊

430000 – 2412 – 0001991　3A/3/3.14

盈書閣遺稿一卷繡餘吟稿一卷樓居小草一卷素文女子遺稿一卷　(清)袁枚輯　清刻本(隨園藏板)　一冊

430000 – 2412 – 0001992　3A/3/3.15

心史二卷　(宋)鄭思肖撰　清刻本(凝碧堂藏板)　二冊

430000 – 2412 – 0001993　3A/3/3.17

補校袁文箋正七卷首一卷　(清)袁枚撰　(清)汪漫山人補校　(清)石韞玉箋　清嶺南周氏叢雅居刻本　二冊　存二卷(一、首一卷)

430000 – 2412 – 0001994　3A/3/3.18

袁文箋正十六卷補註一卷　(清)袁枚撰　(清)石韞玉箋　清同治四年(1865)松壽山房刻本　三冊　缺四卷(五至八)

430000 – 2412 – 0001995　3A/3/3.20

新刻楊救貧秘傳陰陽二宅便用統宗二卷　(清)邵磻溪編輯　清經國堂刻本　一冊

430000 – 2412 – 0001996　3A/3/3.21

六朝文絜箋註十二卷　(清)許槤評選　(清)黎經誥箋註　清末石印本　一冊　存一卷(七)

430000 – 2412 – 0001997　3A/3/3.22

孔子家語八卷　(明)何孟春註　(清)盧文弨校補　清光緒十八年(1892)刻本(維新書局藏板)　四冊

430000 – 2412 – 0001998　3A/3/3.23

莫愁湖楹聯便覽一卷　(清)釋壽安編　清光緒五年(1879)刻本　一冊

430000 – 2412 – 0001999　3A/3/3.24

五代史七十四卷　(宋)歐陽修撰　(宋)徐無黨註　清光緒十五年(1889)湖南大同書局刻本　十六冊

430000 – 2412 – 0002000　3A/3/3.24(1)

五代史七十四卷　(宋)歐陽修撰　(宋)徐無黨註　清光緒十五年(1889)湖南大同書局刻本　十二冊　存六十四卷(一至三十八、四十四至五十三、五十九至七十四)

430000 – 2412 – 0002001　3A/3/3.25

文史通義八卷　(清)章學誠撰　清光緒二十八年(1902)湖南勸學書舍刻本　六冊

430000 – 2412 – 0002002　3A/3/3.26

增釋文明字彙十二集　(清)許愚纂　清刻本　九冊　存九集(子、寅、卯、辰、巳、午、未、

申、戌)

430000－2412－0002003　3A/3/3.27
左氏兵謀二卷　（清）魏禧撰　清咸豐十年(1860)清湘刻本　一冊

430000－2412－0002004　3A/2/4.2
曾文正公家書十卷　（清）曾國藩撰　清中新書局鉛印本　一冊　存二卷(五至六)

430000－2412－0002005　3A/2/4.3
曾文正公家書十卷　（清）曾國藩撰　清森寶齋刻本　一冊　存二卷(五至六)

430000－2412－0002006　3A/2/4.4
曾文正公家書十卷　（清）曾國藩撰　清石印本　一冊　存二卷(九至十)

430000－2412－0002007　3A/2/4.9
曾文正公全集　（清）曾國藩撰　清光緒二十九年(1903)鴻寶書局石印本　三十六冊

430000－2412－0002008　3A/2/4.12
亭林詩集五卷　（清）顧炎武撰　清掃葉山房石印本　一冊　存二卷(一至二)

430000－2412－0002009　3A/2/4.13
追昔遊集三卷　（唐）李紳撰　清宣統二年(1910)上海著易堂書局石印本　一冊

430000－2412－0002010　3A/2/4.14
嘯古堂詩集八卷　（清）蔣敦復著　（清）王韜編　清宣統三年(1911)廣益書局石印本　一冊　存四卷(一至四)

430000－2412－0002011　3A/2/4.16
寇忠愍公詩集三卷　（宋）寇準撰　清宣統三年(1911)中華圖書館影印本　二冊

430000－2412－0002012　3A/2/4.17
漁洋山人精華錄箋註十二卷補一卷　（清）王士禎撰　（清）金榮箋註　（清）徐淮纂輯　清石印本　七冊　缺五卷(一至二、四至六)

430000－2412－0002013　3A/2/4.18
白香詞譜一卷　（清）趙蘭石校　清石印本　一冊

430000－2412－0002014　3A/2/4.24
唐宋八家文讀本三十卷　（清）沈德潛評點　清石印本　二冊　存四卷(二至三、六至七)

430000－2412－0002015　3A/2/4.26
宋王忠文公文集五十卷目錄一卷　（宋）王十朋撰　（清）唐傳鉎重編　清掃葉山房石印本　二冊　存七卷(十四至十九、目錄一卷)

430000－2412－0002016　3A/2/4.27
謝宣城集五卷　（南朝齊）謝朓撰　清宣統三年(1911)上海文明書局鉛印本　一冊

430000－2412－0002017　3A/3/4.1
論說入門不分卷　程宗啟編　清刻本　一冊　存點題法至總束法

430000－2412－0002018　3A/3/4.2
蒙求疊韻　陳樾撰　清刻本　一冊　存一卷(乙後集下)

430000－2412－0002019　3A/3/4.5
皇朝經世文編一百二十卷姓名總目二卷　（清）賀長齡輯　清鉛印本　十五冊

430000－2412－0002020　3A/3/4.6
皇朝經世文三編八十卷　（清）陳忠倚輯　清石印本　一冊　存五卷(六十六至七十)

430000－2412－0002021　3A/3/4.10
重訂增補陶朱公致富全書四卷　（清）石岩逸叟增定　清刻本　一冊　存二卷(三至四)

430000－2412－0002022　3A/3/4.11
重訂增補陶朱公致富全書四卷　（清）石岩逸叟增定　清刻本　一冊　存一卷(四)

430000－2412－0002023　3A/3/4.12
蒙學動物教科書九章　文明書局編纂　清刻本　一冊

430000－2412－0002024　3A/3/4.14
書契程式全編一卷　清石印本　一冊

430000－2412－0002025　3A/3/4.18
國朝文彙　國學扶輪社編　清宣統元年(1909)上海國學扶輪社石印本　三十四冊

430000－2412－0002026　3A/3/4.19

本草綱目五十二卷　（明）李時珍撰　清刻本
一冊　存一卷（三上）

430000－2412－0002027　3A/3/4.20

醫門法律六卷　（清）喻昌撰　清刻本　一冊
存一卷（六）

430000－2412－0002028　3A/3/4.21

醫方集解六卷　（清）汪昂撰　清刻本　一冊
存一卷（五）

430000－2412－0002029　3A/3/4.22

**尚論張仲景傷寒論重編三百九十七法二卷首
一卷**　（清）喻昌撰　清刻本　二冊

430000－2412－0002030　3A/3/4.23

**尚論張仲景傷寒論重編三百九十七法二卷首
一卷**　（清）喻昌撰　清刻本　一冊　存一卷
（下）

430000－2412－0002031　3A/3/5.1

增補綱鑑輯要四十卷首一卷　（明）袁黃編纂
清刻本　二十三冊

430000－2412－0002032　3A/3/5.2

噩夢一卷　（清）王夫之撰　清刻船山遺書本
一冊

430000－2412－0002033　3A/3/5.4

廣學會叢刻八種　清刻本　二冊　存一種
（七國新學備要）

430000－2412－0002034　3A/3/5.5

地理講義　清鉛印本　一冊　存一百頁（九
十五至一百九十四）

430000－2412－0002035　3A/3/5.7

詩經八卷　（宋）朱熹集傳　清刻本　一冊
存一卷（五）

430000－2412－0002036　3A/3/5.8

蒙學讀本全書六編　清刻本　一冊

430000－2412－0002037　3A/3/5.10

桐雲閣試帖輯注二卷　（清）楊庚撰　清刻七
家試帖輯注本　一冊　存一卷（上）

430000－2412－0002038　3A/3/5.11

隨園駢體文註十六卷　（清）袁枚著　（清）黎
光地註　清刻本　三冊　存七卷（五至六、九
至十一、十三至十四）

430000－2412－0002039　3A/3/5.12

新刻歷朝捷鑑一卷　（明）曹維藩考輯　清文
光堂刻本　一冊

430000－2412－0002040　3A/3/5.13

己丑格致書院課藝一卷　（清）王韜編輯　清
光緒十七年（1891）刻本　一冊

430000－2412－0002041　3A/3/5.14

西藏考一卷　（清）□□撰　**鮓話一卷**　（清）
佟世思著　清光緒會稽趙氏刻仰視千七百二
十九鶴齋叢書本　一冊

430000－2412－0002042　2B/2/1.1

戰鬥原則十六章　兩江督練公所教練處編譯
清鉛印本　一冊

430000－2412－0002043　2B/2/1.2

皇朝駢文類苑十四卷首一卷　（清）姚燮選
（清）張壽榮校刊　清光緒七年（1881）律中林
鍾刻本　七冊　存九卷（一、三上、四至八、十
四，首一卷）

430000－2412－0002044　2B/2/1.4

資治通鑑目錄三十卷　（宋）司馬光撰　清光
緒十四年（1888）上海蜚英館石印本　三冊
存十六卷（一至三、八至二十）

430000－2412－0002045　2B/2/1.8

策學備纂　（清）蔡啟盛　（清）吳穎炎輯　清
袖海山房石印本　二冊　存二卷（二十七至
二十八）

430000－2412－0002046　2B/2/1.12

新鐫校正評注分類百子金丹　（明）郭偉選注
（明）郭中吉編　（明）王星聚校訂　清石印
本　一冊　存二卷（四至五）

430000－2412－0002047　2B/2/1.13

積古齋鐘鼎彝器款識　（清）阮元輯　清石印
本　二冊　存四卷（五至八）

430000－2412－0002048　2B/2/1.14

詩韻萃珍　（清）黃昌瑞輯　（清）張士俊校
清同治五年(1866)刻本(經元堂藏板)　二冊
　存四卷(一至四)

430000－2412－0002049　2B/2/1.15

洞簫樓詩紀二十四卷　（清）宋翔鳳撰　清道
光刻本　一冊　存六卷(一至六)

430000－2412－0002050　2B/2/1.16

詩經八卷　（宋）朱熹集傳　清光緒二十九年
(1903)寶慶仁記書社刻本　一冊　存二卷
(一至二)

430000－2412－0002051　2B/2/1.17

詩經八卷　（宋）朱熹集傳　清石印本　一冊
　存二卷(三至四)

430000－2412－0002052　2B/2/1.18

詩八卷　（宋）朱熹集傳　清刻本(懷德堂藏
板)　一冊　存二卷(一至二)

430000－2412－0002053　2B/2/1.19

八銘塾鈔　（清）吳懋政編　清刻本　二冊
存上論、下論、上孟

430000－2412－0002054　2B/2/1.21

詩八卷　（宋）朱熹集傳　清光緒三十三年
(1907)太蘇堂書局刻本　一冊　存二卷(一
至二)

430000－2412－0002055　2B/2/1.22

放翁先生詩鈔不分卷　（宋）陸遊撰　（清）周
元鱗　（清）柴升選　清刻本　一冊　存五言
古、七言古、五言律

430000－2412－0002056　2B/2/1.23

詠物詩選注釋八卷　（清）俞琰輯　（清）易開
縉　（清）孫渷鳴注　清刻本　四冊

430000－2412－0002057　2B/2/1.24

隨園詩話十六卷　（清）袁枚撰　清刻本　一
冊　存二卷(九至十)

430000－2412－0002058　2B/2/1.25

隨園詩話補遺十卷　（清）袁枚撰　清刻本
一冊

430000－2412－0002059　2B/2/1.29

國朝六家詩鈔　（清）劉執玉輯　清石印本
四冊　存初白、秋谷、竹詫、愚山、阮亭下

430000－2412－0002060　2B/2/1.29(1)

國朝六家詩鈔　（清）劉執玉輯　清石印本
三冊　存愚山、阮亭

430000－2412－0002061　2B/2/1.36

海山詩屋詩話　（清）李文泰輯　清森寶閣鉛
印本　一冊　存二卷(九至十)

430000－2412－0002062　2B/2/1.38

紅豆村人詩稿十四卷　（清）袁樹撰　清刻本
(隨園藏板)　二冊　存八卷(一至八)

430000－2412－0002063　2B/2/1.44

寄傲山房塾課纂輯禮記全文備旨　（清）鄒聖
脈纂輯　清刻本　二冊　存五卷(七至十一)

430000－2412－0002064　2B/2/1.45

寄傲山房塾課纂輯禮記全文備旨　（清）鄒聖
脈纂輯　清刻本　四冊　存九卷(三至十一)

430000－2412－0002065　2B/2/1.46

宋論十五卷　（清）王夫之撰　清同治四年
(1865)湘鄉曾國荃金陵刻本　二冊　存九卷
(七至十五)

430000－2412－0002066　2B/2/1.47

張子正蒙二卷　（宋）張載撰　（清）王夫之註
清同治四年(1865)湘鄉曾國荃金陵刻本
一冊

430000－2412－0002067　2B/2/1.48

俟解一卷噩夢一卷　（清）王夫之撰　清同治
四年(1865)湘鄉曾國荃金陵刻本　一冊

430000－2412－0002068　2B/2/1.49

黃書一卷識小錄一卷　（清）王夫之撰　清同
治四年(1865)湘鄉曾國荃金陵刻本　一冊

430000－2412－0002069　2B/2/1.50

莊子解三十三卷　（清）王夫之撰　清同治四
年(1865)湘鄉曾國荃金陵刻本　二冊　存十
二卷(十三至十九、二十四至二十八)

430000－2412－0002070　2B/2/2.3

後漢紀三十卷 （晉）袁宏撰 清光緒二年
(1876)嶺南述古堂刻本 七冊 存二十六卷
（一至七、十二至三十）

430000－2412－0002071 2B/2/2.4

聖武記十四卷 （清）魏源撰 清刻本 六冊
存九卷（一至九）

430000－2412－0002072 2B/2/2.5

適可齋記言四卷 （清）馬建忠撰 清光緒二
十三年(1897)慎記書莊石印西政叢書本
一冊

430000－2412－0002073 2B/2/2.6

詞律校勘記二卷 （清）杜文瀾撰 清掃葉山
房石印本 一冊 存一卷（下）

430000－2412－0002074 2B/2/2.7

讀書敏求記四卷 （清）錢曾撰 清掃葉山房
石印本 二冊 存二卷（二、四）

430000－2412－0002075 2B/2/2.8

出使英法日記一卷 （清）曾紀澤撰 清光緒
二十三年(1897)湖南新學書局刻本 一冊

430000－2412－0002076 2B/2/2.9

湘軍記二十卷 （清）王定安撰 清石印本
二冊 存五卷（十一至十五）

430000－2412－0002077 2B/2/2.10

庚子銷夏記八卷 （清）孫承澤撰 清石印本
二冊 存四卷（三至六）

430000－2412－0002078 2B/2/2.11

國朝文錄八十二卷 （清）姚椿輯 清光緒二
十六年(1900)掃葉山房石印本 十冊 存五
十三卷（一至六、十五至三十五、四十五至五
十、五十七至六十三、七十至八十二）

430000－2412－0002079 2B/2/2.14

尚絅堂尺牘一卷 （清）劉嗣綰著 **養一齋尺**
牘一卷 （清）李兆洛著 清宣統三年(1911)
上海文明書局鉛印尺牘叢刻本 一冊

430000－2412－0002080 2B/2/2.19

改良新世界商務應用尺牘二卷 （清）王潤伯
著 清石印本 一冊

430000－2412－0002081 2B/2/2.26

六大名家點評蘇東坡尺牘 （宋）蘇軾撰 黃
嘉惠校 清石印本 一冊 存一卷（下）

430000－2412－0002082 2B/2/2.32

吳摯甫尺牘 （清）吳汝綸撰 清國學扶輪社
石印本 三冊 存三卷（一下、三下、四下）

430000－2412－0002083 2B/2/2.40

歷代名臣言行錄二十四卷 （清）朱桓輯 清
上海會文堂石印本 七冊 存二十一卷（一
至二十一）

430000－2412－0002084 2B/2/2.41

歷代名臣言行錄二十四卷 （清）朱桓輯
（清）許時庚重校 清光緒十六年(1890)廣百
宋齋鉛印本 十冊 存二十卷（一至十六、二
十一至二十四）

430000－2412－0002085 2B/2/2.41(1)

歷代名臣言行錄二十四卷 （清）朱桓輯
（清）許時庚重校 清光緒十六年(1890)廣百
宋齋鉛印本 四冊 存八卷（一至四、十一至
十四）

430000－2412－0002086 2B/2/2.42

歷代名臣言行錄二十四卷 （清）朱桓輯 清
石印本 一冊 存四卷（十七至二十上）

430000－2412－0002087 2B/2/2.43

歷代名臣言行錄二十四卷 （清）朱桓輯 清
石印本 一冊 存四卷（一至四）

430000－2412－0002088 2B/2/2.44

國朝名臣言行錄 （清）董壽輯 清石印本
一冊 存八卷（二十三至三十）

430000－2412－0002089 2B/2/3.1

日知錄三十二卷日知錄之餘四卷 （清）顧炎
武撰 清刻本 六冊 存七卷（四、八、十三、
二十三、二十九,之餘一至二）

430000－2412－0002090 2B/2/3.2

日知錄三十二卷日知錄之餘四卷 （清）顧炎
武撰 清乾隆六十年(1795)刻本 十三冊
存二十六卷（一至三、八至九、十二至十三、十

六至三十二,之餘三至四)

430000－2412－0002091　2B/2/3.4
全蜀藝文志六十四卷　(明)楊慎輯　(清)朱雲煥校　清讀月草堂刻本　十四冊　存五十七卷(三至十八、二十四至六十四)

430000－2412－0002092　2B/2/3.7
東華錄東錄四十五卷華續錄七十五卷　王先謙撰　清光緒十三年(1887)上海廣百宋齋鉛印本　四十三冊

430000－2412－0002093　2B/2/3.8
尺木堂綱鑑易知錄九十二卷　(清)周之炯(清)吳乘權輯　清光緒十七年(1891)上海廣百宋齋鉛印本　十三冊　存八十五卷(一至十四、二十二至九十二)

430000－2412－0002094　2B/2/3.8(1)
尺木堂綱鑑易知錄九十二卷　(清)周之炯(清)吳乘權輯　清光緒十七年(1891)上海廣百宋齋鉛印本　一冊　存十二卷(八十一至九十二)

430000－2412－0002095　2B/2/3.10
畜德錄二十卷　(清)席啟圖撰　清末掃葉山房石印本　三冊　存十卷(一至七、十八至二十)

430000－2412－0002096　2B/2/3.12
增廣尺牘句解初集二卷　(清)寄鴻軒主撰清宣統元年(1909)廣益書局石印本　一冊

430000－2412－0002097　2B/2/3.13
重訂增補陶朱公致富全書　(清)石岩逸叟增定　清刻本　一冊　存一卷(二)

430000－2412－0002098　2B/2/3.14
四大奇書第一種　(明)羅貫中撰　(清)毛宗崗評　清刻本　二冊　存八卷(三十五至三十八、四十六至四十九)

430000－2412－0002099　2B/2/3.15
虞初新志　(清)張潮輯　清石印本　一冊存四卷(八至十一)

430000－2412－0002100　2B/2/3.16
東亞各港口案志八篇　(日本)參謀本部編輯清光緒二十八年(1902)上海廣智書局鉛印本　一冊

430000－2412－0002101　2B/2/3.17
秦淮畫舫錄　(清)捧花生(車馳謙)撰　清石印本　一冊　存一卷(下)

430000－2412－0002102　2B/2/3.18
增評補像全圖金玉緣一百二十回　(清)曹雪芹撰　清光緒三十四年(1908)求不負齋石印本　六冊　存三十九卷(一至十七、六十七至七十四、八十二至八十八、一百十四至一百二十)

430000－2412－0002103　2B/2/3.21
史記菁華錄六卷　(清)姚苧田輯　清光緒二十二年(1896)上海書局石印本　二冊

430000－2412－0002104　2B/2/4.1
大清一統志　(清)高宗弘曆撰　清石印本八冊　存五十三卷(二十四至三十四、二百三至二百八、二百十五至二百二十五、二百七十至二百八十一、三百二十四至三百二十八、三百六十至三百六十七)

430000－2412－0002105　2B/2/4.2
蒙學天文教科書　文明書局編纂　清上海文明編譯局鉛印本　一冊

430000－2412－0002106　2B/2/4.3
最新高等小學國文教科書第一冊　張元濟等編纂　清光緒三十三年(1907)上海商務印書館鉛印本　一冊

430000－2412－0002107　2B/2/4.4
最新高等小學國文教科書第三冊　張元濟等編纂　清光緒三十三年(1907)上海商務印書館鉛印本　一冊

430000－2412－0002108　2B/2/4.5
最新高等小學修身教科書第三冊　商務印書館編譯所編纂　清光緒三十四年(1908)上海商務印書館鉛印本　一冊

430000－2412－0002109　2B/2/4.6

最新高等小學修身教科書第四冊　商務印書館編譯所編纂　清光緒三十四年(1908)上海商務印書館鉛印本　一冊

430000－2412－0002110　2B/2/4.7

八家四六文註八卷首一卷　(清)許貞幹輯　清上海掃葉山房石印本　二冊　存三卷(一至二、七下)

430000－2412－0002111　2B/2/4.10

畫舫續錄投贈三卷　(清)簡中生輯　清石印本　一冊

430000－2412－0002112　2B/2/4.12

四部精華　陸翔輯　清末石印本　十二冊　存十二卷(經部一至二,詩部一、三至五,子部一至二、四、七、九,集部九)

430000－2412－0002113　2B/2/4.12(1)

四部精華　陸翔輯　清末石印本　三冊　存三卷(史部一、三、五)

430000－2412－0002114　2B/2/4.14

列女傳　(漢)劉向撰　(清)梁瑞校注　清石印本　二冊　存四卷(五至八)

430000－2412－0002115　2B/2/4.18

淮南子二十卷　(漢)劉安撰　清上海育文書局石印本　一冊

430000－2412－0002116　2B/2/4.20

讀通鑑論十六卷宋論十五卷　(清)王夫之撰　清上海商務印書館鉛印本　五冊　存十五卷(讀通鑑論一至二、七至八、十三至十六,宋論一至七)

430000－2412－0002117　2B/2/4.21

中興名臣事略八卷　(清)朱孔彰撰　清光緒二十七年(1901)上海書局石印本　四冊

430000－2412－0002118　2B/2/4.24

女子四書讀本二卷　(清)王相箋注　清上海南洋書局印本　二冊

430000－2412－0002119　2B/2/4.24(1)

女子四書讀本二卷　(清)王相箋注　清上海南洋書局印本　二冊

430000－2412－0002120　2B/2/4.28

天下郡國利病書一百二十卷　(明)顧炎武撰　清石印本　六冊　存三十九卷(五十至七十九、一百十二至一百二十)

430000－2412－0002121　2B/2/4.31

增評加批歷史綱鑑補　(明)王世貞　(明)袁黃編纂　清石印本　二冊　存四卷(二至三、二十八至二十九)

430000－2412－0002122　2B/2/5.4

雙鯉堂易明尺牘句解初集五卷　清上海廣益書局石印本　一冊

430000－2412－0002123　2B/2/5.9

最新圖式初學珠算刻本　張延軍編輯　李宜璜繪圖　清宣統二年(1910)上海文益書莊石印本　一冊

430000－2412－0002124　2B/2/5.10

新訂四書補註備旨　(明)鄧林撰　(清)杜定基增訂　清石印本　一冊　存二卷(上論一至二)

430000－2412－0002125　2B/2/5.11

天擇篇　(英國)達爾文著　馬君武譯　清石印本　一冊

430000－2412－0002126　2B/2/5.12

涵芬樓古今文鈔小傳四卷首一卷附錄一卷　商務印書館編輯所編　清宣統三年(1911)上海商務印書館鉛印本　一冊

430000－2412－0002127　2B/2/5.18

黃帝內經素問合纂十卷　(清)高世栻參訂　清上海掃葉山房石印本　七冊　存八卷(一、四至十)

430000－2412－0002128　2B/2/5.22

教女遺規摘抄一卷　(清)陳宏謀編輯　清光緒二十八年(1902)上海古香閣石印本　一冊

430000－2412－0002129　2B/2/5.23

文字蒙求□□卷　(清)王筠撰　清上海文瑞樓石印本　一冊　存四卷(一至四)

430000－2412－0002130　2B/2/5.24

述菴詩零一卷　（清）林崧祁撰　清宣統元年（1909）鉛印本　一冊

430000－2412－0002131　2B/2/5.32

堯峰文鈔　（清）汪琬著　清石印本　七冊　存三十五卷（六至四十）

430000－2412－0002132　2B/3/1.1

資治通鑑綱目前編二十五卷正編五十九卷續編二十七卷　（明）陳仁錫評閱　清同治三年（1864）漁古山房刻本　四十三冊　存二十二卷（前編一至二十一、續編一）

430000－2412－0002133　2B/3/1.3

續資治通鑑二百二十卷　（清）畢沅撰　清石印本　十二冊

430000－2412－0002134　2B/3/1.4

續資治通鑑二百二十卷　（清）畢沅撰　清上海掃葉山房鉛印本　十八冊

430000－2412－0002135　2B/3/1.6

資治通鑑二百九十四卷　（宋）司馬光撰（元）胡三省音註　清石印本　十三冊

430000－2412－0002136　2B/3/1.7

鼎鍥趙田了凡袁先生編纂古本歷史大方綱鑑補三十九卷首一卷　（明）袁黃編　清刻本十一冊

430000－2412－0002137　2B/3/2.6

歷代名人小簡二卷　吳曾祺輯　清宣統元年（1909）上海商務印書館鉛印本　二冊

430000－2412－0002138　2B/3/2.12

歷代史事新論彙編□□卷　清石印本　十二冊　存二十一卷（五至十一、十五至二十八）

430000－2412－0002139　2B/3/2.15

地學二卷　（清）沈鎬撰　清宣統二年（1910）上海掃葉山房石印本　一冊

430000－2412－0002140　2B/3/2.16

雜字包舉　清刻本　一冊

430000－2412－0002141　2B/3/2.17

且怡草堂評選小題能與集合選讀本　（清）曾習孔原評　（清）黎一旭增評　清刻本（裕德堂藏板）　一冊

430000－2412－0002142　2B/3/2.18

中國歷史教科書第一篇上古史　清鉛印本一冊

430000－2412－0002143　2B/3/2.20

黃書一卷俟解一卷　（清）王夫之撰　清刻船山遺書本　一冊

430000－2412－0002144　2B/3/2.22

東萊博議四卷　（宋）呂祖謙撰　清末崇明馮泰松重刻本　一冊　存一卷（三）

430000－2412－0002145　2B/3/2.23

東萊博議四卷　（宋）呂祖謙撰　增補虛字注釋　（清）張文炳評點　清旌陽李鴻才重刻本一冊　缺三卷（東萊博議一至三）

430000－2412－0002146　2B/3/2.26

言文對照初學論說文範四卷　邵伯棠撰　清上海會文堂書局石印本　一冊　存一卷（二）

430000－2412－0002147　2B/3/2.30

西政叢書　梁啟超輯　清光緒二十三年（1897）慎記書莊石印本　二十冊

430000－2412－0002148　2B/3/2.36

重訂全唐詩話八卷　（宋）尤袤輯　（清）孫濤訂并續輯　清宣統三年（1911）三樂堂石印本一冊　存二卷（一至二）

430000－2412－0002149　2B/3/3.3

初等小學國文教科書教授法第九冊　蔣維喬莊俞編纂　清光緒三十三年（1907）上海商務印書館鉛印本　一冊

430000－2412－0002150　2B/3/3.6

仙佛合宗語錄　（明）伍守陽撰　清宣統元年（1909）掃葉山房石印本　一冊

430000－2412－0002151　2B/3/3.9

曾文正公家訓二卷家書□□卷　（清）曾國藩撰　清中新書局鉛印本　三冊　存六卷（曾文正公家訓二卷,家書三至四、七至八）

430000－2412－0002152　2B/3/3.10

讀通鑑論十六卷宋論十五卷　（清）王夫之撰

清上海商務印書館鉛印本　八冊　存二十一卷(讀通鑑論三至十六、宋論一至七)

430000－2412－0002153　2B/3/3.11
春秋左傳五十卷　(晉)杜預　(宋)林堯叟註釋　(唐)陸德明音義　(明)孫鑛等評點　清道光二十年(1840)古香書屋刻本　四冊　存三十一卷(一至三、十五至三十二、四十一至五十)

430000－2412－0002154　2B/3/3.12
寄傲山房塾課纂輯春秋備旨十二卷　(清)鄒聖脈纂輯　(清)鄒可庭編次　清刻本　二冊　存六卷(一至三、十至十二)

430000－2412－0002155　2B/3/3.13
御案春秋左傳經解備旨十二卷　(清)鄒聖脈撰　清刻本　三冊　存七卷(一至三、六至七、十一至十二)

430000－2412－0002156　2B/3/3.14
詩經類編合考七卷　(清)張金麟撰　清石印本　一冊　存二卷(六至七)

430000－2412－0002157　2B/3/3.16
尺木堂綱鑑易知錄九十二卷　(清)周之炯(清)吳乘權輯　清光緒十七年(1891)上海廣百宋齋鉛印本　二冊　存十五卷(一至十五)

430000－2412－0002158　2B/3/3.19
孝經一卷　(唐)玄宗李隆基註　(唐)陸德明音義　清光緒三十四年(1908)湖南學務公所刻本　一冊

430000－2412－0002159　2B/3/3.21
前漢書一百卷　(漢)班固撰　(唐)顏師古註　清石印本　三冊　存十三卷(十九至二十、五十九至六十五、九十四至九十七上)

430000－2412－0002160　2B/3/3.23
詩經八卷　(宋)朱熹集傳　清刻本(懷德堂藏板)　一冊　存二卷(一至二)

430000－2412－0002161　2B/3/3.24
寄傲山房塾課纂輯書經備旨蔡注捷錄　(清)鄒聖脈纂輯　(清)鄒延猷編次　清刻本　二

冊　存四卷(三至六)

430000－2412－0002162　2B/3/3.25
御案詩經備旨八卷　(清)鄒聖脈輯　清刻本　二冊　存四卷(一至四)

430000－2412－0002163　2B/3/3.26
寄傲山房塾課纂輯御案易經備旨七卷　(清)鄒聖脈纂輯　(清)鄒延猷編次　清光緒五年(1879)星沙石室山房刻本　一冊　存二卷(一至二)

430000－2412－0002164　2B/3/3.27
格致鏡原一百卷　(清)陳元龍撰　清光緒二十二年(1896)上海積山書局石印本　十一冊　存七十卷(一至十、十九至三十六、四十三至六十七、七十九至九十五)

430000－2412－0002165　2B/3/3.28
新增詩句題解彙編　(清)朱春舫輯　清光緒五年(1879)刻本　九冊　存十七卷(一、四至五、九至二十二)

430000－2412－0002166　2B/3/4.1
新輯分類史論大成十九卷首一卷　(清)行素生編　清上海醉六堂石印本　十八冊　存十八卷(一至三、五、七至十九,首一卷)

430000－2412－0002167　2B/3/4.2
湖南全省掌故備考三十五卷　王先謙纂　清光緒刻本　八冊　存二十三卷(六至十二、十三至十六、十七至二十八)

430000－2412－0002168　2B/3/4.2(1)
湖南全省掌故備考三十五卷　王先謙纂　清光緒刻本　七冊　存二十二卷(八至二十六、三十至三十二)

430000－2412－0002169　2B/3/4.3
湖南考古略十二卷　(清)盧峻　(清)成業襄纂　清光緒八年(1882)長沙枕善山房刻本　二冊　存六卷(一至六)

430000－2412－0002170　2B/3/4.4
書經六卷　(宋)蔡沈集傳　清刻本　二冊　存四卷(一至二、五至六)

430000 – 2412 – 0002171　2B/3/4.6

坐花誌果八卷　（清）汪道鼎撰　清刻本　一
冊　存二卷(七至八)

430000 – 2412 – 0002172　2B/3/4.7

煙霞萬古樓文集六卷　（清）王曇撰　清道光
二十年(1840)刻本　二冊

430000 – 2412 – 0002173　2B/3/4.9

史論正鵠初集四卷二集四卷三集八卷　（清）
王樹敏評點　清光緒二十七年(1901)上海久
敬齋石印本　十冊　存十卷(一、三至四,二
集一、三至四,三集三、五至七)

430000 – 2412 – 0002174　2B/3/4.11

紀文達公文集十六卷首一卷詩集十六卷
(清)紀昀撰　（清）孫樹馨編校　清道光三十
年(1850)小嫏嬛山館刻本　六冊　存二十一
卷(文集一至二、十五至十六,首一卷;詩集十
六卷)

430000 – 2412 – 0002175　2B/3/4.12

唐陸宣公集二十二卷　（唐）陸贄撰　（清）年
羹堯重訂　清光緒二十年(1894)上海鴻寶齋
石印本　二冊　存八卷(一至八)

430000 – 2412 – 0002176　2B/3/4.13

蔡中郎集　（漢）蔡邕撰　（明）張溥閱　清刻
本(述古山莊藏板)　一冊　存一卷(二)

430000 – 2412 – 0002177　2B/3/4.14

麗矚亭詞二卷　（清）金鶴籌(半酣居士)撰
清光緒十一年(1885)刻本　一冊

430000 – 2412 – 0002178　2B/3/5.1

佩文韻府一百六卷　（清）張玉書等輯　清光
緒十八年(1892)上海鴻寶齋石印本　一百六
十二冊

430000 – 2412 – 0002179　2B/4/2.1

春秋左傳五十卷　（晉）杜預　（宋）林堯叟註
釋　（唐）陸德明音義　清刻本　一冊　存四
卷(一至四)

430000 – 2412 – 0002180　2B/4/2.3

四書人物類典串珠　（清）臧志仁編輯　清刻
本　一冊　存七卷(二十九至三十五)

430000 – 2412 – 0002181　2B/4/2.4

聖武記　（清）魏源撰　清石印本　一冊　存
二卷(三至四)

430000 – 2412 – 0002182　2B/4/2.6

大題文庫　石印本　二冊　存上孟、下孟

430000 – 2412 – 0002183　2B/4/2.7

大題文淵　（清）耕九堂主人精選　清石印本
一冊　存二卷(中庸上、下)

430000 – 2412 – 0002184　2B/4/2.8

史略八十七卷　（清）朱堃輯　清石印本　三
冊　存四十三卷(一至十四、四十六至六十
三、七十七至八十七)

430000 – 2412 – 0002185　2B/4/2.9

第五才子書水滸傳七十五卷七十回　（元）施
耐庵撰　（清）金人瑞評　清刻本　二冊　存
八卷(三十二至三十五、三十六至三十九)

430000 – 2412 – 0002186　2B/4/2.10

酬世必需日用萬事寶庫　清掃葉山房石印本
四冊　存八編(三至十)

430000 – 2412 – 0002187　2B/4/2.11

分類中西治家格言尺牘附增四卷　清掃葉山
房石印本　二冊　存二卷(一至二)

430000 – 2412 – 0002188　2B/4/2.12

各界適用分類新尺牘大全　袁韜壺輯　清掃
葉山房石印本　三冊

430000 – 2412 – 0002189　2B/4/2.13

新撰廣注分類文辭尺牘大觀三十八卷　清石
印本　四冊　存八卷(一至四、十五至十六、
二十一至二十二)

430000 – 2412 – 0002190　2B/4/2.14

文獻通考三百四十八卷　（元）馬端臨撰　清
石印本　十二冊

430000 – 2412 – 0002191　2B/4/2.15

文獻通考輯要二十四卷　（清）湯壽潛輯　清
鉛印本(通雅堂藏板)　五冊　存十七卷(一

至十一上、十三至十四、十九至二十二)

430000－2412－0002192　2B/4/2.17
清河書畫舫十二卷　(明)張丑撰　清光緒元年(1875)有竹人家刻本　九冊　存九集(子、丑、寅、卯、巳、午、未、申、亥)

430000－2412－0002193　2B/4/2.19
法戒錄　(清)陳弘謀輯　清刻本　一冊　存二卷

430000－2412－0002194　2B/4/2.20
玉函真義古鏡歌　(清)蔣平階著　尹有本發義　**都天寶照三篇**　廖平撰　**三字青囊經**女氏氏著　尹有本疏議　**達僧問答**　(宋)司馬頭陀撰　尹有本注　清刻四秘全書本二冊

430000－2412－0002195　2B/4/2.21
諧鐸十二卷　(清)沈起鳳撰　清刻本　一冊　存六卷(一至六)

430000－2412－0002196　2B/4/2.22
天寶圖　(清)□□撰　清刻本　一冊　存二卷(七至八)

430000－2412－0002197　2B/4/2.23
藜照堂臨池新編四卷　劉昭選輯　清乾隆十八年(1753)竹秀山房刻本　一冊　存二卷(一至二)

430000－2412－0002198　2B/4/2.24
燕山外史四六傳奇四卷　(清)陳球撰　清鳴盛堂刻本　一冊　存二卷(三至四)

430000－2412－0002199　2B/4/2.25
從政遺規四卷　(清)陳宏謀輯　清光緒十六年(1890)善化章氏刻本　一冊　存二卷(一至二)

430000－2412－0002200　2B/4/2.26
紅樓夢一百二十回　(清)曹雪芹撰　(清)高鶚續撰　清刻本　一冊　存六回(二十四至二十九)

430000－2412－0002201　2B/4/2.27
醫門法律六卷　(清)喻昌撰　清刻本　一冊

存一卷(四)

430000－2412－0002202　2B/4/3.1
繡像全圖再生緣全傳　(清)陳端生撰　清石印本　一冊　存一卷(十六)

430000－2412－0002203　2B/4/3.2
國朝二十四家文鈔二十四卷　(清)徐斐然輯評　清刻本　四冊　存十二卷(六至十、十四至十九、二十四)

430000－2412－0002204　2B/4/3.3
國朝二十四家文鈔二十四卷　(清)徐斐然輯評　清刻本　二冊　存六卷(八至九、十九至二十二)

430000－2412－0002205　2B/4/3.4
有正味齋文續集　(清)吳錫麟著　清刻本　一冊　存一卷(下)

430000－2412－0002206　2B/4/3.5
小倉山房文集三十五卷　(清)袁枚撰　清刻本　一冊　存三卷(二至四)

430000－2412－0002207　2B/4/3.8
御批兩朝歷代通鑑輯覽一百二十卷　(清)傅恒等編　清廣益書局石印本　四十八冊

430000－2412－0002208　2B/4/3.11
古文辭類纂七十四卷　(清)姚鼐輯　清上海文瑞樓石印本　七冊　存三十一卷(一至五、二十四至二十七、三十二至四十九、六十六至六十九)

430000－2412－0002209　2B/4/3.12
古文辭類纂七十四卷續古文辭類纂三十四卷　(清)姚鼐輯　清上海錦章圖書局石印本十冊　存十三卷(一至四、十,續卷一至六、十四至十五)

430000－2412－0002210　2B/4/3.16
言文對照分類詳注雪鴻軒尺牘四卷　(清)龔未齋撰　董堅志譯白　清上海錦章圖書局石印本　三冊　存三卷(一、三至四)

430000－2412－0002211　2B/4/3.18
資治明紀綱目二十卷附一卷　(清)張廷玉等

編 增評加批歷史綱鑑補三十九卷 (明)王
世貞編纂 清上海廣益書局石印本 十一冊
缺十四卷(增評加批歷史綱鑑補一至三、十
五至十六、二十至二十四、二十八至二十九、
三十三至三十四)

430000－2412－0002212 2B/4/4.1
黃維章先生詩經嫏嬛體注 (清)黃文煥輯注
清石印本 三冊 存三卷(二、五至六)

430000－2412－0002213 2B/4/4.2
新式標點繪圖四書白話句解 清上海錦章圖
書局石印本 二冊 存二卷(中庸、論語五)

430000－2412－0002214 2B/4/4.4
隨園詩話十六卷 (清)袁枚撰 清上海廣益
書局石印本 一冊 存十一卷(六至十六)

430000－2412－0002215 2B/4/4.9
高等小學珠算教本珠算第一冊 壽孝天編輯
張延華編校 清光緒三十三年(1907)商務
印書館鉛印本 一冊

430000－2412－0002216 2B/4/4.13
康熙字典十二集 (清)聖祖玄燁撰 清上海
錦章圖書局石印本 一冊 存二集(巳、午)

430000－2412－0002217 2B/4/4.20
評點春秋綱目左傳句解彙雋六卷 (清)韓菼
重訂 清上海廣益書局石印本 三冊 存三
卷(二至四)

430000－2412－0002218 2B/4/4.20(1)
評點春秋綱目左傳句解彙雋六卷 (清)韓菼
重訂 清上海廣益書局石印本 一冊 存一
卷(二)

430000－2412－0002219 2B/4/4.25
郎潛紀聞初筆七卷二筆八卷三筆六卷 (清)
陳康祺撰 清掃葉山房石印本 五冊 存十
卷(三至四,二筆三至四、七至八,三筆三至
六)

430000－2412－0002220 2B/4/4.28
四憶堂詩集六卷 (清)侯方域撰 (清)賈開
宗 (清)徐作肅選注 清上海掃葉山房石印

本 一冊 存二卷(一至二)

430000－2412－0002221 2B/4/4.32
通志二百卷 (宋)鄭樵撰 清鉛印本 一冊
存三卷(一百六十五至一百六十七)

430000－2412－0002222 2B/4/4.33
欽定通志六百四十卷 (清)高宗弘曆撰 清
光緒二十八年(1902)石印本 六冊 存一百
八十五卷(一至二十八、二百六十六至二百九
十八、三百二十四至三百四十、四百一至四百
二十七、四百六十一至四百九十五、五百九十
六至六百四十)

430000－2412－0002223 2B/4/4.34
批評東萊博議四卷 (宋)呂祖謙撰 (清)馮
泰松重刊 清石印本 一冊 存一卷(二)

430000－2412－0002224 2B/4/4.35
醫方湯頭歌括 (清)汪昂輯 清上海會文堂
書局鉛印本 一冊

430000－2412－0002225 2B/4/4.36
國朝名臣言行錄 (清)董壽輯 清石印本
一冊 存七卷(九至十五)

430000－2412－0002226 2B/4/4.37
孫子十家注 (春秋)孫武撰 (清)孫星衍
(清)吳人驥校 清上海錦章圖書局石印本
一冊 存三卷(五至七)

430000－2412－0002227 2B/4/4.38
三蘇文集七十卷 (宋)蘇洵等撰 清石印本
一冊 存七卷(八至十四)

430000－2412－0002228 2B/4/4.41
皇朝經世文新編二十一卷 (清)麥仲華編
清石印本 一冊 存一卷(十上)

430000－2412－0002229 2B/4/4.45
補校袁文箋正七卷 (清)袁枚撰 清刻本
一冊 存一卷(六下)

430000－2412－0002230 2B/4/4.46
**南雷文約四卷南雷文定前集十一卷南雷文定
後集四卷南雷文定三集三卷附錄一卷南雷詩
歷四卷** (清)黃宗羲撰 清鉛印本 六冊

缺四卷（南雷文約二至三、南雷詩歷三至四）

430000－2412－0002231　2B/4/4.48
林和靖詩集四卷拾遺一卷　（宋）林逋撰　清石印本　一冊　存四卷（二至四、拾遺一卷）

430000－2412－0002232　2B/4/4.50
史記一百三十卷　（漢）司馬遷撰　清影印本　四冊　存四十四卷（十四至十五、三十三至四十三、九十至一百二十）

430000－2412－0002233　2B/4/4.51
三蘇策論十二卷　（宋）蘇洵等撰　清刻本　三冊　存六卷（三至四、七至十）

430000－2412－0002234　2B/4/4.52
馮舍人遺詩　（清）馮廷櫆撰　清掃葉山房石印本　二冊　存四卷（三至六）

430000－2412－0002235　2B/4/4.53
壯悔堂文集十卷遺稿一卷　（清）侯方域撰　（清）賈開宗等評點　清上海掃葉山房石印本　二冊　缺六卷（三至八）

430000－2412－0002236　2B/4/4.54
壯悔堂文集十卷遺稿一卷　（清）侯方域撰　（清）賈開宗等評點　清鉛印本　一冊　存四卷（八至十、遺稿一卷）

430000－2412－0002237　2B/4/4.55
讀通鑑論十六卷　（清）王夫之著　清上海商務印書館鉛印本　一冊　存二卷（七至八）

430000－2412－0002238　2B/4/4.56
全唐詩九百卷　（清）曹寅等輯　清雙峰書屋刻本　二冊　存二冊（第三函第八至九冊）

430000－2412－0002239　2B/4/4.57
全唐詩九百卷　（清）曹寅等輯　清雙峰書屋刻本　一冊　存第六函第二冊

430000－2412－0002240　2B/4/4.59
白華絳柎閣詩集十卷　（清）李慈銘撰　清影印本　四冊　存六卷（戊、己、庚、辛、壬、癸）

430000－2412－0002241　2B/4/4.63
江文通集八卷　（南朝梁）江淹撰　清宣統三年（1911）上海文明書局鉛印本（無錫丁氏藏板）　一冊

430000－2412－0002242　2B/4/4.64
鹽鐵論二卷　（漢）桓寬撰　**獨斷一卷**　（漢）蔡邕撰　**心書一卷**　（三國蜀）諸葛亮撰　**中論二卷**　（漢）徐幹撰　**傅子一卷**　（晉）傅玄撰　**古今注三卷**　（晉）崔豹撰　清光緒二十四年（1898）上海鴻文書局石印本　一冊

430000－2412－0002243　2B/4/4.65
焦氏易林四卷　題（漢）焦贛撰　**申鑒五卷**　（漢）荀悅著　**風俗通義十卷**　（漢）應劭撰　清光緒二十四年（1898）上海鴻文書局石印本　一冊

430000－2412－0002244　2B/4/5.1
試帖連珠　楊菘圃輯　清刻本　一冊　存一卷（六）

430000－2412－0002245　2B/4/5.2
欽定協紀辨方書三十六卷　（清）允祿等撰　清刻本　一冊　存一卷（十九）

430000－2412－0002246　2B/4/5.3
欽定協紀辨方書三十六卷　（清）允祿等撰　清刻本　四冊　存七卷（一至五、十三至十四）

430000－2412－0002247　2B/4/5.4
皇朝駢文類苑十四卷首一卷　（清）姚燮選　（清）張壽榮校刊　清刻本　四冊　存四卷（一、三下、八、十）

430000－2412－0002248　2B/4/5.7
李太白文集三十卷　（唐）李白撰　清掃葉山房石印本　四冊　存六卷（三十至三十三、三十五至三十六）

430000－2412－0002249　2B/4/5.8
香祖筆記十二卷　（清）王士禎撰　清掃葉山房石印本　一冊　存三卷（七至九）

430000－2412－0002250　2B/4/5.11
國朝先正事略六十卷　（清）李元度撰　清石印本　一冊　存十卷（三十三至四十二）

430000－2412－0002251　2B/4/5.12

白香山詞譜 （唐）白居易撰　吳紀光校　清石印本　一冊　存二十二卷(十二至三十三)

430000－2412－0002252　2B/4/5.14

明史論四卷 （清）谷應泰撰　左傳史論二卷 （清）高士奇撰　清刻本　一冊

430000－2412－0002253　2B/4/5.23

庸庵文編四卷 （清）薛福成撰　清刻本　一冊　存二卷(三至四)

430000－2412－0002254　2B/4/5.24

雙白詞八卷 （宋）姜夔　（宋）張炎撰 （清）王鵬運輯　清光緒四印齋刻本　一冊　存三卷(六至八)

430000－2412－0002255　2B/4/5.25

張南皮奏議初編 （清）張之洞撰　清鉛印本　四冊　存八卷(三至八、十一至十二)

430000－2412－0002256　2B/4/5.26

策學備纂三十二卷 （清）蔡啟盛 （清）吳穎炎輯　清袖海山房石印本　十二冊　存十五卷(一經二十三至三十二,二史五十四至六十八、八十二至九十四,五帝學一至八,六官制上中下,七選舉一至十二,十二禮制二十六至三十三,十三樂律一至三,十四兵制一至十一、十七至二十二,十五刑法一至五,二十五氏族三至六,二十六四裔一至五,二十九集一至二十四,三十選學一至八,三十一藝文一至九,三十二考工一至六)

430000－2412－0002257　2B/4/5.27

板橋集六編 （清）鄭燮撰　清宣統元年(1909)掃葉山房石印本　三冊　存三編(一至二、六)

430000－2412－0002258　2B/4/5.27(1)

板橋集六編 （清）鄭燮撰　清宣統元年(1909)掃葉山房石印本　二冊　存二編(一、六)

430000－2412－0002259　2B/4/5.28

十三經註疏并校勘記　清光緒二十三年(1897)上海點石齋石印本　二十六冊

430000－2412－0002260　2B/4/5.29

詩韻合璧五卷 （清）湯文潞編　清刻本　一冊　存一卷(四)

430000－2412－0002261　2B/4/5.30

東坡先生詩鈔不分卷 （宋）蘇軾撰　（清）周之麟選　清刻本　一冊　存五言絕、六言絕、七言絕

430000－2412－0002262　2B/4/5.31

十家四六文鈔　王先謙輯　清石印本　二冊　存方彥聞、梅伯言、傅味琴、李悉伯

430000－2412－0002263　2B/4/5.32

定盒文集補一卷補編四卷 （清）龔自珍撰　清石印本　二冊

430000－2412－0002264　2B/4/5.33

策論　盧榮光等撰　清刻本　一冊　存一卷(二)

430000－2412－0002265　2B/4/5.35

字彙十二集首一卷末一卷 （明）梅膺祚音釋　清刻本　一冊　存一集(寅)

430000－2412－0002266　2B/4/5.38

國朝常州駢體文錄三十一卷 （清）屠寄輯　清石印本　一冊　存三卷(二十一至二十三)

430000－2412－0002267　2B/4/5.39

昌黎先生集四十卷 （唐）韓愈撰　（唐）李漢編　清石印本　一冊　存七卷(三十四至四十)

430000－2412－0002268　2B/4/5.40

文章遊戲四編八卷 （清）繆艮輯　清石印本　一冊　存四卷(一至四)

430000－2412－0002269　2B/4/5.41

杜茂華號憑單存根　清石印本　二冊

430000－2412－0002270　2B/4/5.42

增廣賦海大全三十卷首一卷　清光緒十七年(1891)上海鴻寶齋書局石印本　十一冊

430000－2412－0002271　2B/4/5.43

唐人說薈二十卷 （清）陳世熙輯　清刻本　二冊　存二卷(十三至十四)

430000－2412－0002272　2B/4/5.44

寒山堂金石林時地考二卷　(明)趙均撰　**勝飲編十八卷**　(清)郎廷極輯　清刻粵雅堂叢書本　一冊　缺十三卷(勝飲編六至十八)

430000－2412－0002273　2B/4/5.45

粵雅堂叢書　(清)伍崇曜輯　清道光至光緒廣州伍氏刻本　五冊

430000－2412－0002274　3A/3/5.15

批點聊齋志異十六卷　(清)蒲松齡著　(清)王士禎評　(清)何守奇批點　清末刻本　一冊　存一卷(五)

430000－2412－0002275　3A/3/5.16

梧溪集七卷附困學齋雜錄一卷　(元)王逢撰　清道光三年(1823)長塘鮑氏刻本　七冊　缺一卷(四下)

430000－2412－0002276　3A/3/5.17

知不足齋叢書　(清)鮑廷博編　清刻本　九冊

430000－2412－0002277　3A/3/5.18

海山仙館叢書　(清)潘仕成輯　清道光、咸豐間番禺潘氏刻本　五冊

430000－2412－0002278　3A/3/5.19

滑稽詩文集　清石印本　一冊　存箴銘類至雜記類

430000－2412－0002279　3A/3/5.20

論語　清刻本　一冊　存下論

430000－2412－0002280　3A/3/5.21

仁甫趙先生　清刻本　一冊

430000－2412－0002281　3A/2/1

釋迦如來應化事蹟圖說　(清)永珊繪　清光緒四年(1878)四川省成都府昭覺寺刻本　二冊

430000－2412－0002282　3A/4/1.1

草字彙十二卷　(清)石梁編　清石印本　一

冊　存二卷(寅、卯)

430000－2412－0002283　3A/4/1.2

草字彙十二卷　(清)石梁編　清同治五年(1866)養云山館刻本　四冊　存八卷(子、丑、寅、卯、辰、酉、戌、亥)

430000－2412－0002284　3A/4/1.10

元魏熒陽鄭文公摩崖碑跋　(清)諸可寶撰　清刻本　一冊

430000－2412－0002285　3A/4/1.18

明王文成與朱侍御三札　(明)王守仁書　清光緒三十四年(1908)國學保存會石印本　一冊

430000－2412－0002286　3A/4/1.19

草字綸摘要　(清)梁民憲編輯並書　清咸豐九年(1859)竹深荷淨齋刻本　一冊　存總目、摘要

430000－2412－0002287　3A/4/1.21

漢穎川碑　清影印本　一冊

430000－2412－0002288　3A/4/1.26

松禪老人遺墨　(清)翁同龢書　清石印本　一冊　存一卷(下)

430000－2412－0002289　3A/4/1.29

淨心神咒淨口神咒等　清刻本　一冊

430000－2412－0002290　3A/4/1.30

二妙　(明)顧杲　(明)鄒德基書　清賞奇軒刻本　一冊

430000－2412－0002291　3A/2/5

欽定四庫全書總目二百卷首四卷　(清)高宗弘曆撰　清刻本　九十七冊

430000－2412－0002292　1B/3

欽定古今圖書集成一萬卷目錄三十二卷　(清)聖祖玄燁纂　清光緒十年(1884)上海圖書集成鉛印本　四百一十二冊

《湘西土家族苗族自治州圖書館古籍普查登记目録》書名筆畫字頭索引

174

177

《湘西土家族苗族自治州圖書館
古籍普查登記目録》
書名筆畫索引

五畫

十一畫

十二畫

十三畫

十四畫

187

《吉首大學圖書館古籍普查登記目錄》
書名筆畫字頭索引

《吉首大學圖書館古籍普查登記目錄》
書名筆畫索引

《吉首大學師範學院圖書館古籍普查登記目錄》
書名筆畫字頭索引

《吉首大學師範學院圖書館古籍普查登記目録》
書名筆畫索引

《湘西土家族苗族自治州鳳凰縣圖書館古籍普查登记目録》書名筆畫字頭索引

六畫

七畫

十畫

十三畫

十四畫

213

《湘西土家族苗族自治州鳳凰縣圖書館古籍普查登記目録》書名筆畫索引

216

四畫

218

五畫

220

六畫

七畫

228

十畫

十一畫

233

235

十三畫

十四畫

十五畫

十六畫

244

二十一畫

二十二畫